大宋权鉴

赵氏王朝家国天下

大宋权鉴

宋代没有宦官之祸，没有宗室之祸，没有外戚之祸，没有强藩之祸，从治理国家来说，赵氏家族确是人才辈出、科技文化发展都达到了封建社会的顶峰，如此强大而且得到良好治理的一个国家却因昌文偃武而变得孱弱，以致被远远落后于自己的北方游牧民族打得无还手之力。

几千年的中国历史，每个朝代的更迭无不伴随着血腥、屠戮，唯有宋朝是中国历史上一个少有的例外。本书为读者描述了赵氏家族历代君主是如何处理家族以及社会各个阶层的矛盾，以实现家族的长久统治的故事。书中全面刻画了宋十八帝的性格、命运，从中勾勒出了宋代320年的风云变幻、喜剧悲歌。

大宋权鉴

赵氏王朝家国天下

李世化 编著

企业管理出版社
EMPH ENTERPRISE MANAGEMENT PUBLISHING HOUSE

图书在版编目（CIP）数据

大宋权鉴：赵氏王朝家国天下 / 李世化编著 . -- 北京：企业管理出版社，2015.4

ISBN 978-7-5164-1035-6

Ⅰ . ①大… Ⅱ . ①李… Ⅲ . ①中国历史 – 宋代 – 通俗读物 Ⅳ . ① K244.09

中国版本图书馆 CIP 数据核字（2015）第 058635 号

书　　名：大宋权鉴：赵氏王朝家国天下

作　　者：李世化

责任编辑：田天　程静涵

书　　号：ISBN 978-7-5164-1035-6

出版发行：企业管理出版社

地　　址：北京市海淀区紫竹院南路 17 号　　邮编：100048

网　　址：http://www.emph.cn

电　　话：总编室 (010) 68701719　发行部 (010) 68701816　编辑部 (010) 68414643

电子邮箱：80147@sina.com

印　　刷：北京嘉业印刷厂

经　　销：新华书店

规　　格：170 毫米 ×240 毫米　　16 开本　　16 印张　　170 千字

版　　次：2015 年 6 月第 1 版　　2015 年 6 月第 1 次印刷

定　　价：38.00 元

前言

宋朝（960—1279年）是中国历史上一个特殊的朝代。作为中国历史上第四个在分裂的土地上建立的大一统王朝，宋朝无论是在文化、艺术、经济还是军事实力上都远远超越了之前的秦、汉、唐三个大一统王朝。赵氏家族两宋十八朝都遵循同一个治国策略——昌文偃武，走的是一条通过发展经济实现富裕的道路。众所周知，文武皆为“国之大器”，二者相辅相成，不可分割，富国不等于强兵，因而终宋一朝，由于军事上的孱弱或软弱，自始至终受制于周边的少数民族政权，尤其是受到来自北方的辽、金、蒙古的威胁，使得整个赵宋基业虽屹立三百年，却又飘摇不定、摇摇欲坠，给后世留下了“积贫积弱”的印象。

宋朝“守内虚外”“强干弱枝”的国策，发端于赵氏家族基业的缔造者——宋太祖赵匡胤。赵匡胤黄袍加身建立了宋朝，由此对手握重兵的大将保持着警惕，唯恐有朝一日，他人黄袍加身推翻了自己的江山。由于存在这种顾虑，赵氏历代君主重文轻武，以文制武的现象十分突出。所以在宋代，文化的昌盛达到了中国封建时代的顶峰时期，在教科文方面处于当时世界的领先水平。

与中国历史上其他封建统治家族相比，赵氏家族有一个非常显著的特点，就是子嗣不昌。除了宋末二帝外，宋朝共有16位君主，其中，有6人无亲生儿子继承皇位，若加上太宗的兄终弟及，皇储更显缺少，这在中国帝王时代，恐怕是独一无二的。在父死无子继的特殊情况下，赵氏政权的皇位传承相对顺利，并未出现大的危机，这不能不让人惊讶。可见，赵氏家族“昌文偃武”的国策还是有成效的。虽然，在这表象的背后，也夹杂着极其复杂的内外因素，也有各种政治势力暗中角力，上演了一幕幕精彩之戏。但至少从表面上看，皇帝的“家”是稳定而安静的。

宋王朝消极接受中晚唐、五代的教训，着重推行文官政治，按照皇帝集权、臣僚分权、中央集权、地方分权的原则，有效地维护了政治稳定，消弭了各种内讧，促进了经济和文化的发展。

几千年的中国历史，大多数朝代的更迭都伴随着血腥、屠戮。唯有宋朝是中国历史上一个少有的例外。赵匡胤取代后周时，并未采取血腥手段，更没有担心前朝子孙复辟而大加屠戮，反而勒石为盟，要求后嗣新君遵守誓言，善待周室。大宋三代，儒学复兴，社会上弥漫着尊师重教的风气，大宋皇帝在强调大权独揽的同时，又兼顾对臣僚的体貌宽柔，故其争斗少有诛杀，较为开明廉洁。终宋一朝，没有严重的宦官乱政和地方割据，兵变、民乱次数在中国历史上也相对较少。然而，由于过分看重“以儒立国”，整个时代尚武精神沦落，结果大大削弱了国家的军事实力，使得大宋王朝在面对外来强敌时既无招架之功，更无还手之力，任外虏欺凌，终至走上了一条不归路。

《大宋权鉴——赵氏王朝家国天下》一书，为读者描述了赵氏家族历代君主是如何处理家族以及社会各个阶层的矛盾，以实现长久统治的故事。书中全面刻画了宋王朝十八帝的性格、命运，从中勾勒出了宋代320年的风云变幻、喜剧悲歌。

目录

第一章　乱世英杰　太祖赵匡胤

第二章　崇尚文治　太宗赵光义

第三章　好大喜功　真宗赵恒

第四章　偃武修文　仁宗赵祯

第五章　锐意改革　英宗赵曙、神宗赵顼

第六章　无力回天　哲宗赵煦

第七章　任人宰割　徽宗赵佶、钦宗赵桓

第八章　偏安江东　高宗赵构

第九章　壮志难酬　孝宗赵昚

第十章　庸碌无道　光宗赵惇

第十一章　傀儡皇帝　宁宗赵扩

第十二章　志大才疏　理宗赵昀

第十三章　无能丧国　度宗赵禥

第十四章　破国亡家　恭帝赵显、端宗赵昰、末帝赵昺

第一章　乱世英杰　太祖赵匡胤

赵匡胤(927—976年)，宋朝开国皇帝，公元960—976年在位，庙号“太祖”。他出身官宦之家，父亲赵宏殷，母亲杜氏。宋朝的建立基本上结束了从唐中叶就已开始的二百多年的分裂局面。

作为大宋朝的缔造者，为了赵氏家族的百年基业、长久统治，赵匡胤深谙要想成就一番事业，必须要掌握军权的道理。于是，他在统一全国后，以文治国，军政分开，削弱藩镇势力。

赵匡胤的雄才大略，文武全能，不仅医治了国家数十年的战争创伤，也为赵氏家族三百多年的帝业奠定了坚实的基础。同时，他开始的昌文偃武、偏重防内的政权统治，对赵家历代君主都产生了深远的影响。终宋一朝，虽然没有发生武将夺权的情况，但文官专权却一次次将赵氏家族推向风口浪尖，造成赵家统治长期的积弱不振，最终走向灭亡。

1. 出身将门，善于把握机遇的赵匡胤

乱世出英雄，古代封建社会的朝代更替，皆为新兴家族与旧家族的此消彼长。李唐家族统治的没落，唐末的藩镇割据，为不甘人后的赵氏家族提供了舞台。

公元927年，赵匡胤出生于洛阳夹马营的一个军人家庭。曾祖赵眺，唐朝时任幽都令；祖父赵敬，历任营、蓟、涿三州刺史；父亲赵弘殷，为后周检校司徒、岳州防御史。赵家在当地也是让人尊敬的名门望族。相传，赵匡胤出生时，“赤光绕室，异香经宿不散，体有金色，三日不变”。由于出身将门，受家庭的熏陶，赵匡胤自幼便学习骑射和练武，表现出极强的恒心和毅力，并摔打出一身的好武艺。

赵匡胤出生时，威赫数百年的大唐帝国，已经在世界上消失整整20年了。社会平衡被打破，接踵而来的就是长久不息的动乱。在赵匡胤出生后的十几年间，朝代两度更迭，天子也换了五六位。

公元945年，19岁的赵匡胤结婚成家，娶妻贺氏。21岁那年，颇有冒险精神的赵匡胤毅然决定离家外出游历，闯荡一番。于是，他告别父母妻子，开始浪迹天涯，寻找那份属于自己的事业。

赵匡胤离家后，一路南下。他去投奔父亲昔日的同僚复州防御使王彦超，但世态炎凉，他不但没有从这个有权有势的前辈那里讨得一官半职，反而受到了不少的白眼和冷遇。王彦超给了赵匡胤几贯钱就把他打发走了，他父亲其他的好友也给了他同样的白眼和冷遇。

两年的流浪生活颇为艰辛，但却磨炼了赵匡胤的意志，使他的眼界也更为开阔。他漫游了华北、中原、西北的不少地方，但都未能如愿。一日，赵匡胤到了汉水边的重镇襄阳，住在一所寺院里。寺院里有一位饱经沧桑、阅世知人颇深的老僧。他见赵匡胤方面大耳，虽满脸风尘却难掩富贵之相，一身破旧装束，却不带寒酸之态，透出英伟之气，又见赵匡胤谈吐不凡，胸中自有一番天地，便劝赵匡胤北上。老僧告诉赵匡胤，南方地区的各个政权相对较稳定，而北方却是战乱频繁，乱世出英雄。赵匡胤接受了老僧的建议，带着老僧的厚赠，北上寻找发展机遇。

乾佑元年（949年），23岁的赵匡胤终于等来了机会。在北上途中，赵匡胤遇到了当时正担任后汉枢密使的郭威。郭威此时正在河中（今山西永济）平叛，于是，身强力壮、精通武艺的赵匡胤就投奔到了郭威的旗下，从此开始了他的戎马生涯。

赵匡胤武艺娴熟，又精通兵法，很受郭威的赏识。乾佑三年（951年），郭威发动兵变，推翻了后汉政权，建立了后周，时为周太祖。赵匡胤在拥立郭威做皇帝的过程中出了不少力，被提拔为禁军东西班行首，官拜滑州副指挥，负责宫廷禁卫。在郭威这场兵变中，赵匡胤也受到了启发：要想成就一番事业，就必须要掌握军权。于是，赵匡胤在后周禁军中兢兢业业，干得很出色。

周太祖的养子、开封府尹柴荣时常出入皇宫，见赵匡胤颇有才能，便将他调到自己帐下，让他担任开封府的骑兵指挥官。周太祖无子，柴荣被选为皇位继承人。赵匡胤来到未来皇帝的门下，并且与柴荣结下了深厚的友谊，由此走上了通往权力顶峰的道路。

显德元年（954年），周太祖郭威病逝，柴荣即位称帝，时为周世宗。周世宗的即位，为赵匡胤施展才华和抱负创造了极为有利的条件。这一方面因为赵匡胤是周世宗称帝前的亲信将领，自然会受到重用；另一方面，也是更重要的一点，周世宗是一个顺应历史趋势的英明君主，他后来所积极从事的统一中国的事业，为赵匡胤等有才华的文武大臣提供了用武之地。

周世宗即位后，赵匡胤随之被调到中央禁军任职。同年二月，北汉刘崇联合契丹大举进攻后周，周世宗调兵遣将，御驾亲征，赵匡胤随同出征。双方部队在山西高平相遇，展开激战。战斗开始不久，北汉军队就占了上风，后周大将樊爱能、何徽等人畏敌如虎，一见阵势不好，竟临阵逃脱，一时间后周军队阵脚大乱，情形十分危急。而周世宗身边只有赵匡胤和另一个将军张永德所率领的亲兵4000人。危急之时，赵匡胤镇定自若，在他的建议下，周世宗将身边的禁军兵分两路夹击辽军，分别由赵匡胤和张永德领兵。赵匡胤带领骑兵冲入敌阵，士气大振。后周的增援部队及时赶到，投入战斗，北汉军队受不住这突如其来的冲击，纷纷败退，后周军队取得了胜利。

班师回京后，赵匡胤因高平之战的出色表现，得到了周世宗的进一步赏识。他不但被破格提拔为殿前都虞侯，还被周世宗委以禁军高级将领的重任。在赵匡胤主持下，后周禁军完成了汰除老弱、挑选精壮和组建殿前司诸军三项工作，后周军队的面貌大大改观，增强了战斗力。

也正是在整顿军队过程中，赵匡胤开始在禁军中形成自己的势力。他利用主持整顿的机会，陆续将自己的心腹罗彦环、李重进、潘美、米信、张琼和王彦升等人，安排到禁军中担任各级将领，进而从上而下控制了禁军。此外，他又结交禁军其他高级将领，与石守信、王审琦、杨光义、李继勋、王政忠、刘庆义、刘守忠、刘延让、韩重赟结为“义社十兄弟”。由此逐渐形成了一个以赵匡胤为核心的势力圈子。

周世宗是位很有作为的皇帝，素怀统一天下的大志。从显德三年（956年）到显德五年（958年），周世宗先后对南唐发起过三次进攻，逼迫南唐将江北15州的土地割让给后周。在为统一天下进行的战争中，赵匡胤战功赫赫，官位一步步上升，被提升为忠武军节度使兼殿前都指挥使。逐渐成为周世宗的左膀右臂，掌握了军政大权。

自南唐战役以后，赵匡胤在处事待物上与以前也大不相同了。以前，他只注重在军队中交结武将，现在对文人也比较重视了。赵普、王仁瞻、楚昭辅、李处耘等人都是在这前后被他罗致在麾下，成为其心腹幕僚。除此之外，他自己也开始留意经史，一改从前那种不喜诗书的草莽作风。

唐末藩镇割据者所依恃的骄兵悍将经常废立主将，这种风气自下而上，造成了唐末五代的军阀割据政权频繁更易的局面。照此风气，大权在握的赵匡胤也有做皇帝的机会。但赵匡胤要做皇帝，眼前还有大障碍，当时，觊觎皇位的至少还有两人，即周太祖的女婿张永德和外甥李重进。周太祖郭威去世前，任命张永德为殿前都指挥使，让李重进担任马步军都虞侯。高平之战后，赵匡胤奉世宗之命整顿禁军，殿前司的实力和地位晋升了一步。张永德和李重进虽然都握有兵权，但李重进的地位比张永德高，张永德心中很不服气，两人之间的矛盾很大。周世宗为此设立了殿前司都点检一职，由张永德担任，让他在地位上与李重进平起平坐。张永德与赵匡胤交情深厚，赵匡胤的第一位夫人贺氏去世后，续娶将军王饶的女儿，张永德赠给赵匡胤大量钱财，让他办了个风光的婚礼。

显德六年（959 年），周世宗在北征契丹的途中，无意中得到一块木牌，上面写着“点检做天子”，显然，是有人事先安排好要陷害张永德，但周世宗还是起了疑心。北征途中，周世宗不幸染病，只得回京。他命宰相范质、王朴参知枢密院事，魏仁浦兼枢密使，三相并掌军政大权，以辅佐年仅 7 岁的幼主。武臣方面，他又想到了那块神秘的木牌，认为张永德手握重兵，又与李重进争权夺利，便格外担心张永德发动兵变。于是，周世宗解除张永德都点检之职，换上了自认为很可靠的赵匡胤。

张永德失势后，对赵匡胤的皇帝之路产生障碍的还有李重进和宰相王朴。李重进缺乏政治家的远见，虽手握兵权，却没有形成自己牢固的政治势力。宰相王朴办事异常果断，性格刚毅，文武大臣都很敬畏他。显德六年（959 年）三月，王朴突发脑溢血而死。赵匡胤平生最怕王朴，几天前，他还被王朴训斥得“唯唯而退”，现在，他终于可以松一口气了。

同年六月，周世宗去世，他 7 岁的儿子柴宗训即位，史称周恭帝。

此时，后周的军事大权就掌握在赵匡胤手中。赵匡胤便设计轻而易举地将李重进名升实贬到扬州做节度使，控制了整个京城的局势。时局变化之快，机遇得来之易，连赵匡胤自己也没有料到。

当时，在京城的禁军两司将领中，几乎都是赵匡胤的结义兄弟或好友。五代皇帝多由军将拥立，已成惯例。赵匡胤和他的弟弟赵匡义、幕僚赵普等人，看到周恭帝年幼无能，就秘密策划准备夺取皇位。不久，赵匡胤在帐下谋士们的精心策划下，通过陈桥兵变，最终实现了从流浪汉到皇帝的梦想。

赵匡胤在群雄并起的混战中，凭借个人的心机与谋略，以卓越的军事家的才干，用武力消灭了一个个争雄一方的霸主，结束了从唐中叶就已开始的二百多年的分裂局面。赵匡胤执政后，“重文轻武”的思想对赵家历代君主都产生了深远的影响，从而造成宋朝长期的积弱不振，使赵氏家族的命运成了中国历史上独一无二的鲜明标志。赵氏家族的命运，印证了一个朝代的兴衰荣辱的历程。

2. 上演陈桥兵变，建立赵宋政权

“结义兄弟”对平民百姓来说，是感情的见证，但对于贵族来说，则是家族利益的集合体。陈桥兵变，既是赵匡胤主观求取的结果，又是绑在战车上的一干兄弟及其家族的共同利益诉求。宋代后周，只因柴荣家族根浅叶疏，无力支撑起整个天下，这也是历史发展的必然。

显德六年（959 年）六月，周世宗去世，由他年仅 7 岁的儿子柴宗训即位。当时，后周的局面是“主少国疑”，人心浮动，谣言四起，“时人咸谓天下无主”。一时间，后周政权处于风雨飘摇之中。

在周世宗去世后的半年里，禁军高级将领的安排，发生了对赵匡胤绝对有利的变动。在殿前司系统，原来一直空缺的殿前副都点检一职，由慕容延钊出任，赵匡胤对慕容“素所兄事”，两人私交甚好，关系非同一般；原来空缺的殿前都虞侯一职，则由王审琦担任，此人既为赵匡胤的“布衣故交”，又是“义社十兄弟”之一，与当时已经担任殿前都指挥使的石守信一样，都是赵匡胤势力圈子中的核心人物。这样，整个殿前司系统所有高级将领的职务均由赵匡胤的人担任了。而在侍卫司这一系统的高级将领中，赵匡胤与侍卫马步军都指挥使韩令坤有“兄弟”之谊，“情好亲密”，他当时正领兵驻守在淮南扬州。京城中拥护后周政权的实际上只剩下副都指挥使韩通，韩通势孤力单，自然无法同赵匡胤相抗衡了。

在赵匡胤和帐下谋士们的精心策划下，一场兵变就要上演了。显德七年（960 年）春节，太后和幼主升乾元殿，接受百官朝贺，人们正沉浸在欢庆祥和的佳节气氛中，位于边境线上的镇、定二州却传来了辽和北汉联兵入侵的战报。小皇帝柴宗训征求了宰相范质的同意后，令检校太尉赵匡胤率领禁军前往迎敌。这正中了赵匡胤的心意。

显德七年正月初二，赵匡胤按计划率军从开封出发，当天驻扎在距开封四十里的陈桥驿。军中通晓天文的军校苗训指着天上对赵匡胤的亲信守门人楚昭辅说，他看到了两个太阳在相互搏斗，“黑光摩荡者久之”，并说：一日克一日，是天命所归。这类说法，无非是改朝换代之际统治者为了笼络人心而惯用的伎俩而已，然而，这场煞有其事的谈话却得到了大部分军士的认同。当晚五鼓时分，军士们聚集在军营门口，纷纷议论应将赵点检立为天子。有人出面辟谣，但军士们仍然坚持自己的看法。

次日黎明，赵匡胤还未醒来，一夜未眠的将士们握刀持剑，早已环立帐前，呼声四起。有些将士全副披挂，准备径直入帐拥立赵匡胤。守在帐外的赵匡义连忙进帐唤醒赵匡胤，拥他出帐。帐外将士披坚执锐列队而候，一见赵匡胤出来，便大声高喊道：“诸军无主，愿策太尉为天子。”赵匡胤还来不及回答，一件黄袍已披在他身上。众将士一齐跪拜在地，山呼“万岁”。赵匡胤假装推辞，众将士不依，扶他上马南行。赵匡胤佯装无奈，说将士们贪图富贵强立他为天子，因此必须听他指挥，众将士都下马听命。于是赵匡胤颁布了入京以后的约束，率大军返回开封。

城门早在石守信的控制之下，大军顺利入城。赵匡胤在众人配合下，迅速控制了整个局势。正在早朝的后周大臣们得知兵变消息，个个大惊失色，手足无措。只有侍卫马步军副都指挥使韩通立即从朝中回家，企图组织抵抗，但刚进家门，便为赵匡胤的部将王彦升所杀。

当宰相范质等人被军士挟持来到都点检衙门时，赵匡胤哭着说他受先皇厚恩，今日为将士们所逼，到了这般地步，实在惭愧。范质正想答话，军校罗彦瑰持剑上前，厉声喝道：“我辈无主，今日须得天子。”范质等人面面相觑，深知已无回天之力，只得一齐跪拜在地，高呼“万岁”。

赵匡胤见众官已被收服，立即赶往皇宫，迫周恭帝逊位。文武百官就列后，早有原后周翰林学士陶毂从袖中拿出事先拟就的禅位诏。赵匡胤换上龙袍，接受群臣朝贺，正式登基为帝，而迁恭帝及符后于西宫，更其帝号为“郑王”，而尊符后为周太后。赵匡胤就这样完成了禅让大礼。由于其所领归德军在宋州，于是，定国号为“宋”，改元建隆，仍定都汴京，就这样，赵匡胤成了赵宋王朝的第一位皇帝。赵匡胤亲自立下规矩：后周皇室后代也受到赵氏历代皇帝的照顾。

历朝历代的政变事件屡见不鲜。“陈桥兵变，黄袍加身”是赵匡胤发起的一次成功的政变。赵匡胤兵不血刃登上帝位，统一了大半个中国，从此，开始了赵氏王朝三百多年的统治。

3. 皇权集中：杯酒释兵权

“皇权”是封建时期各大家族的最高追求，但得天下难，治天下更难，尤其在唐末宋初，割据一方手握权力的大家族比比皆是，“杯酒释兵权”使赵氏家族坐稳了权力的第一把交椅。

建隆元年（960 年），赵匡胤通过发动陈桥兵变，在其弟赵匡义及心腹的里应外合下，从后周幼主手中成功地夺取了政权，建立了大宋王朝。面对新政权，后周旧臣中识时务者纷纷俯首称臣，但也有不甘任人摆布者，尤其是昔日与赵匡胤一样手握兵权的将领们。周世宗去世后，怀有帝王野心的人何止一个赵匡胤？只是赵匡胤的捷足先登，使他们失去了一次实现野心的机会罢了，但他们并没有因此打消野心，有的在等待观望，希冀东山再起；有的则“日夜缮甲治兵”，准备与新王朝来一番角逐。

面对这种局势，赵匡胤和赵普等人认为应采取以稳定京城、笼络后周旧臣为主的方针，以静制动，稳定天下。依据这一方针，赵匡胤对后周旧臣实行了官位依旧、全部录用的政策，甚至连宰相也仍由旧相范质继任，并派人昭告天下。为了保证对后周旧臣笼络和收买的成功，赵匡胤还毫不留情地打击那些恃势欺凌旧臣的新贵们。京城巡检王彦升是当年兵变入城时的先锋，自恃拥立有功，横行不法，最终被贬为唐州刺史，并因其杀死了韩通而终身不授符节和斧钺。赵匡胤的这些做法，对稳定后周旧臣的情绪，缓解他们对新王朝的疑惧，使他们放心地为新王朝服务，起到了很好的作用。

朝廷稳定后，赵匡胤要着手解决的，是两个握重兵在外的将领。一个是驻守潞州的原后周昭义军节度使李筠，一个是驻守扬州的淮南节度使李重进。赵匡胤便遣使加两人中书令的荣衔，试图稳住他们。

李筠先是下令将使者拒之门外，既而勉强接待了使者，但却在招待使者的酒宴上挂起周太祖的画像放声大哭。其后，他与北汉国主刘钧结盟，刘钧许诺帮助李筠起兵攻宋。于是，李筠于建隆元年（960年）四月正式起兵。

然而，李筠狂妄无谋，他没有采纳幕僚们的建议，竟率军直捣汴京。赵匡胤派大将石守信、高怀德等人率军平叛。石守信在两军的初次交锋中大败李筠，令李筠元气大伤。六月，赵匡胤又率军亲征，李筠连遭败绩，退入泽州城。赵匡胤亲自指挥各军攻城，泽州城破，李筠走投无路，投火自焚，其子李守节以潞州降宋，李筠之乱被平定。

李筠反宋的消息传到扬州后，南方的李重进也准备起兵响应。李重进是周太祖的外甥，周世宗去世时，他以马步军都指挥的身份驻守扬州，实际上是与赵匡胤分掌内外禁兵的。李重进打算与李筠南北夹攻宋军，便立即派幕僚翟守珣星夜前往李筠处联络。但翟守珣却偷偷来到汴京，将李重进的计划详细告知了赵匡胤。当时，由于要应付李筠之事，为避免分散兵力南北作战，赵匡胤厚赐翟守珣，并让他回去设法拖延李重进起兵的时间。翟守珣回去后施展巧舌，诋毁李筠不足与谋大事，劝李重进不要轻举妄动。志大才疏的李重进果然中计，没有及时起兵，错失了良机。

经过短暂的休整，同年十月，赵匡胤又亲率大军征服了李重进，宋初的“二李之乱”就这样被平息了，至此，宋王朝与后周旧臣之间的矛盾基本上得到了解决。二李叛乱的平定，不仅慑服了后周旧臣，更重要的是警示了武将，提醒他们必须服从新政权。

五代后期，发动兵变篡夺皇位的，已不再是在外拥有兵权的藩镇节度使，而是在中央典领禁兵的宿将。赵匡胤自己就是以殿前都点检身份发动兵变取代后周的，“二李”的相继叛乱使他更加确信拥有重兵的武将和藩镇是国运长久最大的威胁。然而，国家处于建立初期，天下四分五裂，进行统一战争和巩固边防都需要武将统兵征战。为了确保统治的稳固，赵匡胤决心采取对自己更为有利的措施，将典领禁军的宿将做一番调整。

陈桥兵变后，韩令坤和慕容延钊分别出任侍卫亲军司和殿前司的最高将领，不过，赵匡胤有意派他们领兵在外，使他们难有作为。石守信和高怀德成为侍卫亲军司和殿前司的最高长官，石守信是赵匡胤的义社兄弟，高怀德则是赵匡胤的妹夫。他还把另一个义社兄弟王审琦提为殿前都指挥使，让自家兄弟赵匡义顶替了王审琦出缺的殿前都虞侯。这样，除了马军都指挥使张光翰和步军都指挥使赵彦徽外，禁军两司都控制在赵匡胤亲信的手中。

到建隆元年岁末，赵匡胤又以义社兄弟韩重赟和心腹将领罗彦瑰取代了张光翰、赵彦徽两人。对后周时在禁军中声望不在自己之下的韩令坤和慕容延钊，赵匡胤还是放心不下，建隆二年闰三月，赵匡胤决心不再任命自己出任过的殿前都点检，将韩、慕容分别罢为山南西道节度使和成德节度使，同时，以石守信替代了韩令坤，从而使禁军高级将领成为赵匡胤清一色的嫡系亲信。

赵匡胤认为，由亲朋故友执政禁军，就不再会发生推翻宋朝的兵变。但是，他还是不能完全确定自己的计划能否万无一失。于是，他便找赵普来商量此事。他对赵普说：“天下自唐末以来，数十年间，帝王凡易八姓，战乱纷争经久不息，苍生涂地，这是为何？有没有平息天下之兵，建没国家的长久之计？”赵普精通治道，说：“没有其他原因，是因为方镇太重，君弱臣强罢了。只要削夺其权，制其钱谷，收其精兵，则天下自然就安定了。”赵普又劝太祖将握有兵权的石守信等人改授他职，赵匡胤说道：“卿言过重，这些弟兄跟随我多年，他们绝对不会背叛我，你何必那么担忧呢？”赵普又说：“我倒不是担心他们会背叛你，只恐怕万一他们手下的人不能控驭，到那时也由不得他们了。”赵匡胤听后，联想到自己亲身经历的那次兵将拥立的场面，顿觉不寒而栗。于是，他精心设计了一场夺兵权的酒宴。

建隆二年（961 年）七月，一天晚朝结束，赵匡胤设宴招待石守信、王审琦等高级将领。酒酣之时，赵匡胤却闷闷不乐。石守信等人忙问原因，赵匡胤令左右侍从退去，对这些手握兵权的亲信说："如果没有你们的出力相助，我也就没有今天，你们的功德，我铭记于心。就是做了皇帝以后，还不如做个节度使快乐，我每天都不能高枕无忧。"石守信等人纳闷，忙问为何。赵匡胤答道："这不难明白，皇帝的位子，谁不愿意呢？"石守信等人听到赵匡胤话中有话，忙叩头道："陛下何出此言？现如今天下既定，谁还敢有异心！"赵匡胤说："我知道你们都对我忠心耿耿，并无异心，我担心的是如果你们的部下贪图富贵，有朝一日也将黄袍披在你们身上，到那时你们不想做皇帝也不行了。"听罢此言，石守信等人方才明白过来，原来赵匡胤担心他们有夺位之心，以后有可能效仿造反，便磕头请赵匡胤指点明路。赵匡胤见时机成熟，语重心长地说："人生如白驹之过隙，所谓好富贵者，不过是多积金帛，厚自娱乐，使子孙无贫乏罢了。你们何不释去兵权，到地方上去购买良田美宅，为子孙立永久之业；多置歌儿舞女，饮酒作乐，安享天年。这样一来，我们君臣间互不猜嫌，大家相安无事，这岂不很好！"石守信等人跟随太祖多年，深知他说这番话是经过深思熟虑，便一起叩头谢恩。

第二天，石守信等禁军将领纷纷上书，称自己有病在身，请求解除兵权。赵匡胤一一照准，解除了他们的禁军职务，同时，赏赐他们大量金帛，并授予他们有名无实的节度使官衔。只有石守信兼职如故，但兵权已不在其手中。到建隆三年，石守信的虚名也被剥夺。而禁军将领职位的空缺，赵匡胤则按照赵普的计策，全部由文官接任。这就是历史上著名的"杯酒释兵权"。

削夺禁军将领兵权后，赵匡胤曾想让天雄军衙内都指挥使符彦卿统领禁军。符彦卿是周世宗及皇弟赵匡义的岳父，赵匡胤对他颇加优遇。但赵普以符彦卿名位已盛，不可再委兵柄为由相谏。赵匡胤不听劝阻，认为自己待符彦卿甚厚，符彦卿不会辜负自己。赵普却反问他：“陛下何以能负周世宗？”赵匡胤默然无语，此事便作罢。赵匡胤意识到节度使的兵权不能不削，于是，上演了第二次“杯酒释兵权”。

开宝二年（969 年）十月，赵匡胤在后苑宴请节度使武行德、郭从义、王彦超等五人，酒至酣时，赵匡胤从容说道：“卿等皆国家宿旧，久临剧镇，王事鞅掌，非朕所以优贤之意也。”五人皆明白赵匡胤的醉翁之意，立刻自陈艰苦，请求乞归，于是五人都被罢任，授以虚衔，其他一些未赴宴的节度使如向拱、袁彦等也都相继交出了兵权。

赵匡胤通过对藩镇权力的剥夺，对武臣的压抑，改变了五代时期方镇雄厚、朝廷寡弱、武人跋扈、文臣无权的状况，提高了中央的威权。“杯酒释兵权”后，禁军中的殿前都点检、副都点检、侍卫马步军正副都指挥使等职务都不再设置了，只剩下了侍卫马军都指挥使、侍卫步军都指挥使和殿前都指挥使这三个不能相互统属的职务，这三使各领一司（合称“三衙”），互相牵制，均直接听命于皇帝。同时，“三衙”的长官都由资历较浅的后辈武将担任，难以在禁军中形成根深蒂固的势力。

赵匡胤吸取唐末五代藩镇之乱的教训，削夺武将兵权，巩固了帝位。但他并没有采用历史上屠杀功臣的做法，这对于皇帝和武将来说是皆大欢喜的结局，也充分显示出赵匡胤在政治上杰出的御人之术。然而，过分削夺武将兵权而让文官担任将领，也是导致宋朝武事不振、形成积弱局面的重要原因。

总之，赵匡胤削夺兵权、改革兵制的一系列措施，有效保证了宋朝军队的长期稳定，彻底结束了武人乱政的动荡局面，其成效是不言而喻的。但其负面作用也不容忽视。赵匡胤的所有措施，其核心都是“猜防”二字，猜忌将领，钳制士兵。这不但影响到军队的素质和战斗力，也由此形成了赵氏历届君主猜忌和抑制武将的所谓祖宗家法。因而，北宋一代，武人以保身全名为大幸，赵匡胤以后几乎无名将，这对于赵氏政权的统治而言不能不算一个败笔。

4. 卧榻情节：未完成的统一心愿

开疆辟土，是大部分有为君主的愿望；合久必分、分久必合，九州一统，是家天下时期的最高利益指向。如何实现华夏的统一，如何消灭割据一方的其他家族势力，是赵氏家族建立宋王朝之后的头等大事。

赵匡胤代周自立，并巩固了自己的统治，这就将统一全国的任务提到了议事日程上来。唐末五代以来，藩镇林立，南北分裂，割据政权较多，北方还有辽朝虎视眈眈，所以，统一天下并不容易。制定怎样的统一策略，成了赵匡胤心中的头等大事。

从当时的客观形势看，刚刚立国不久的宋王朝，周围存在着几个由少数民族建立的国家和许多由汉族建立的割据政权。在北方有契丹族建立的辽国；在西北有党项族的强大势力。夹在二者之间的则是割据山西一带的北汉。北汉受到契丹的支持，与以前的后周和现在的宋王朝一直处于公开敌对的状态。在江淮以南，则存在着南唐、吴越、后蜀、荆南、湖南、南汉等八个割据政权。虽然这些割据政权处于物产丰富、生产相对发达的地区，但由于其各自疆域狭小，又互不联合，因而大都国力不武，软弱怯懦，不得不向以前的后周和刚刚建立的宋王朝表示名义上的臣服或通好。

在这种形势下，摆在赵匡胤面前有两条路。一是乘南方诸国名义上已表示臣服的时机，继续周世宗的政策，进行北伐，收复为辽所占领的燕云十六州领土，割断辽与北汉的联系，进而消灭北汉这一公开的敌对势力，然后统一南方诸国；二是南征，在完全征服了南方八个割据势力以后，再来亡北汉，攻取燕云十六州，将契丹赶回长城以北。赵匡胤又找来赵普商议统一策略。经过君臣之间的反复论证，赵匡胤集思广益，最后，终于在建隆三年（963年）确立了“先南后北”的统一方针。

策略制定后，赵匡胤便立即付诸实施。对北方的契丹和北汉，赵匡胤基本上采取守势，力图保持北方边境的暂时安定；而南方的荆湖地区南通南汉、东距南唐、西迫巴蜀，战略地位极为重要，是赵匡胤首选的攻击目标。当时，荆湖地区有两股割据势力：一个是以江陵为中心的高继冲南平政权；另一个是控制湖南以朗州为中心的周保权集团。

乾德元年（963年），赵匡胤任命慕容延钊为湖南道行营都部署，枢密副使李处耘为都监，率安、复等十州之州兵出征荆湖，讨伐张文表。临行前，赵匡胤对慕容延钊和李处耘说:“出征湖南，必然要借道于南平，南平国势卑弱，可顺便将其攻灭。”

慕容延钊等依计而行，二月出兵湖南，途中攻破江陵。荆南节度使高继冲听说宋军俨然而至，仓皇出迎，在江陵北十五里处与之相遇。李处耘一边让高继冲就地等候慕容延钊，一边率亲军抢先入城。高继冲见宋军已分据要冲，知大势已去，不得不将其控制的三州十七县的版籍，奉表呈纳给赵匡胤。

三月，慕容延钊继续率宋朝大军进攻潭州，张文表被斩于市。武平节度使周保权知道来者不善，便准备臣服宋朝保住富贵，但遭到部将张崇富的竭力抵制。慕容延钊兵分两路，水陆并进，分别攻取了岳州和澧州。张崇富退守朗州。慕容延钊继续率军入城，擒杀了张崇富，俘虏了周保权。没费多大周折，湖南十四州、一监、六十六县也纳入了宋朝的版图。就这样，宋朝顺利灭掉了荆湖地区两个割据政权。

平定荆湖是赵匡胤统一战争的第一次战役，初战告捷，意义重大。

首先，此次战役验证了先易后难统一方略的可行性，鼓舞了宋军的士气，坚定了赵匡胤统一天下的信心；其次，宋朝控扼荆湖，不仅在经济上夺得了这一中部粮仓，还在军事上掌握了西上、东进、南下的主动权，切断了后蜀和南唐的联系，使后蜀、南唐和南汉随时处于宋朝可直接打击的势力范围之内。尤其是后蜀，宋朝可以从东面的水路和北面的陆路对其实施攻击。后蜀这一雄踞川中的南方大国，已处于坐以待毙的境地了。

后蜀主孟昶奢侈荒淫，政治极为腐败。宋朝吞并荆湖，孟昶知自身难保，准备向宋朝通使奉贡，但遭到大臣王昭远的坚决反对，王昭远建议孟昶与北汉结盟，约期让其发兵南下，孟昶在三峡一带驻兵迎战，使宋腹背受敌。乾德二年（964 年），孟昶遣孙遇、赵彦韬等人携蜡书秘密前往北汉，欲联北汉共同举兵攻宋。

途经开封时，赵彦韬偷偷将蜡书献给了赵匡胤。赵匡胤正苦于没有伐蜀借口，见此，便认为师出有名了，于是下令攻蜀。

乾德二年十一月，赵匡胤命王全斌、崔彦进和王仁赡率六万大军分道攻蜀。临行前，赵匡胤授予诸将阵图，并特别交待宁江节度使刘光义，蜀军在夔州设了锁江浮桥，防卫甚严，要取胜，必须先夺浮桥。

后蜀以王昭远领兵抵抗，然而王昭远只会纸上谈兵，并不会领兵作战。出战迎兵之际，他夸下海口，说夺取中原易如反掌，但经过几次交战，却是屡战屡败，从利州直退到剑门。剑门是成都的重要屏障，其得失直接关系到成都的安危，孟昶得知王昭远战败，忙让儿子玄喆率兵增援。但玄喆不仅不懂兵事，沿途竟游山玩水，寻欢作乐，半道听说剑门失守，便不战自溃，逃往东川。此时，王昭远已做了宋军的俘虏。

与此同时，后蜀的三峡防线也被刘光义和曹彬的西路军攻下，刘、曹二人率领的东路军溯江而上，进抵夔州。刘光义按照太祖的指示先夺浮桥，攻下夔州，打开了由长江入蜀的大门。两路宋军长驱直入，沿途所向披靡，于乾德三年（965 年）元月会师成都。孟昶见大势已去，便命献表请降。

后蜀物产丰富、府库充盈，号称“天府之国”。平定后蜀后，宋太祖特命参知政事吕余庆为成都知府，协同王全斌等人大肆搜刮。一时间，船载路运，日夜不息，大量财富被集中到东京开封。这固然加强了宋王朝的国力和财力，但同时却又激化了后蜀地区的社会矛盾，在此后相当长的一段时间里，后蜀一直动乱不已，民变、兵变相继发生，牵扯了北宋王朝很大的一部分兵力。

南汉以广州为中心，割据岭南两广地区达60年之久。开宝三年（970年）九月，赵匡胤决定攻取南汉以继续实施“先南后北”的统一方略。同年十一月，赵匡胤命潘美率军大举进攻南汉，宋军很快就攻陷了贺州，随之连克昭、杜、连、韶四州。南汉主负隅顽抗，但朝廷上下却不能团结一致。最后，南汉主任用宦官掌握兵权，以这样的军事配备对抗宋军，无异于以卵击石，很快，南汉军队就大败于莲花峰下。次年二月，宋军攻克广州，南汉灭亡。

南汉灭亡之后，南方剩下的最后三个割据政权个个自危，震恐异常。南方割据势力最强大的南唐后主李煜苟且偷安，主动要求取消国号，改称“江南国主”。但赵匡胤并未因此而改变消灭南唐的决心。

开宝七年（974年），赵匡胤要南唐后主李煜亲自到开封朝拜，李煜惧怕被宋扣留而未成行。赵匡胤便抓住这一把柄，九月，令曹彬为统帅、潘美为都监，率水、步、骑兵在采石一线强行渡江，进围金陵；同时令吴越国主钱俶统帅吴越军5万，由宋将丁德裕监军，从东面攻取常州（今江苏常州），然后会师金陵。

十一月中旬，宋军依照江南人樊若水的图示在采石用预先造好的战舰架设浮桥获得成功，其主力部队利用浮桥，顺利跨过了长江天险，大败南唐水陆兵十余万于秦淮，直逼金陵城下。十一月二十七日，在李煜仍不投降的情况下，宋军发起总攻，金陵城破，李煜做了俘虏。

进攻南唐是宋太祖统一南方的最后一仗，也是当时最大的一次江河作战。这次战争中的“浮桥渡江”“围城打援”，不仅是赵匡胤战略部署中的得意之举，也是古代战争史上的创举。

赵匡胤运筹帷幄，针对不同的割据政权，采取了相应的统一措施，取得了一系列的胜利，充分展示了他出色的政治才能和军事指挥才能。在灭了南唐后，赵匡胤又对南方仅剩的吴越和漳泉两个割据政权施加压力，迫使它们称臣归附。

再来看宋朝与北汉的角逐。开宝元年（968年），北汉主刘钧病死，他的几个养子和宰相郭无为争权夺利，内部矛盾重重。赵匡胤认为有机可乘，便于同年八月挥师北上，并一举突破了北汉的几道防线，进逼太原城下。然而，北汉虽经历了几次执政者夺权的风波，但太原城的守将却殊死抵抗，丝毫不动摇。九月，辽军前来增援北汉，宋太祖只得撤军。北汉乘机反攻，宋朝方面自八月进军以来所占领的州县不但全部丢失，还被北汉军队打进了晋、绛二州，大掠而去。

次年（969年）二月，为雪年前之耻，赵匡胤决定亲率大军征讨北汉。战事刚开始时，北宋方面很顺利。三月，赵匡胤即率大军突破了北汉的数道防线，进抵太原城下，将其团团围住。但此后战事即进入胶着状态。宋军发起的几次强攻都被北汉名将刘继业击退。强攻不行，赵匡胤又采取了长期围困的政策，但三个多月过去了，仍没能将太原攻克。这年的闰五月，宋兵正式从太原撤兵。北汉军队又一次乘势追击，宋军丢失了大批粮草，损失比上一次还要严重。

北宋自建隆三年（963年）九月首次对外用兵起，至乾德三年（965年）正月，不到三年的时间，就平定了南平高氏、湖南周氏、后蜀孟氏三个割据政权，统一了63州一监的大片领土。但可惜的是，自平蜀后，几乎完全是由于赵匡胤个人的举措失当，导致了一系列意外的变故，先是蜀中动荡不已，紧接着又是两次北征太原损失惨重，赵匡胤“先南后北”的统一大业因此而停滞。

开宝九年（976年）十月十九日，赵匡胤突然去世，其弟赵光义按照赵匡胤的既定方针，继续对吴越和漳泉施加压力，终于不动干戈，迫使吴越的钱俶和福建的陈洪进纳表献土，使两浙和福建归入了宋朝的版图。这样，南方完全统一。在此基础上，赵光义一鼓作气，公元

979年（兴国四年）初，亲率大军北征，灭亡了北汉。至此，安史之乱以来中原地区200多年的分裂割据局面基本上结束。这时，离宋太祖逝世刚刚三年。

然而，赵匡胤最想击败的是辽朝，最想收复的是燕云十六州，这两大心愿都未能达成，留下了终生遗憾。同时，收复燕云十六州，也成了整个两宋时期赵氏统治者长久的梦想。但北汉的降服，使它成为了宋朝北方的一道屏障，对于抵御辽国的入侵起到了缓冲的作用。

5. 重文轻武的赵氏集权统治

综观封建社会的家天下历史，为维持家族统治设立的“祖宗家法”总是一脉相承。这些“祖宗家法”在建国初期对家天下统治确实起到了积极作用，但在时代进步的面前，死守“祖宗家法”的弊端却越来越明显，最终导致了家族统治的没落。

宋太祖赵匡胤在南北用兵、统一全国的同时，还采取了一系列措施，巩固和加强了专制主义中央集权，进而创立了一整套为其后代奉若圭臬的“祖宗家法”。

赵匡胤深知，唐末以来政权频繁变更的一个最重要的原因，就是文武关系畸形，武臣独揽朝政导致政局混乱，他不希望这样的局面在自己的朝代延续。他也深知只要地方权力过大，节度使拥兵一方，不受中央调遣，自然就不会有真正意义上的天下统一和社会安定。要解决好权力的分配问题，实际上就是要解决好中央与地方的关系问题。于是，他找来赵普商议国家长治久安之策。宰相赵普计谋很多，他参与策划了“黄袍加身”“杯酒释兵权”，直接把赵匡胤送上了皇位。后来赵匡胤平定南方，赵普更是立了不少大功。因此，赵匡胤事无巨细都跟赵普商量。赵普认为，唐末以来兵戈不息，苍生涂炭，其症结就在于方镇太重、君弱臣强。

在赵普的辅佐下，赵匡胤制定出了“削夺其权，制其钱谷，收其精兵”

文教不兴、学校荒废的情形，赵匡胤下诏拨款增修国子监学舍，当国子监开学讲书之日，他很高兴地派人送去美酒、蔬果以示祝贺。随着文教的振兴和开科取士的增多，大批文人进入了统治集团。赵匡胤认为，乱世用武，治世用文，对这些文臣再也不能像五代时期那样只是当作点缀摆设，而应切实发挥他们的作用。其次，赵匡胤改革和推进了隋唐以来的科举考试制度。宋初极力放宽科举考试的范围，无论家庭贫富、郡望高低，只要具有一定文化的人，都可以前往应举。同时，严格考试制度，以防权贵豪门请托舞弊。

赵匡胤的重文政策，使统治集团内部畸形的文武关系得到了调整。一方面是调整了中央与地方、君主与臣下的关系，使地方的行政、财政、军事等各方面的权力不断向中央集中，最后又集中到皇帝一人手中，形成了至高无上的君主集权制；另一方面开科取士，重文用武，广罗人才，又极力扩大了这一专制统治的基础。但是，这一政策也带来了一些弊端，导致官僚机构膨胀，加大了中央财政的支出，到宋朝中期出现了积重难返的局面。

6. 兄友弟悌，身死成谜

封建皇权的至高无上，使得众多觊觎皇位的家族成员之间明争暗斗，自相残杀。家族内部争权夺位的血雨腥风弥漫了整个封建时代，赵氏家族也未能幸免。

随着宋初局势的稳定和统一事业的逐渐完成，赵宋皇族被外姓旁人颠覆的危险越来越小，但赵匡胤与赵光义之间原来那种为家族的命运和利益同心同德、共济险难的精神却慢慢地消失了。一旦他们有了互不相干的命运和各自的算计，原来掩盖在“兄友弟悌”伦理美德下的人性中的另一面就可能显露了出来。

建隆二年六月，皇太后杜氏因病去世。临终前夕，她对赵匡胤说：“你能做天子，那是因为周世宗死后继位的国君年幼的缘故，如果当时是一位成年人继位的话，你能当上天子吗？我想将来你传位时，就应当传位于你弟弟光义，立年长者为国君，是社稷之福呀！”赵匡胤哭着答应道：“一定按您的吩咐办。”于是，由赵普当场记下太后遗嘱，藏于金匮之中。这就是所谓的“金匮之盟”。

同年七月，赵匡胤把时任泰宁军节度使、大内都部署的皇弟赵光义任命为开封府尹、同平章事。这是一个非同小可的任命，五代时期，凡皇位的继承人都要封王任开封府尹，赵光义此时虽未封王，但其任开封府尹已隐然有继位人的地位了。这不但是贯彻太后临终遗嘱的一个重要步骤，更重要的是，赵匡胤希望通过此举向臣僚们表明，在未来的皇位交接中，是不会再出现那种“主少国疑”的局面了。

自建隆二年担任开封府尹起，赵光义主政京师达十余年，其官署号称南衙。赵光义把一大批文武人才网罗进自己的幕府，据有关学者考证，其幕府拥有宋琪、石熙载、柴禹锡、程德玄等幕僚六十余人。大抵说来，这十余年，赵光义韬光养晦，一直在暗中培植自己的势力。

赵普从乾德二年（964 年）起也独相十年，权位在赵光义之上。赵普见识过人，对赵光义的动向与用心，当然会有察觉。因而，自赵普独相以后，原先关系尚称密切的两人，形成了旗鼓相当的两大政治势力，时不时地明争暗斗一番。

赵匡胤晚年对赵普的独断专行也深为不满，但赵普勋望卓著，对他处置尤须谨慎。这时，得到赵匡胤赏识的翰林学士卢多逊因与赵普不和，多次在赵匡胤面前攻击赵普。而赵普一方面因敢作敢为，树敌过多；一方面贪财好货，营邸店，夺民利，落人把柄不少。开宝六年（973 年），太祖一方面扩大参知政事薛居正和吕余庆的参政权力，以分割赵普相权；一方面亲命重选中书堂后官，以削去赵普心腹。

开宝六年八月，赵普辞去宰相一职。时隔一月，赵光义进封晋王，位居宰相之上。五代时期，亲王尹京隐然已有继位人的地位，后周世宗继位前就是晋王兼开封府尹。这两件事前后相接，表明赵光义久久不能确立继承人的地位，与赵普是有关的。

赵光义虽说有“金匮之盟”，已隐然被视为皇位继承人，但这时太祖的儿子德昭 24 岁，德芳也已 16 岁，不闻失德，也完全可以做皇帝。而且，赵匡胤晚年与赵光义也是颇有矛盾的。赵匡胤一度考虑迁都洛阳，原因之一就是试图摆脱赵光义在开封府业已形成的盘根错节的势力范围。何况在历史上，皇帝临终易储，也不是没有先例。因而，对赵光义说来，能否继承皇位还存在着不小的变数。

虽说赵光义当时已是势力暗增，但赵匡胤也没有闲着。开宝九年二月，吴越国王钱俶来朝，一般很少参与政治活动的皇子德昭，这次却突然被赵匡胤委派至宋州迎宾。钱俶来朝是当时朝中瞩目的大事，赵匡胤借这一机会，巧妙地把本来默默无闻的皇子推到了臣民们的面前。回到开封后，赵匡胤一反常态，明显地加强了同另一皇弟赵廷美的关系。三月，宋太祖巡视洛阳，特令赵廷美随行。其中，仅七月一个月的时间，就三次“幸光美第”。赵廷美是“金匮之盟”中排在赵光义之后、赵德昭之前的继位人之一，赵匡胤对他如此亲近，恐怕也不是毫无用意的。

开宝六年十月二十日，赵匡胤在病中猝然去世，终年50岁。赵匡胤临死前，赵光义将大内中人全部赶出，人们在外面听到殿内有异样响动。不一会儿，赵光义出来说：“圣上驾崩了。”然后匆匆离去。第二天，赵光义顺顺利利地继承了皇位。赵匡胤之死，蹊跷离奇，他本人身体健康，从他生病到死亡，只有短短两三天时间，可知他是猝死的。关于赵匡胤之死，史家众说不一，也有人认为是被赵光义谋杀。

总之，赵匡胤之死，留下了千古之谜。宋太祖死后，谥号“启运立极英武睿文神德圣功至明大孝皇帝”，庙号“太祖”。

第二章　崇尚文治　太宗赵光义

赵光义（939—998 年），公元 976—998 年在位，本名赵匡义，后因避其兄太祖讳改名光义，即位后改名炅。太祖赵匡胤胞弟，母为昭宪皇后杜氏。赵光义有着雄才大略，为打下赵氏江山立下巨大功劳。他登基后，继续推行统一全国的政策，结束了五代十国的分裂割据局面，同时，也结束了中国长达二百五十年的改朝换代的大混战。在他手中，形成了系统而完整的统治体制，促进了经济发展、社会繁荣，使赵氏家族维持了长达三个世纪的统治，为宋朝的稳定做出了重要的贡献。但是，赵光义因为急功好利，几次北伐攻辽都受挫，转而执行守内虚外的政策，使宋朝形成了“积贫积弱”的局面，给宋代社会的发展也带来了不利的影响。

1. 烛影斧声中代侄继位

中国古代封建统治家族以“长子接班”这种家天下的继承模式，来防止其他家族对最高权力的争夺。嫡长子继承制，有利于减少政治继承中的冲突，维护君主专制制度的稳定有序和家族的统治延续。但皇权的至高无上和特殊的生活享受，却使不少野心家为这顺理成章的制度添置了刀光剑影的背景。

公元 939 年 10 月 7 日，赵匡义出生于浚仪官舍。他自幼卓尔不群，生性好学，工文业、多艺能，深得长兄赵匡胤的喜爱。

当赵匡胤在后周功业显赫、地位日高时，比他小 12 岁的赵匡义，还是一个名不见经传的小人物。赵匡义长期跟随赵匡胤南征北战，18 岁时，他协助赵匡胤攻下了瓦桥关和瀛洲、莫州。22 岁时，在“陈桥驿兵变”中，赵匡义为其兄代周自立起了重要的作用。当时，赵匡义以赵匡胤胞弟的身份最适于出面沟通内外，结交军士，抚定众心。由于赵匡义充当了前台主角，才使得赵匡胤在代周自立的过程中扮演了一个较为超脱的角色。赵匡胤当上皇帝后，为了避讳，赵匡义改名为赵光义，他的另一个弟弟赵匡美改名为赵廷美。

宋太祖赵匡胤对赵光义也十分器重，赵匡胤刚登上皇帝宝座，就任命赵光义为殿前都虞侯、领睦州防御史。建隆元年（960 年）五月，赵匡胤亲征泽、潞，讨伐李筠，让赵光义临时担任大内都点检，留守汴京。

同年十月，赵匡胤南征据扬州反抗的李重进，任命赵光义为大内都部署，仍留守京师。建隆二年（961 年）七月，赵光义被任命为开封府尹、同平章事。

担任开封府尹，对于赵光义来说，具有十分重要的实际意义。作为国家都城的最高行政长官，开封府尹对国家军政要务起着上承下达的作用。从建隆元年（960 年）到开宝九年（976 年），赵光义当了 16 年的开封府尹，锻炼了实际处理政务的才能。这 16 年来，赵光义利用开封府尹的地位，在开封府中广延豪俊，聚集了一批幕僚、军校，文武皆备。通过广置党羽，内外交通，赵光义在开封府时势力大盛，威望日高，羽翼渐丰，为他日后争夺帝位及治国安邦打下了牢固的基础。

开宝九年（976 年）十月二十日，赵氏基业的缔造者宋太祖赵匡胤突然驾崩。据宋仁宗嘉佑年间文人文莹的《续湘山野录》记载，十九日夜，赵匡胤命人召时任开封府尹的晋王赵光义入宫，赵光义入宫后，赵匡胤屏退左右侍卫，与赵光义酌酒对饮，商议国家大事。在烛影摇晃中，屋外宫人见赵光义时而避席，摆手后退，像是在躲避，又像是在谢绝什么，又见赵匡胤手持玉斧戳地，还大声喊道："好做！好做！"两人饮酒至深夜，赵光义才从宫中出来。凌晨左右，赵匡胤就驾崩了。据清人毕沅《续资治通鉴》记载，赵匡胤晏驾归西后，皇后派宦官王继恩速召赵匡胤长子赵德昭，王继恩认为"太祖传国晋王之志素定"，就迎请了赵光义。

第二天，赵光义因"金匮之盟"在烛影斧声中即位。这种兄终弟及的皇位继承方式与传统的父子相传相比，可谓是明不正，言不顺。因此，赵光义即位后，首先要做的，就是采取措施来安抚人心，巩固地位。

赵光义任命其弟赵廷美为开封府尹兼中书令、封齐王，后改封秦王，表明自己沿用赵匡胤时皇弟尹京的旧制；赵匡胤之子德昭为节度使，封武功郡王，与赵廷美一起位在宰相之上，赵匡胤次子德芳也封为节度使。赵匡胤和赵廷美的子女，与赵光义自己的子女一样均称为皇子皇女，赵匡胤的三个女儿还被封为国公主。赵匡胤的旧部薛居正、沈伦、卢多逊、曹彬和楚昭辅等人都加官晋爵，他们的儿孙也获得了大大小小的官位。而一些太祖在世时曾加以处罚或想要处罚的人，赵光义都予以赦免。

除此之外，赵光义更注重培养和提拔自己的亲信。其幕府成员如程羽、贾琰、陈从信、张平等人都陆续进入朝廷担任要职，慢慢替换了太祖朝的大臣。此外，赵光义还罢黜了一批元老宿将，如赵普、向拱、高怀德、冯继业和张美等，将他们调到京师附近做官，以便于控制。

赵光义改变太祖朝政局的最重要的措施，是扩大科举的取士人数，他在位时期，第一次开科取士就比太祖时代最多的一次猛增了两倍多。封建时代的科举制度使不少有才华之人都有机会入仕，一旦被录取，士子们便能青云直上出任各种职务，因此，这些“天子门生”对太宗心存感激，心甘情愿地为新皇帝效力。这样，即使当时朝野内外对太宗的继位有诸多非议，太宗也能够把权力牢牢地掌握在自己手中，将整个朝廷逐渐变成服从自己的机构，而“斧声烛影”和“金匮之盟”则成为后人永远猜不透解不开的谜团。

2. 守内虚外的统治策略

"兄终弟及"得来的权力有违"以子继父"的传统，赵光义想要靠政绩来证明自己足以担当起领导国家的重任。然而，他的"守内虚外"的指导思想却使后来的赵氏家族的统治陷入了困境之中。

"金匮之盟"是否真有其事暂且不论，赵光义以皇弟身份继承皇位，在正统的封建世袭制中并非名正言顺，在"烛影斧声"中继位的赵光义，内心总不踏实。他意识到要想巩固帝位、帖服人心，就必须树立自己的威望。

赵光义急于完成统一大业，这样，既能证明自己是太祖当之无愧的继承者，以提高个人的威望；也可以转移朝野的视线，不再对他继位的合法性说三道四。当时，南方还剩下割据福建漳泉的陈洪进和吴越国的钱俶，都是只待收拾的囊中之物；而北汉因有契丹的撑腰，仍然割据河东，这表明赵光义要想统一中原，还有一场硬仗要打。

太平兴国四年（979 年），宋太宗赵光义见政权初步稳固，便做出了攻打北汉的决定，希望通过攻灭北汉来实现赵匡胤不能完成的功业，以提高自己的地位和威望。正月，他任命潘美为北路都招讨使，分四路攻打太原城；同时，命郭进为石岭关都部署，以阻击契丹援兵。

同年二月，赵光义御驾亲征，所遣兵马在十万以上。三月，郭进在石岭关（今山西太原北）南截击来援的辽军，辽军死伤严重，耶律斜轸的后续部队赶到，才遏住宋军的攻势，得以退兵。潘美则指挥宋朝大军围困太原城，昼夜攻打，矢石如雨。

四月，赵光义抵达太原城下，督诸将攻城越急，太原城几乎城无完堞，城头箭集如猬。城破在即，太宗传诏北汉主速降。刘继元见大势已去，亲信逃亡，只得出降。至此，所谓五代十国的割据局面，全部结束。

五代时期，后晋石敬瑭把燕云十六州献给了契丹族建立的辽朝，宋朝建立后，迫切希望从辽朝手中收回幽燕这一战略要地。太祖时，大臣们曾想给他加尊号称“一统太平”，太祖却说：“幽燕未收，岂可称一统太平！”可见，太祖心中的“统一”是一定要收复燕云十六州的。为此，太祖还设置了封桩库，储存钱帛，想用积累的财富从辽朝手中赎买燕云十六州，若此计不行，则用这些钱财招兵买马，武力收复失地。可惜，太祖有生之年未能实现这一愿望。

赵光义即位后一直想一举收复燕云十六州，以期给自己的统治画上最完美最精彩的一笔。于是，赵光义乘着消灭北汉的余威，率大军征讨辽朝。

此役开始虽有小胜，但在高梁河一战中宋朝军队却大败而回。赵光义本人也差点被辽军俘虏。

高梁河之战是赵光义转向“守内虚外”政策的关键环节之一。此次战败，使宋初以来经过生聚教阅而日益精强的宋军元气大伤，而军中发生拥戴德昭之事，又使赵光义深为惧怕和担忧。战后，赵光义竟不听取大臣们的正确意见去整饬军纪，精加训练，而是全力注意内政，尤其是加强对皇族和军队的控制。此后，宋军对辽作战逐渐陷入被动。

高梁河之战后，为了报复南京（辽朝的南京即今北京）围城之役，当年九月与次年十月，辽军两次攻宋，双方互有胜败，谁都不敢说胜券稳操，因此曾一度休战。但赵光义似乎仍未放弃收复燕云十六州的想法。

雍熙三年（986 年）正月，出于对内外形势的判断，赵光义决定再次发动大规模的伐辽战争，史称雍熙北征。

先说对内，高梁河战败时，军中一时见赵光义不知去向，竟有人打算拥立太祖之子赵德昭，这令赵光义深感皇位未稳，于是，转而注意内政。到雍熙初年，不仅太祖之子都已死去，连居于准皇储地位的皇弟赵廷美也已贬死，赵光义最后一块心病已经除掉，因而可以放心攘外了。而自南京围城之役以来，七年的战略物资积聚，也足以对付一场大战。

再说对外，赵光义误信边将的报告，认为“契丹主少，母后专政，宠幸用事”，辽朝政局不稳，是天赐伐辽的良机。赵光义正想挽回高梁河惨败的面子，便同意出兵伐辽。不过，此次赵光义心有余悸，便坐守京师遥控指挥，令曹彬、李重进、潘美和杨业等兵分三路北伐，准备合围燕京。

但在此战中，由于宋军指挥不当，各路人马缺少合作，纷纷败绩。杨业父子血战陈家谷，不屈身死，边境大震。

杨业本在北汉主刘崇麾下效力，颇受刘崇赏识，还被赐名刘继业。后来，北汉降宋，杨业亦归附，太宗便命杨业恢复其本名，并予以重用。

雍熙北伐之所以惨败，赵光义有推卸不掉的责任。与太祖赵匡胤相比，赵光义的武功征伐是远远不及的。太祖出身行伍，有着丰富的战争经验，而赵光义在继位前虽然立过战功，但并未经历过重大的战役，因而也就缺少许多实战经验。赵光义又自以为是，刚愎自用，再加上秉承太祖削夺武将兵权的做法，每次出征前都制定了阵图（预先规定好战斗队形和防御部署的作战方案），让将领们依计行事，却完全不顾前线战场上需要将领发挥主动性和灵活性的实际情况，犯下了兵家大忌，严重束缚了将领们的手脚。此外，赵光义将北伐将士兵分三路，却又不能统一指挥，使之互相配合，使得三路兵马极易被辽军分割击溃。

雍熙北伐的惨败，对于赵光义乃至整个朝廷的影响非常巨大。一时间，朝廷上下都弥漫着一股“恐辽”情绪。之后，四川又发生了王小波、李顺起义，宋与西边党项族政权的战争也多有败绩，这些情形，使得太宗焦头烂额，不得不重新考虑他的内外政策，施政策略上由此发生了很大变化，渐渐地从积极应对外敌演变成为消极抵抗和守内虚外，这种政策的制定与实施给两宋时期带来了极为严重的后果。

端拱元年（988 年）秋八月，北部边境警报接连。但赵光义已经完全失去了当初北伐时踌躇满志的信心和决心。雍熙北伐后，宋朝廷对于与辽的关系，朝中一些大臣开始提出主和与主战两种不同的政见。主和派要求太宗屈己求和，宰相李防等相率上疏，引证汉唐故事说明对外讲和的重要。但是对于那些明显要求屈辱求和的主张，太宗在感情上接受不了。他对赵普等人说："恢复旧疆，不是别人的主张，是朕的一贯志向。伐辽失败只是由于将帅军事指挥上的失误所致。"右正言、户部郎中张洎等主战派则相继上御戎策，建议加强边地武将的兵权，任贤修政，省官畜民，选励将士，以图再次北上伐辽，收复失地。太宗虽对张洎等人的主张加以赞赏，但却不打算实行。

端拱二年（989 年），赵光义声称"欲理外，先理内，内既理，外自安"，确立了其后宋朝一以贯之的守内虚外政策。因此，宋朝对辽由攻到守，准备和解。而辽朝的萧太后对宋朝多次北伐却耿耿于怀，向宋摆开了进攻的阵势进行威胁，并帮助西夏王朝奠基者李继迁继续削弱宋朝的力量。宋太宗为了防守，只命宋军在边境疏河道，建立军寨作屏障。若辽军入侵，不许出兵，除非不得已，只许沿城布阵，却不许离寨进攻。结果束缚了将士们的手脚，守边将领只好得过且过，"始受命则惟以攻坚陷阵为壮图，及遇敌则惟以闭垒塞门为上计"，真正能对辽军作战的将领屈指可数，从此，宋朝军队的作战能力越来越弱。赵光义也终于把一腔热血变成了安于现状的心安理得。

3. 吸取教训，以文治国

唐末至宋初的朝代更迭，成于武将之手，也败于武将之手，致使每个家族的统治都不能长久。借鉴前车，“以文治国”也就成为了赵氏家族自始自终的统治策略，由此产生了繁荣昌盛的宋代文化，但由于赵氏政权过于偏“文”，以致武将不能护国，赵氏政权始终无法强于周边的其他政权。

赵光义是自五代以来第一位非武人坐天下的皇帝。他继位之初也曾重武，但在多次攻辽失败后，就失去了往日的锐气，转而重文。两宋之人多言“祖宗之法”，这“祖宗之法”即是指宋太祖、宋太宗所确定的方针、政策，其中太祖法度主要在于军事、政治方面，而太宗除了对太祖已有法度作了进一步完善外，又着重在文化、经济等方面建立了一整套法度规范。

科举制度虽始于隋唐，但真正完善则是在北宋。到宋初，门阀制度已不复存在，科举向文人知识分子广泛开放，“家不尚谱牒，身不重乡贯”，只要文章、诗赋合格，都可录取。太宗赵光义扩大了取士的规模，每次科举考试录取的进士数额，都远远超过了唐代及宋太祖时。太宗还促进科举制度日趋严密、完整，有效地防止了考官利用试卷作弊。

太宗赵光义十分重视发展文化事业。五代以来，昭文馆、史馆、集贤院称为三馆，但由于不受重视，直到太祖时，三馆的物质条件仍然都很差。太宗不仅亲自为三馆选定新址，还亲自规划，定名为崇文院。新馆舍精美壮观，可与皇宫的建筑媲美。到太宗晚年，崇文院及秘阁的藏书已十分丰富。赵光义颇为自负地对大臣们说："朕即位之后，多方收拾，抄写购求，今方乃数万卷。千古治乱之道，并在其中矣。"

在广泛搜求图书的同时，赵光义还先后组织一批文人编纂了几部大型类书。太平兴国二年三月，刚刚即位几个月的赵光义就命翰林学士李昉、扈蒙等十多人编纂《太平广记》与《太平御览》等书。这两部巨著与同时期的《文苑英华》在中国文化发展史上有着极重要的价值。

赵光义执政较为勤谨。为了巩固宋王朝的统治基础，他亲自挑选人才，通过召见临问以观其才，优秀者予以提拔重用。他对近臣说："朕每看见布衣缙绅中有才志受推戴的，就替他的父母高兴。"赵光义每天一早就到长春殿受朝，听完百官的政务汇报后，接着又到崇政殿去处理政事。有时为了处理政务，连午饭都耽误了。

赵光义不喜游猎，端拱元年（988 年）九月，他对侍臣说："朕每念古人禽荒之戒，自今除有司顺时行礼之外，更不于近甸游猎。"命人将五坊中所饲养的鹰犬，全数放生，并下诏令天下不要再来进献。淳化三年（992 年）十月，佘御卿（佘太君的二哥）进贡的白花鹰，太宗让人把它放了，仍然下诏不许复献。

赵光义对宗教的态度基本上是宽容的。由于佛教在吴越、南唐、后蜀等南方割据小国中非常流行。北宋开国后，为了争取南方各阶层的支持，对佛教采取保护政策，赵光义认为佛教"有裨政治"，因而有意提倡，太宗朝在五台山、峨眉山、天台山等处修建寺庙，并在首都开封设译经院释译佛经。北宋从太祖开宝年间开始在益州雕印大藏经，到太宗时雕版完成，印行了中国第一部佛经总集。宋朝建国时，各地僧徒不过六万多人，至太宗时增加到 24 万人。不过，赵光义本人的态度则是重道教，轻佛教。

赵光义执政总的方针是宽松敦厚。但是，为了有效地维护社会的安定，他在刑狱方面也亲自处理了一些案件。他下令在禁中设立审刑院，各地上奏案件，先由审刑院交付大理寺，刑部断复，再交审刑院详议裁决。审刑院不归宰相统领，直属于皇帝。赵光义还规定办案的三种时限：大案40天，中案30天，小案10天。不需追捕而容易处理的不能超过3天。并规定，囚犯如应讯问，则应当聚集官属一同参与，不能委托胥吏拷掠。

赵光义以唐五代以来宦官专权的情况为鉴，对宦官驾驭较严，不许他们干政。宦官王继恩曾作为剑南两川招安使，领兵平定王小波、李顺的起义，中书省建议让王继恩任宣徽使。赵光义不许。宰相力言王继恩立有大功，非宣徽使不足以赏酬。赵光义为此动怒，深责宰相，让别议官名，最后创了个宣政使的名目，授予王继恩。

赵光义任用的几位宰相也比较正直。寇准生性刚直，有一次向赵光义奏事，赵光义不高兴，站起身要走，寇准拉住赵光义的衣袖，让他再坐下，等到事情议决以后才罢休。赵光义感叹地说："这人才是真宰相哩！"

4. 贬抑祖系，确立宗嗣

皇权，代表着封建社会的最高权力。历朝历代，围绕着皇权之争，父子之间、兄弟之间，上演了一出出你死我活的历史惨剧。

赵光义当上皇帝之后，用了很大一部分精力来确保皇位，防范变乱。一方面，防范武将专权；另一方面，则是防他的自家人。

在高梁河之战中，太祖之子武功郡王赵德昭从征幽州。当宋军溃败之际，赵光义与主力部队失散，军将们怀疑皇帝遇难，就商量着立德昭为皇帝，后来知道赵光义还活着，这事就作罢了。事情虽未成，却触犯了赵光义的忌讳。以往作战，回师后都要按功劳大小颁发奖赏，这次赵光义还京多日，也不见行太原战斗之赏。军中议论纷纷，诸将不免多怀怨望。德昭心直口快，恐怕军心浮动，就入见赵光义，请给军将叙功行赏。太宗大怒，吼道："等你自己当了皇帝，再赏赐也不晚！"德昭非常惶恐，低头垂泪，默然出宫。回到家中，德昭便自杀身亡。太宗似有悔意，抚尸痛哭，追封德昭为魏王。

德昭自杀两年后，其弟弟——年仅 23 岁的赵德芳也不明不白地死了。

太宗初即位时，赵廷美的儿子也和他两个哥哥的儿子一样称皇子，女儿称公主。太平兴国四年（979 年）赵光义晋封赵廷美为齐王，后封秦王。赵廷美也和赵光义当年一样当了开封府尹、并兼中书令，位在宰相上。

太祖的儿子德昭和德芳一死，秦王赵廷美的准皇储地位就成为太宗的最大心病。太平兴国六年九月，太宗早年的幕僚柴禹锡告发赵廷美“将有阴谋”。“将有”云云，即“莫须有”，也表明太宗将对赵廷美下手。但时距德芳之死仅隔半年，倘再兴大狱，太宗唯恐压不住阵脚，于是，他断然召见了赵普，借助于这位有着举足轻重的影响力的开国元勋。

赵普在太祖晚年被罢相出朝，以同平章事任河阳三城节度使，只有使相的名义。太宗即位，对赵普宿恨未消，派与赵普有隙的高保寅出任其所属支郡怀州的知州。高保寅一上任就说赵普抑制他，要求罢节镇领其支郡。赵普见自己提出的“削夺其权”的方针被用来对付自己，便在太平兴国二年请求入京参加太祖入陵葬仪，太宗顺势罢其使相之职。其后，赵普虽以太子少保的荣衔留在京师奉朝请，但形同现代的高级寓公，备受太宗的冷落和宰相卢多逊的逼压，尝够了失去权势以后的世态炎凉，他深知再如此下去，恐怕连身家性命都岌岌可危。

就在这个节骨眼儿上，赵普受到了太宗的召见。赵普当即表示“愿备枢轴，以察奸变”。赵普以他从政多年的经验，以及他对赵氏家族的了解，深知要使自己的命运出现转机，在政治上将他的老对头卢多逊整倒，就要为新皇帝赵光义献上一份厚礼，并且这份厚礼物要足以使赵光义动心。

赵普于是重提“金匮之盟”，一下子就得到赵光义的欢心。赵光义还就今后皇位继承试探赵普，赵普就回答了一句：“太祖已误，陛下岂容再误邪！”太宗连连颔首。于是，赵普重登相位，且位兼侍中，这是宋初德高望重的宰相的加衔。至此，太宗与赵普这对昔日的冤家捐弃前嫌，为了各自不同的目标，走到一起来了。

赵普以“金匮之盟”重新换取了相位，其任相次日，秦王赵廷美就感到有压力，要求列班在赵普之下，虽然以其准皇储的地位是可以位居首相之上的。次年三月，太宗为晋王时的旧僚柴禹锡、杨守一等进宫，向太宗密奏，说廷美骄恣不法、谋以自立。赵廷美显然是太宗皇帝的心头大忌，同为皇弟，难保不会成为又一个“宋太宗”。这话正触动太宗的疑忌，于是召赵普密商。赵普与廷美本无宿怨，一来为报复卢多逊，二来为得太宗欢心，便称察卢多逊私下与秦王赵廷美相勾结。

太宗假意不忍心张扬其事，就罢去廷美开封府尹，将他调到洛阳任西京留守。与此同时，与廷美往来密切的一批文武臣僚都因“交通秦王”而遭贬官流放。

卢多逊被削夺一切官爵，连同家属流贬崖州，赵普终于出了口恶气。有关牵涉本案的属吏和证人都被斩首在都门之外，来个死无对证。赵廷美则被勒令归私第，他的儿女也不再称为皇子皇女，他在朝中的势力也被彻底扫尽。

五月，继赵廷美出知开封府的李符迎合赵普的意思，上奏说赵廷美衔恨怨望，“乞徙远郡，以防他变”。太宗正中下怀，把赵廷美降为涪陵县公，房州安置，这是流放后周退位小皇帝的地方。赵廷美气郁成疾，日渐消瘦，不到一年就病逝于房州，年仅 38 岁。

太宗的长子元佐，为元德皇后所出，自幼聪慧，长得也像太宗，太宗一直很喜欢他。其叔父赵廷美触犯了太宗，元佐力为营救，再三请免其罪，屡受太宗的呵斥。后来听说赵廷美的死讯，元佐悲愤不已，酿成狂疾。雍熙二年（985 年）九月九日重阳节，太宗兴致很好，召请诸王宴射苑中。由于元佐病还没痊愈，就没让他参加。元佐知道这事后，大为恼怒，索性在院内放起火来，殿阁亭台，蔓延烧去，一时间烟雾滚滚，火光冲天。太宗听说楚王宫中失火，猜想可能是元佐所纵，命押赴中书，派御史按问，元佐俱实以对。太宗怒不可遏，下令削去元佐的封号，废为庶人，并安置他前往均州。宰相宋琪率百官伏阙拜表，请太宗宽恕元佐病狂，仍留京师。太宗余怒未消，没有应许。宋琪等大臣再三奏请，太宗才下诏允许元佐继续留在京师。

至道元年（992 年），立元侃为太子，改名恒。诏命颁下，太子行告庙礼，还宫路上，京师士民争相观看，齐声欢呼“少年天子”。太宗得知后很不高兴，召寇准入见，对他说："人心都归太子，欲置我何地也？"寇准拜贺道："这正是社稷之福啊！"太宗这才转忧为喜。入宫，后嫔六宫都来庆贺，太宗颇觉兴奋，破例召寇准一起饮酒，直喝得大醉方罢。

至此，自太宗继位以来的皇位继承问题，最终得到解决。元侃即后来的真宗。

至道三年（997年）三月，宋太宗赵光义驾崩，终年59岁。

赵光义的即位，是赵氏家族的一个转折点，也使整个朝代的局势都发生了微妙的变化。赵光义时代，广揽人才，科举制度得到了充分发展，是宋朝重文倾向的重要表现，此后赵宋历代君主都继承了赵光义"昌文偃武"的思想。赵光义两次攻辽失败，遂对辽采取守势，宋王朝对外的软弱在此朝中已初露端倪。赵光义的去世，标志着宋朝开创局面的结束，守成时代的到来。

第三章　好大喜功　真宗赵恒

赵恒（968—1022 年），公元 998—1022 年在位，原名德昌，后改名元侃；淳化五年（995 年），被立为皇太子，改名恒。太宗赵光义第三子，母为元德皇后李氏。

真宗即位之初，勤于政事。在其统治时期，既有名将李沆与寇准相佐，也有“鹤相”丁谓与“五鬼”乱政，但宋朝的政治制度却日趋完备，社会经济也有所发展。然而，与久经沙场的太祖、太宗不同，从小生活在深宫中的赵恒性格较为懦弱，缺乏开拓创新的决心和勇气，在他看来，守成是最好的选择。公元 1004 年，宋辽签订令宋朝备感屈辱的澶渊之盟后，真宗无心朝政，而是致力于封祀之事，粉饰太平，广建宫观，劳民伤财，使得赵宋王朝的“内忧外患”日趋严重。

1. 勤修内政现太平盛世

一个家族能否发展及延续，关键在于领导者的谋略和才能。赵恒即位初期勤修内政，使宋朝出现了后世所称的“咸平之治”的小康局面。这在赵氏家族的统治时期，是很少有的盛世景象。

太平兴国八年（983年），宋朝的政治出现了一点波折：北方的辽国、西边的西夏国时常骚扰宋朝边境，而国内又发生了王小波、李顺起义。太宗年事已高，事情处理起来有些力不从心了。因此，大臣上书要求立太子，太宗均以种种理由搪塞。淳化二年（991年），宋沆、冯拯等五人联名上书再次请求立太子，惹得太宗大发脾气，将这五人一一贬职，从此，朝廷再没有大臣敢提此事了。

其实，宋太宗并不是反对立太子，只是在人选上一直不能满意。太宗一共有九个儿子。大儿子元佐非常聪明，但是由于赵廷美被贬一事受了刺激，精神失常。二儿子元僖姿貌雄毅，深受太宗喜爱，被封为广平郡王，后来又被改封为陈王。在哥哥元佐染病被禁之后，他受到太宗的器重，被任命为开封府尹，进封许王，加官中书令。照这个趋势发展，有可能被立为太子。不幸的是，淳化三年（992年），元僖突然得病死去，年仅27岁。元僖的死，使太宗意识到应该加快立太子的节奏，不能再拖延下去了。

淳化五年（994年）九月，太宗立三子元侃为开封府尹，并晋升为寿王，正式立为太子。

赵恒的表现的确实不错，被封为开封府尹之后，他兢兢业业，秉公办事，几年来京城平安无事。他奉命视察京畿的民田，认为农民负担过重，于是实行减负措施，收拢了不少民心。赵恒被册封为皇太子之后，京城内外的平民百姓非常高兴，在他拜庙的时候夹道欢迎，称赞他是“真社稷之主”。太宗任命李至、李沆二人为东宫长官，对太子赵恒加以辅佐。

至道三年（997 年），赵恒即位，时年 30 岁。

宋真宗赵恒即位时，曾下诏说：“先朝庶政，尽有成规，务在遵行，不敢失坠。宜拔茂异之才，开谏诤之路。”表明了他锐意改革、励志图强的决心。

公元 998 年 1 月，宋真宗改元咸平，正式启动改革之路。他着手整顿吏政，解决机构臃肿、贪污腐败、官吏冗滥、选举作弊等突出问题。他规定外任官职田制度，不同的官职给以不同数量的田地作为俸给补贴，提倡廉政。然后裁撤重叠、臃肿的官僚机构，以提高办事效率。又严格官吏的举荐、任用、迁转、考核制度。规定被举荐者三任而有政绩，才能作为善举而议奖赏。被举者若犯贪赃罪等，举荐者亦连坐。赵恒还命宰臣誊录内外官员历任功过，编册进呈，以备委任官员时参考。赵恒还亲自考核京官，开创了宋代京官磨勘（唐宋官员考绩升迁的制度）引对的先例。

为了广泛选择、培养优秀人才，赵恒把改革科举制和发展学校教育摆在了重要位置。曾在《劝学文》中以“书中自有黄金屋，书中自有颜如玉”这样极端的利禄观作为劝学手段，使众多的读书人趋于科场。在学校教育方面，自宋初以来，官学甚少，以书院为主要教学形式的私学逐渐兴盛起来。对此类书院，赵恒也给予了支持。

赵恒在实行政治改革的同时，也积极寻求经济富强之道。他在即位当年的五月下诏说：“国家大事，足食为先。”以国家未有九年之蓄为忧，令两府大臣讲求丰盈之术。他还对侍臣说：“经国之道，必以养民务穑为先。”诏三司每逢岁稔之年，要增广市籴以实仓廪。重申转运使的主要职责之一，就是劝课农桑。

咸平二年（999年），赵恒命度支郎中裴庄等官员分赴江南、两浙等地，发官廪赈恤受灾饥民，蠲除田赋。诏令有司减罢各种无名力役，暂缓土木营建，以休养民力；又令陕西沿边地区广兴屯田，把士卒戍边和耕种结合起来；还诏令全国，凡民户有能力开荒，准许无田税农户请佃荒田垦种，五年后定纳赋税。为了使民户有能力进行生产，又推广“预买绢”法，即在每年春季民力乏绝时，官府借贷给农户安排生产、生活，等到秋收后，再以绢输官偿债。

赵恒本人也以勤政为要。他制订的工作日程表是：每天清早在前殿接见请对官员，听闻奏事；早饭后处理各司奏事，批阅奏章；下午看书学习，安排各项例常活动；晚上则多召儒臣进讲，询访为政得失、探讨经史等。他还以刑狱直接关系到国治民安为由，编集《新定编敕》856条，镂版颁行，与律令格式、刑统并行。

赵恒还下诏对皇亲国戚以及宦官进行严格约束。他的姑母秦国长公主为其子王世隆求官正刺史，赵恒婉辞拒绝，说：“正刺史系朝廷公议，不可。”他的妹妹鲁国长公主为翰林医官赵自化求升秩，也被他拒绝。驸马都尉石保吉家中发生家仆偷盗一事，石保吉面请赵恒，乞加重罪，又欲在自己家中设刑问罪，赵恒以国家自有常法，不允，命交有司处决。

赵恒在即位之初的几年中，广开言路，锐意兴革，勤政治国，他所采取的措施促进了当时社会经济的发展，出现了为后世所称道的“咸平之治”的小康局面。

2. 澶渊之盟：以屈辱换和平

当统治家族利益受到外权入侵时，是投降，还是抵抗，一切都掌握在统治者手中，决策的正确与否，关系着统治家族的生死存亡。“澶渊之盟”无疑是个耻辱，它不是不战而败，而是战胜而败。赵恒的懦弱，为下一个“澶渊之盟”埋下了伏笔。

宋辽战争长达25年，其目的在于争夺幽云十六州。对于辽国来说，幽云十六州是一个先进的农业区，无论是它的农业、手工业还是其他文化活动都比辽国本部地区发达。辽朝统治者对该地区非常重视，他们把幽云十六州中的幽州升为南京，改皇都为上京，把原先的南京（辽阳）改为东京，以大国的姿态屹立于宋朝的北方。而对于宋朝来说，幽云十六州是宋朝北方的一个屏障，是重要的战略缓冲地带，幽云十六州的得失，关系一代江山的安危。从宋太祖时期，宋朝就开始了与辽争夺幽云十六州的战争，赵匡胤逝世后，赵光义继位，继续对辽作战。但是，979年高粱河一战，宋军大败，于是，赵光义采取守势，维持了几年来的相对安宁局面。

公元982年，辽国帝位更迭，幼主年纪尚幼，其母萧太后当政，宠臣韩德让掌握了朝廷大权。宋太宗认为辽朝“主幼国疑”，正是可乘之机，便于公元986年再次发动了大规模的攻势战，分东、西、中三路出兵。但由于东路军受阻，宋军败退。两次伐辽失败，迫使宋太宗重新考虑其内外政策的调整。到宋太宗晚年，守内虚外政策的指导思想已经形成。在这一思想指导下，宋朝对辽由攻转守，放弃了以武力收复幽云十六州的打算，只是在北部边境设置重兵严防，以此与辽朝相对峙。在宋朝采取守势后，辽朝对宋却展开了攻势，就在宋军第二次伐辽失利的冬天，萧太后利用宋军溃散、士气低落的时机，率大军南下、长驱直入，攻陷了深州、祁州、易州，辽兵大肆纵火杀掠，然后满载金帛等战利品北还。自此，辽国利用其骑兵优势，不时骚扰宋朝的边区。

公元 997 年，赵恒即位，年号咸平，赵恒在加强国内统治的同时，也密切注意改善同邻邦的关系。希望能够保持太平的局面，但是却未能如愿。当时宋朝的外部威胁，主要是北邻辽国建立的契丹政权和西邻西夏建立的党项政权。咸平二年（999 年），辽军再次南下，宋军驻守定州，闭门自守，不敢出战，次年正月，辽兵到瀛洲，大败宋军，擒宋将康保裔。

公元 1004 年，辽军又一次大举南侵，朝中大臣在如何对付辽朝进攻的问题上，产生了明显的分歧，副宰相王若钦主张放弃东京逃跑，迁都南京。宰相寇准力排众议，认为国难当头，文臣武将只有团结一心，共同抵抗，才能扭转战局，若弃城南逃，辽军乘虚长驱直入，宋朝也就危在旦夕了。在寇准的主张下，真宗赵恒只好硬着头皮御驾亲征，率军北上澶州。赵恒在澶州北城门楼接见众将帅，城下诸军见皇上亲征，欢声雷动，备受鼓舞。这时，先后集结到澶州周围的宋军达几十万人，将士们只等朝廷发布号令，便驱逐强敌，复仇雪恨。河北前线各地的军民闻听赵恒亲征，也纷纷发动攻势，出击敌人。

契丹军这时深入宋境，数战受挫，给养困难，士气低落。辽军的南侵，原本以掠夺财物和进行政治讹诈为目的。现在，萧太后眼看英勇的宋军团团围住了澶州，一时无法对付，就派人前往宋营提出罢战议和。这正合赵恒夙愿，他只盼辽军能够尽快北撤。于是，他当即回书表示愿双方息战安民，派殿直曹利用为使议和。契丹复派使臣韩杞面见赵恒，提出以索还后周世宗收复的关南故地为罢战条件。赵恒深怕割地议和为后人唾骂，嘱咐曹利用只要不割地，可不惜重金与之言和。曹利用问到底可允许给契丹多少，赵恒不假思索地说道："若必不得已，虽百万亦可。"后在寇准的坚持下，双方以宋每年给契丹白银 10 万两、绢 20 万两匹达成协议，罢战言好。这就是史上所谓的"澶渊之盟"。

党项政权见契丹与宋罢战言和，也遣使入宋，奉表称臣。赵恒对党项主赵德明厚加赏赐。景德三年（1006 年）十月，授赵德明为定难节军节度使，封西平王。又先后开放设置保安军（今陕西志丹县）、延州（今陕西延安市）等榷场（辽、宋时期在接界点各自设置的互市市场），与之开展贸易。此后，每逢岁旦圣节，赵德明都遣使前往宋朝，贡献不绝。赵恒对赵德明也不断封官加爵，厚予赏赐。

"澶渊之盟"对于辽国来说，是一个外交的胜利。它不仅使辽兵得以安然从险境中脱身，还获得了难以通过武力获得的赔款和物品。但是，对于宋朝来说则是一个屈辱妥协的和约，它是宋朝推行"守内虚外"政策的副产品，每年对辽的贡赋，使宋朝财政上受到极大的影响。不过，从中华民族的发展史来看，"澶渊之盟"的订立，结束了宋辽之间连续数十年的战争，此后的宋辽边境长期处于相对和平稳定的状态。双方不仅边境地区得以发展生产，而且还可以通过"榷场"进行经济交流和商业活动，因而对南北经济文化的发展和提高是十分有利的。赵恒以巨大的代价，换取了与契丹、党项的和好关系，使宋朝的西部和北部边防暂时平安无事。

3. 粉饰太平，抑直任佞

从古至今，有哪个领导者愿意在史书上留下不光彩的一页呢？可是，宋真宗好大喜功，“抑直任佞”的策略却使赵氏家族的统治逐渐衰微下去了。

与辽国签订了“澶渊之盟”后，赵恒大大地松了一口气，他的进取精神也日渐泯灭，每年向辽国纳贡以求苟安，施政思想也日益保守，并且迷恋上了佛道。

公元1005年，赵恒听信谗言，把善于阿谀奉承的主和派王钦若召回京城，给以资政殿大学士的宠遇。王钦若伺机进谗赵恒，说寇准主张皇上亲征，是拿皇上作“孤注”，而“孤注一掷”是皇帝的奇耻大辱。赵恒本来就不喜欢寇准的耿直，听了王钦若的话后，便以寇准“过求虚誉，无大臣礼”为借口，罢免了寇准的宰相职位，贬其为陕州知府。提升参知政事王旦为相，王钦若则知枢密院事。

王钦若是个十分懂得迎合主子的小人，他看准了赵恒讨厌战争而又好大喜功的心理，就向真宗提出了“封禅泰山”的建议。他向真宗建议道：“天瑞安可必得，前代盖有以人力为之者，陛下谓《河图》《洛书》果有此乎？圣人以神道设教耳。”宋真宗听信了他的话，立刻下旨昭示天下。不久，全国各地都争先恐后地将祥瑞之物进献给皇帝。著名的“天书”就是在这种背景下出现的。

景德五年（1008年），正月初三，宰相王旦率群臣入宫早朝。当诸臣奏事完毕时，皇城司来人报说，在宫城左承天门南角，发现像书卷一样的黄帛两丈多，黄帛上面隐约有字。赵恒认为这是“神人所谓天降之书”。于是，君臣亲临现场，焚香望拜，取回“天书”，由知枢密院陈尧叟启读。“天书”大意是说，赵恒能以至孝至德诏承先业，治理天下，今后更应清静简俭，善始善终，永葆宋祚。读毕，赵恒再拜，接过“天书”，藏于金匮。而后改元为大中祥符，改“左承天门”为“左承天祥符门”，并且派遣使者祭告天地、宗庙、社稷、京艺寺庙以及各地宫观。各位臣子也纷纷上表称贺。

其后，“天书”不断出现，赵恒忙忙碌碌地东封西祀，做出了令世人嗤笑的“泰山封禅”之事。他又于大中祥符四年，再次封禅泰山；大中祥符七年还到南边驾临亳州。沿途所费估计不下数十万钱帛，给劳动人民带来了更加沉重的赋税负担，宋朝积贫积弱的形势更加严重了。赵恒将忠臣的进谏当作耳旁风，丝毫不予理会，彻底地放弃他自己即位之初的进取心。

赵恒崇奉祥瑞，沉湎于封祀，朝内一班大臣也极为屈奉迎合，希求加官晋爵，以固权位。首倡祥瑞封祀之说的王钦若竭尽精思，挟符瑞以邀恩宠。赵恒本来打算任用王钦若为宰相，但却遭到王旦的坚决反对，赵恒便打消了此念头。直到天禧元年（1017）王旦死后，王钦若才爬上宰相的宝座。

自大中祥符元年起，赵恒自导自演的神道设教的闹剧，真可谓一年一个样，他已经完全沉浸其间了。大中祥符九年（1016 年），真宗颁诏来年改元天禧，以示敬天，祈求吉祥。他以绍继祖业、谨守圣训为理由，大力标榜礼乐并举、儒术化成，思想上尊奉孔孟、提倡佛道，经济上倡导经史学术，政治上持盈守成，其统治措施日益保守。

这一时期，京城和地方上建成了一大批官办宫观，朝廷就任命相应官员去负责管理，与此同时，真宗又设立了一种与宫观相关的荣誉性的虚衔，可以多领一份俸禄而不必赴任视事，这种官往往以提举某某宫观而命名。宫观官在真宗以后，成为官僚队伍中一个特殊的系列，一方面说明了宋朝政府与道教的密切关系，另一方面也加剧了冗官和冗费的严重程度。

与此同时，在大中祥符五年“圣祖”降临以后，真宗命王钦若、曹谷和张君房整理新道藏。四年后，新道藏基本修成，命名为《宝文统录》；天禧三年（1019 年），经增补共计四千五百六十五卷，抄录了七藏，真宗重新命名为《大宋天宫宝藏》，此书在道教史上占有重要的地位。

然而此时的朝廷政局却已混乱不堪。于是，在被罢相十三年后，寇准再次被真宗诏回朝廷任宰相。赵恒以丁谓为参知政事，丁谓善于揣摩人意，靠着对赵恒的逢迎青云直上。寇准一直厌恶其人，丁谓也对寇准衔恨在心。丁谓、曹利用等也因此串联一起，合谋伺机排挤寇准。

天禧二年（1018 年）三月，又有人奏报“天书”降于乾佑山中，赴京城恭献。赵恒仍崇信不疑，备列仪仗，亲到琼林苑，奉接“天书”入宫，并大赦天下，普度道释童行，广建道场祭天祀地。

这年八月，赵恒立皇子赵祯为皇太子。从此他援引每三、五单日监轩听政的旧制，对诸臣所奏军国大政敷衍应付，其余的时间就躲在皇宫深处，沉溺于炼丹这样的迷信活动。真宗患中风后，宋朝政局更加混乱，皇后刘氏渐渐专权于政。她的哥哥仗势横行乡里，欺压百姓，引起了很大的民愤。寇准铁面无私，毅然判处了刘皇后的哥哥死刑，为老百姓除了大害。刘皇后因此视寇准为眼中钉、肉中刺，她与身边的近臣丁谓一起，内外勾结，在真宗面前谗言挑拨。

此时的赵恒老病昏聩，不仅健忘，而且言语错乱。丁谓趁机专权，并与刘皇后合谋，再次罢免了寇准相位。寇准被贬为相州刺史。相州离京城不很远，刘皇后害怕寇准会东山再起，在真宗去世后，她便将寇准一贬再贬，从河南相州的刺史贬为湖南道州的司马，再贬到广东雷州的司户参军，流放到远离朝廷的荒野之地。雷州生活艰难，气候恶劣，年老的寇准身体很快垮下来，到雷州的第二年秋天在忧郁中病逝，享年 63 岁。

赵恒的亲信宦官周怀政曾欲杀掉丁谓，复相寇准，奉赵恒为太上皇，传位太子，废刘皇后，但被人告发，周怀政被杀。丁谓借此大兴冤狱，排除异己，凡不阿附之人，即被指斥为“寇党”，轻者贬官，重者流放。

天禧四年（1020 年）十一月，赵恒的病情更加严重，不得不命皇太子监国，刘皇后与太子同莅国政。

公元 1022 年 1 月，改元乾兴。赵恒在东华门看灯，回去后即卧床不起，二月十日在延庆殿去世，终年 55 岁，葬于定陵，所获天书也都随葬入陵，结束了长达十五年的天书闹剧。

这场天书闹剧对真宗朝政治和财政产生了重大影响。在政治上，大中祥符以后，赵恒一再热衷“祥瑞”粉饰太平，对朝政兴革却无所用心，听任王钦若和丁谓等“五鬼”把朝政搞得乌烟瘴气；赵恒晚年更是神魂颠倒，甚至满口胡话，在宗教迷信的长期暗示作用下，进入了迷狂状态，朝政大事多由皇后刘氏决断。

真宗赵恒前期，以勤政治国，广开言路，锐意革兴的措施，使宋代朝廷政治清明，经过近四十年的经济恢复，天下富庶，财政良好，出现了“咸平之治”的小康局面；自从他勉强打退萧太后带领的契丹兵的大举进攻，屈辱地与辽国订立了“澶渊之盟”后，他的进取精神就日渐泯灭，宋朝的国势也逐渐衰微下去了。由于他装神弄鬼的折腾，几乎把太祖太宗的积蓄挥霍殆尽，给赵氏后人留下了一个空壳子。

第四章　偃武修文　仁宗赵祯

赵祯（1010—1063年），公元1022—1063年在位，初名受益，真宗第六子，母为李宸妃。因章献皇后刘氏无子，过为养子。谥号“神文圣武明孝皇帝”，庙号“仁宗”。在位42年，是两宋诸帝中治国时间最长的皇帝。仁宗赵祯作为一个守成之君，能守祖宗法度，性情文弱温厚，其武功谋略不及太祖、太宗，仁宗朝在与西夏王朝的长期对峙中表现平平，屡战屡败，军事上处于弱势地位。然而，仁宗知人善任，仁宗在位期间，内有妇孺皆知、刚正不阿的包拯相辅，外有名将狄青镇守边疆，社会经济和科学文化都有所发展。仁宗任用范仲淹、韩琦等名臣，恭俭仁恕，慎行爱民。但仁宗朝土地兼并逐渐恶化，国家财政空虚，北宋积贫积弱局面由此加深。

1. 少小继位，太后秉政

权力的传承，是封建家族统治得以延续的纽带。当然，家族内部也会因为各自的利益而明争暗斗。比如后宫之争，刘皇后为了让自己的地位更加巩固，不惜让李氏骨肉分离，其残酷可见一斑。

赵受益降生以后，举宫欢庆，真宗先后有5个儿子，但都陆续夭折，中年得子，真宗自然喜出望外，从小就十分疼爱他。等他年纪稍大一点，真宗就细心为他挑选老师，关注他的学业，培养他成为自己的接班人。天禧二年（1018年）中秋节，真宗正式下诏册立8岁的赵受益为皇太子，改名为赵祯。九月，又举行了隆重的皇太子册封礼，赵祯被正式确立为帝位继承人，年仅9岁。

乾兴元年（1022年）二月，真宗病情急剧恶化。弥留之际，真宗放心不下年幼的太子，丁谓等人向真宗保证将全力辅佐太子，真宗这才稍稍安心。二十日，真宗死于延庆殿，享年55岁。赵祯奉遗诏即皇帝位，年仅13岁。遗诏还规定：尊刘皇后为皇太后，在仁宗成年之前代为处理军国大事。

宋真宗原配妻子是名将潘美的第八个女儿，在真宗即位前已去世，后追封为皇后；真宗即位后所立的第二位妻子郭皇后，在景德四年（1007年）病故。其后，中宫多年虚位，后立刘德妃为后。真宗去世之后，刘皇后垂帘听政，把持朝政长达12年。作为宋代八位摄政皇后的第一人，这位对北宋政局产生过重要影响的刘皇后，一生颇具传奇色彩。

刘德妃名叫刘娥，益州华阳（今四川成都）人，她出身微贱，是个孤女，不得已小小年纪就嫁给当地的银匠龚美。龚美走街串巷为人打造银器，她就摇拨浪鼓招徕顾客，雍熙初年，两人一起来到了京城。真宗赵恒（当时还是襄王）的幕僚张耆觉得刘娥聪慧貌美，想起真宗曾说起想纳一个四川女子做侍妾，于是，就安排两人见面。真宗赵恒见到刘娥后非常满意，便把她买了下来。刘娥一入王府，就大受宠爱，这年，她仅 15 岁。太宗知道此事后，即令赵恒将刘娥逐出王府。这时，赵恒割舍不得，便让她寄居在张耆家。十几年后，直到太宗去世赵恒才将她接回宫中。刘娥在后宫的地位升迁很快，大中祥符五年（1012 年），已经升为德妃，当时郭皇后已经去世，在后宫中，刘氏的地位最高，离皇后宝座只有一步之遥。

刘娥生性警悟，通晓书史，朝廷政事，能记始末。宫闱有事，真宗询问，她都能引据故实，妥善应答，政治才干颇受真宗倚重。在郭皇后去世之后，真宗有意立刘氏为后，但他深知刘氏的出身是最大的障碍。

真宗拿不定主意，就找参知政事赵安仁商量。因刘氏出身卑微，赵安仁反对立她为后，真宗听了很不高兴。第二天，真宗又找王钦若商量，并把赵安仁的意见告诉了他。王钦若对真宗说："陛下不如问问赵安仁，他认为应该立谁为皇后。"改天，真宗问赵安仁该立何人为皇后，赵安仁建议："德妃沈氏是前朝宰相沈义伦的后人，可以做皇后。"真宗次日跟王钦若说明了赵安仁的意见，王钦若说："陛下不说，我也知道他会这样说，赵安仁过去曾经做过沈义伦的门客！"真宗由此觉得赵安仁徇私，就罢免了他的官，下决心立刘氏为后。但刘氏为人处事颇为谨慎，当真宗决定立她为后时，宰相王旦忽然请病假，刘氏担心王旦持反对意见，就劝说真宗推迟此事。后来，王旦上书表示同意立刘氏为后，这件事情才最终确定下来。

大中祥符五年十二月二十四日，刘氏被册立为皇后。刘氏由银匠之妻成为一国之后，绝非单单因为美貌。此时，刘氏已经 40 多岁，早已经过了花样年华，吸引真宗的是她的智慧和能力。精明能干的刘氏把后宫事务处理得井井有条，同时，在朝政方面也能给真宗以帮助。真宗十分信任这个陪伴他多年的枕边人，甚至有一点依赖她。当真宗的身体状况日趋恶化时，刘氏便顺理成章地帮丈夫处理朝廷日常政务，裁定军国大事。另外，刘氏的前夫龚美也留在真宗身边为其效力。真宗即位后，龚美改姓刘，与刘氏以兄妹相称。由于刘氏的关系，刘美升迁很快，逐渐掌握了京城军权，成为刘氏最为得力的助手之一。真宗朝晚期，刘氏权力越来越大，成为实际上的统治者，其一举一动，对当时的政局，尤其是寇准、丁谓两派之间的斗争，都产生了决定性的影响。

刘氏虽受真宗宠爱，但自己却没有生下一儿半女。凑巧的是，真宗看上了刘氏宫里的一个侍女李氏，受到真宗宠幸的李氏于大中祥符三年（1010 年）产下一子。当时，刘氏还没有被封为皇后，已年近四旬的她认识到自己不会再有孩子，便接受了李氏的孩子，由她和另外一个嫔妃杨氏共同抚养，严禁宫人向孩子说明真相。

拥有子嗣，对刘氏能册立为皇后，以及真宗死后顺利垂帘听政具有重要的意义。聪明的刘氏十分明白儿子对她的重要性，不管是出于真心，还是假意，刘氏还真是充当了一个合格的母亲的角色，细心地抚育赵祯，母子感情十分融洽。

真宗死后，遗诏命尊皇后刘氏为皇太后，军国重事，权取处分。宰相丁谓等人对刘太后极尽奉承之能事。丁谓力主去掉“权”字，王曾说：“称权足以昭示后世。何况增减诏书，自有法则，竟要率先破规矩吗？”丁谓这才作罢。次年，改元天圣，“天圣”拆字即为“二人圣”，即指宋仁宗与刘太后两位圣人。明道是刘太后在世时的第二个年号，“明”字由日月两字合成，与天圣一样，也是为了取悦刘太后。

听政之初，在进一步贬逐寇准和李迪问题上，刘太后与丁谓是完全一致的。寇准被贬为雷州司户参军，李迪被贬为衡州团练副使。王曾认为贬责太重，丁谓瞪着他威胁道："你这居停主人还有要说的吗？恐怕自己也难免吧！"丁谓还派人前去秘密逼死寇、李二人，寇准要来人拿出赐死的诏书，来人拿不出，寇准照旧喝他的酒；李迪要去寻短见，被儿子救起。有人问丁谓，倘若李迪贬死，你如何面对士论，丁谓无赖地回答："将来记史，不过说上一句'天下惜之'而已。"

丁谓为了擅权，勾结内侍押班雷允恭，让太后降诏道："新帝每月朔望两次朝见群臣。大事由太后召见辅臣决定；一般政事令雷允恭传递给太后，圈定以后颁下执行。"王曾向丁谓指出："两宫异处而权归宦官，是祸乱的先兆。"王曾认为应该按照东汉的做法，五日一朝，皇帝在左，太后在右，垂帘听政。但丁谓这时权倾中外，根本没把王曾放在眼里。

刘太后旁观者清，知道丁谓擅断朝政的种种劣迹，也清楚丁谓要她下诏书实际上是在架空她。当时，朝廷正为真宗赶修陵寝，丁谓是山陵使，雷允恭是都监。雷允恭听说山陵移上百步，就可使皇帝多子孙，便自作主张，在丁谓的同意下，移动了陵位，不料地下水上冒，陵寝工程搁浅。王曾瞅准机会向刘太后单独奏明了真相，太后便毫不犹豫地抓住时机，处死了雷允恭，罢免了丁谓宰相的职位，将其贬为崖州司户参军，终于把朝政大权夺回到自己的手中。当时民谣说："欲得天下好，莫如召寇老。"刘太后贬黜丁谓大快人心，但她没有采纳民谣的另一半，她与寇准的从政风格都有点自以为是的倾向，两人是无法合作的。

刘太后听政以后，第一件大事就是听从王曾和吕夷简等人的建议，把天书随同真宗一起葬入永定陵，并下令禁止兴建宫观，废除宫观使，有力遏制了大中祥符以来弥漫朝野的迷信狂热。

当然，在她垂帘听政十余年间，也倚用宦官、放纵外戚，但毕竟没有像前朝那样达到危害朝政的程度。

刘娥本身没有盘根错节的家族基础，其兄刘美在她垂帘以前已经去世。刘氏外戚中唯一位至执政大臣的是钱惟演，钱惟演把妹妹嫁给了刘美，后与得势的丁谓联姻，是一个专攀高亲的无耻之徒。他在真宗生前就是枢密副使，太后垂帘后升任枢密使，但不久就以太后姻亲“不可与机政”的理由，被解职出朝。后来钱惟演两度谋取相位，都遭到朝论的强烈反对，御史鞠咏甚至表示：倘若相惟演，就当朝撕毁拜相诏书。刘太后最终也没敢让他圆上宰相梦。

女主听政，在中国古代，总不为正统观念所认同，因而王曾力争一个“权”字，刘太后在垂帘之初也不得不许诺“候皇帝春秋长，即当还政”。天圣七年，仁宗已到及冠之年（20岁），但刘太后丝毫没有还政的动静。于是，其后几年，内外臣僚要求仁宗亲政的呼声越来越高，对这些奏疏，刘太后或是不予理睬，或是借故把建议者调离出朝，将朝政大权一直攥到去世为止。

刘太后不是没有动过称帝的念头。她曾经试探性地问参事鲁宗:“唐武后如主？”鲁宗回答说：“唐朝的罪人，危害社稷。”刘太后听了，沉默不语。有些庸臣试图向刘太后献媚取宠，上疏奏请刘太后像武则天那样建立刘氏宗庙。太后有些犹豫不决，跟老臣商量后，才放弃了这个念头。后来，程琳献上武后临朝图，把刘太后比作当代武则天，刘太后立刻把图抛在地上，呵斥道：“我不能对不起前辈！我不是、也不想作武则天第二！”

刘太后实际执政期间，是宋朝政权从开国的第一、第二代向建国的第三、第四代转换的关键时期，如何保证天下太平、经济发展、文化繁荣、政府清廉和法令有效，是统治者面对的首要问题。刘太后紧紧地抓住了这一要点，为当时中国社会的发展做出了积极贡献。刘太后的方针和作风一直持续到宋朝的第七、第八代，打破了中国历史上“五世而斩”的惯例。在长期稳定发展的条件下，宋代中国取得了许多重大成就。大体说来，刘太后的政治才干与政绩决不在其夫真宗与其子仁宗之下，其临朝时的个人品德也应基本肯定。在她听政的天圣、明道时期，不仅恢复了真宗咸平、景德年间的发展势头，还为仁宗庆历盛世奠定了基础。

直到刘太后去世，宋仁宗赵祯这才知道自己并不是刘太后亲生的。他的生母李氏是刘皇后的侍女。赵祯一出生，就被刘皇后夺为己子，让杨淑妃抚育。他从小叫刘皇后为大娘娘，叫杨淑妃为小娘娘。

而赵祯的生母李氏因为地位低下，不敢理论，默然杂处宫嫔之中。人们都畏惧刘皇后，也没人敢说明真相。仁宗即位后，刘太后让李氏去为真宗守陵，隔绝了这对亲生母子，以确保自己的权力。不过，刘太后访得李氏失散多年的兄弟李用和，让这个衣食无靠的凿纸钱为生的小工，当上了三班奉职，步步升迁，做得也并不十分绝情。

李氏是明道元年（1032 年）去世的，死前虽进位宸妃，但刘太后仍打算以宫人之礼在宫外治丧。宰相吕夷简不以为然，太后大为不满，夷简从容道："不为刘氏着想，我不敢说；倘如考虑刘氏，丧仪自应从厚。"太后最终觉悟，用一品礼和皇太后服入殓厚葬李氏。

刘太后一驾崩，就有人对仁宗添油加醋地说李宸妃死于非命。血浓于水，仁宗下哀痛诏自责，尊生母为皇太后的同时，派兵包围了刘氏第宅，他亲自哭着开棺验视，见生母穿着皇太后的冠服，在水银的养护下肤色如生，才感叹人言不可信，说："大娘娘平生分明矣！"之后，对刘氏恩礼益厚。

仁宗赵祯即位之初，军政大权完全掌握在刘太后手中。宰相丁谓等人对刘太后极尽奉承之能事，颇得太后欢心，丁谓因此在朝中飞扬跋扈。他的所作所为很快激起了朝野的愤慨。当时，京城流传这样一句话："欲得天下宁，当拔眼中钉（丁谓）。"此话传到刘太后的耳中，她开始对丁谓有所不满。不久，丁谓被贬河南府（今河南洛阳），后又贬崖州（广东崖县，在今海南黎族苗族自治州南部）。

对当时朝廷中发生的变动，年幼的赵祯既不过问，也无兴趣，除了陪太后例定的坐朝听政外，业余时间潜心于书法，他的飞白书，体势遒劲，颇有功力，在宋代皇帝中，堪称首属。

随着岁月的流逝、年龄的增长，赵祯逐渐成熟，处事有了自己的主见和思想。从乾兴元年（1022 年）起，他开始练习处理政事，逐渐摆脱太后的约束和管制。15 岁时，刘太后做主，为赵祯立前勋戚郭崇的孙女郭氏为皇后，他十分不满。因他此时正热恋着与郭氏一起入宫的张氏，他遂以疏远郭氏，进张氏为才人，又进为美人的办法，来表示对太后专擅的不平。尤其是刘太后掌权时间很长，百官群臣慑于太后的独断，大多数不敢言朝政得失，言路闭塞。宋仁宗赵祯借唐代设匦函（在朝堂设一小匣子，让进书言事者投入）的故事，与参知政事共商，禀明太后，特诏设置了理检使，由御史中丞兼任，职掌上诉朝廷的冤枉之狱及有关谏奏朝政得失的上书。明道元年（1032 年），又诏设置谏院，知院官规定由皇帝亲自任命差遣。凡朝政阙失、大臣至百官任用不当、三省至各官署事有违失等，都可以上书谏诤。

天圣七年（1029 年），秘阁校理范仲淹上书，请太后撤帘归政，触及太后忌讳，被出判河中府（今山西永济蒲州镇）。次年，翰林学士兼侍读学士宋绶上书，建议除军国大事外，余皆由赵祯独自处理，又忤太后意，被贬知应天府（今河南商丘南）。接着，再有林献可、刘涣等人先后上书，力请太后还政，引动刘太后肝火，把他们远贬岭南。对朝堂上发生的这一切，赵祯虽没有明确表示，但心中更增加了对太后专权的不满。

明道二年（1033 年）三月，刘太后病逝，遗诰赵祯尊皇太妃杨氏为皇太后，听政如旧规，军国大政与杨太后一起裁处。但朝廷在宣布刘太后遗诰时，删去了“皇帝与太后裁处军国大事”一语。杨太后退居保庆宫，称保庆皇太后。至此，赵祯开始独立主政。

2. 景佑亲政，不值称道

历史上不乏“文景之治”“太平盛世”之类的统治业绩，当然也会有“景佑亲政”这样不值称道的统治。因为“景佑亲政”并没有为赵氏的家族集团创造利益，相反却把它推向了战争的前线。

明道二年（1033年），刘太后去世，遗诏以杨太妃为皇太后，与皇帝同议军国事。御史中丞蔡齐和谏官范仲淹上书指出：皇帝刚亲政，岂能让女后相继称制。于是，删去遗诏中“同议军国事”的内容，杨太后退居保庆宫，称保庆皇太后。至此，仁宗赵祯结束了他的儿皇帝生活，独立主政。他亲政以后的第一个年号是景佑。明道二年四月，仁宗赵祯组成了亲政以后的第一届宰执班子，体现了试图消除太后影响的意图。旧相张士逊留任，他是仁宗赵祯的东宫老师。赵祯先与另一旧相吕夷简讨论班底，准备把原为太后信任的执政张耆、夏竦和晏殊等都罢政出朝，赵祯把这一打算泄露给郭皇后听，不料，郭皇后说了一句：“夷简就独独不趋附太后吗？不过机巧善变罢了。”赵祯闻听此言，立即改变了对吕夷简的看法，把他的相位也给罢免了。

取代吕夷简为相的是李迪，刘太后垂帘的十余年中，李迪一直出守地方，未获重用，再次入相倒也堪称人选。执政中参知政事薛奎是留任的，他在天圣七年就入政府，议论从不迎合回避，倘若所论不被采纳，归宅就嗟叹不食，家人笑他，他说：“我仰惭古人，俯愧后世啊！”新任命的执政还有参知政事王随、枢密副使李谘和签书枢密院事王德用。吕夷简被莫名其妙地罢相，就托内侍阎文应打听，才知底里，但他不动声色。半年以后，赵祯觉察到张士逊在朝政上不能有所建树，思念吕夷简，又召他为相。

仁宗赵祯亲政之初，有人抓住他非刘太后亲生的空子，在皇太后垂帘听政上大加诋毁。倘若过分纠缠在琐细旧账上，对于政局的稳定和朝政的革新显然是不利的。因此，范仲淹向赵祯指出："太后保护陛下十余年，今天应掩盖其小过失，保全其大恩德。"赵祯听了既感动，又惭愧，表示自己也不忍心听这些诋毁，便下诏不许再议论皇太后垂帘听政时的事情。其后，范仲淹提出八项建议，吕夷简也上书指出朝廷的八种积弊，请求改革弊政的呼声十分强烈。赵祯也萌生了振衰起弊一新政治的良好愿望。

仁宗赵祯亲政当年，改变太后垂帘以来单日上朝的惯例，恢复每日上朝问政的祖宗旧制。对百官章奏，无论大小事，赵祯都亲自批览，以至吕夷简劝他抓大放小，不要每事躬亲。但一年以后，赵祯的主要兴趣便转移到修订新乐和校勘图书上去了。前者的主要成果是，制定了景佑新乐，编纂了《乐书》和《景佑广乐记》；后者的主要成果是，三馆秘阁完成了四库书的校勘，共计二万余卷。

景佑二年（1034年），宰相吕夷简也编了一部中书行政法规，名为《中书总例》，煌煌四百十九册。吕夷简得意地声称"让一个庸夫拿着这书，也可以做宰相"。作为一个能臣，他是颇想大权独揽，有所作为的。这年年初，宰相李迪的姻亲范讽被御史庞籍参劾，李迪将庞籍迁官，意欲袒护范讽。不料庞籍要求追查，吕夷简便抓住契机穷追不舍，使得政敌李迪因庇护姻亲而罢相出朝。代替李迪为相的是王曾，他在上一年重入政府任枢密使。

王曾在天圣年间任相七年，吕夷简作为参知政事曾是他的副手，吕夷简对王曾相当尊重，王曾因而力荐他为相。吕夷简在王曾罢相后连任五年宰相，在赵祯亲政之初，虽一度罢相出朝，但不久依然官复原位。也许是为了报答提携之恩，也有可能是为了排挤李迪，吕夷简力请王曾回朝担任枢密使。

范仲淹对幸进之徒奔竞于吕夷简门下的情形深为不满，就绘制了一幅《百官图》进献给赵祯，指明近年升迁的官员中，哪些是正常迁转，哪些有宰相私心，提醒赵祯说："进退近臣，不宜全委宰相。"范仲淹还援引汉成帝过分信任张禹，导致王莽专政的历史教训，锋芒直指吕夷简道："恐怕今日朝廷也有张禹破坏陛下家法！"吕夷简听说后大怒，在赵祯面前逐一辩驳，指控范仲淹"越职言事，荐引朋党，离间君臣"，将他贬知饶州。吕夷简还让赵祯在朝堂张贴所谓的"朋党榜"，戒饬百官越职言事。

吕夷简一手遮天、穷治朋党的做法，引起了正直之士的强烈不满。秘书丞、集贤校理余靖上书仁宗，请求追改贬黜范仲淹的诏命。馆阁校勘尹洙自愿要求列名范仲淹的"朋党"，不愿再在京师待下去。欧阳修也在馆阁校勘的任上，致信右司谏高若讷，批评他身为言官，不敢说话，有何脸面见士大夫。高若讷把信交给了赵祯，于是，欧阳修与余靖、尹洙都被贬官出朝。另一个馆阁校勘蔡襄作《四贤一不肖诗》记述了这一事件，"四贤"指范仲淹、余靖、尹洙和欧阳修，"一不肖"指高若讷，此诗一出，一时洛阳纸贵，争相传抄，公道人心全在范仲淹这边。而仁宗赵祯在这场风波中，听任吕夷简为所欲为，与亲政之初广求直言的做法大相径庭。

王曾这时还是宰相，范仲淹曾当面批评他："誉扬人才，是宰相的责任。您的盛德，唯独在这一方面还有欠缺。"王曾回答说："倘若当政者，恩欲归己，怨将归谁？"范仲淹深为叹服。王曾与吕夷简并相以后，见他独断专行，在许多问题上政见分歧，搞不到一块儿，矛盾也就再也无法掩盖。

当赵祯问王曾有什么不满时，王曾便把所听到的吕夷简招权市恩、收受贿赂的传闻说了出来。王曾的话难免有点过头，受贿之类指控又难以立即落实。而在执政中，参知政事宋绶倒向吕夷简，枢密副使蔡齐则敬重王曾，宰执分为两派，并且时常在仁宗面前争吵个不停。景佑四年，赵祯一怒之下，把吕夷简与王曾，连同追随他们的宋绶和蔡齐都给罢免了。

景佑五年十月，西北党项领袖元昊自称大夏皇帝。同年十一月，赵祯改元宝元；十二月，西北传来元昊起兵反宋的边报，结束了并不值得称道的景佑初政。

3. 国母之争，生死两皇后

在仁宗赵祯的婚姻上，刘太后的专政使赵祯颇为不满，这是赵祯决定废黜郭后的根本原因。早年母后临朝的阴影和自己不幸的婚姻造就了赵祯文弱、忧郁而又犹疑不定的性格，以至于上演了一出“生死两皇后”的宫廷悲喜剧。

赵祯与刘太后之间存在着极大的冲突，尤其表现在赵祯的婚姻上，刘太后强行贯彻自己的意志，让赵祯明显地感到太后的专政。赵祯最先醉心于姿色绝世的王蒙正的女儿，刘太后却认为她妖艳太甚不利少主，把她改配给自己的侄儿。在正式选后时，赵祯又属意于大将张美的曾孙女，但刘太后坚持立另一大将郭崇的孙女为皇后。赵祯对硬塞给他的郭皇后并不喜欢，而郭皇后却仗着太后之势非常骄纵，使赵祯难得亲近其他妃嫔，赵祯早就憋了一肚子的气。

太后去世后，郭皇后仍不时与赵祯宠爱的尚、杨两美人争宠夺爱。一次，尚氏当着赵祯讥刺郭皇后，气得她跳起来打尚氏的耳光，赵祯庇护尚氏，郭皇后一掌落在赵祯的脖子上。一怒之下，赵祯决定废黜郭后，就与宰执近臣商量。宰相吕夷简对自己之前因郭后一句话而罢相出朝一事一直耿耿于怀，当然不会放过这一报复的机会。

明道二年十二月，废后诏书一公布，很快便在朝廷上下引起轩然大波。但由于吕夷简作梗，台谏官反对废后的奏疏无法转达给赵祯。于是，御史中丞孔道辅率领范仲淹等十名台谏官进殿面奏，认为皇后不应轻率废黜，要求仁宗接见他们，当面进谏。但吕夷简早有布置，殿门紧闭不开。孔道辅拍打门环，大呼："皇后被废这种大事，奈何不听台谏入言？"赵祯遂命宰相向台谏官说明皇后当废的情况，在辩论中，孔道辅和范仲淹等台谏官占据着道义的制高点，逼得吕夷简无话可说，吕夷简只得让他们明天直接向皇帝进谏。

台谏官们回去后，吕夷简对赵祯说：台谏官这样进谏并非太平美事，应早做准备。第二天，孔道辅正准备上朝留百官一起与宰相当廷辩论，却听到了赵祯关于台谏即日起不许相率请对的诏书，同时，他接到了处罚台谏官的诏书：孔道辅、范仲淹出知州郡，其他台谏官分别罚金。在这场废后风波中，虽然在皇帝与宰相的联手打压下，台谏官的进谏未能最终见效，但作为承担中央监察功能的官僚圈，他们已经发出了独立的声音。

景佑元年（1034年），被废的郭后出居瑶华宫，九月，曹彬的孙女立为皇后。

之后，赵祯颇思郭氏，派密使召她入宫，郭氏表示：若再受召，必须百官立班受册。阎文应一向在仁宗面前说郭氏的坏话，担心郭氏入宫对自己不利，恰巧郭氏得病，赵祯让阎文应带医生前去治病，但郭氏不久便暴卒。

范仲淹与王曾相处很好，这年也被召入朝廷担任天章阁待制，依旧直言无隐。他认为郭皇后之死与阎文应有关，就上书揭发，阎文应最终被贬逐岭南，死在路上。事关郭皇后之死，吕夷简就递话过来："待制乃是侍从，不是口舌之任。"言外之意是让他闭嘴。范仲淹反击道："向皇帝进言，正是侍从所应做的！"吕夷简就让范仲淹去权知开封府，指望以事繁任重让仲淹无暇议论朝政，也希望他在繁忙的公务中犯错误，以便掌握将他调离出京的把柄。意想不到的是，范仲淹到任仅一个月，就使素称难治的开封府"肃然称治"，以至当地人称赞他"朝廷无忧有范君，京师无事有希文"（希文是他的字）。

赵祯最宠爱的女人是张美人。张美人后进封贵妃，其生前的威势，不亚于正宫曹皇后。张贵妃是洛阳人，不幸的是其父张尧封进士及第，不久就去世了，母亲在齐国大长公主府上作歌舞女，将她带在身边，大长公主见这个小女孩灵巧可爱，便召入宫中作乐女，那时她才8岁，由宫人贾氏代养。一次宫中宴饮，张氏被赵祯看中得宠，庆历八年（1048年）十月十七日成为贵妃。张氏在短短几年内，就由末等嫔妃的才人直升至最高等级的贵妃，距离皇后仅一步之遥，赵祯对她的宠爱可想而知。

虽然张贵妃聪明伶俐，深得仁宗喜爱，但在“士大夫与皇帝共治天下”的大背景下，她也不能为所欲为，不仅晋封皇后没有希望，甚至连其伯父张尧佐晋封宣徽南院使这样虚职的事，也因遭到台谏官包拯的猛烈攻击而作罢。

皇佑六年（1054年）正月初八，31岁的张贵妃暴病身亡。赵祯感念张贵妃生前的柔情与善良，在左右宦官的支持下，最后决定用皇后之礼为张贵妃发丧。由于担心朝野的反对，赵祯干脆在治丧的第四天宣布追册贵妃张氏为皇后，赐谥温成。正宫曹皇后在世，却另追册贵妃为后，于是，便出现了一生一死两位皇后的情况，如此逾礼之事，旷古未闻。台谏连续上奏反对，赵祯均置之不理。为了自己心爱的女人，赵祯下令“禁乐一月”，京师唯一的活动，便是为温成皇后举丧。

仁宗赵祯为了自己一生中最重要的两个女人——生母和爱妃，不顾朝野内外的巨大非议，毅然进行了两次追册活动，这种感情是真挚的。同样，仁宗赵祯对自己看中的臣子，无论是文臣，还是武将，都会给予相当的信任，这种信任也是坦诚的。但是，早年母后临朝的阴影和自己不幸的婚姻造就了他文弱、忧郁而又犹疑不定的性格，使得这种信任很难经得起世事沧桑的考验。

4. 重新上演的“澶渊之盟”

家族集团的统治都是从自己的利益出发，做出有利于自己利益的决策。李元昊为巩固刚刚建立的党项政权，不断向赵氏政权发出威胁；挑动西夏自相残杀，则让赵祯犯下了一个致命的错误。接连不断的战争，让赵氏家族签订了又一个耻辱的“澶渊之盟”。

赵祯亲政以后，贬斥刘太后亲信之人，重新起用张士逊、李迪为相，任用翰林侍读学士王随、权三司使李谘共参国政。因劝太后撤帘归政而被贬的宋绶、孙祖德等人，也先后被擢重用。

范仲淹不料“内忧”刚平，“外患”踵至。这时，宋朝的西邻党项势力迅速崛起。景佑五年（1038 年）十月，党项族首领李元昊正式称帝，建国号大夏，史称“西夏”。

不久，西夏兵进攻保安。驻守保安的宋军多次被西夏兵打败，无奈之下，宋廷从京师挑选兵力戍边，狄青主动请缨，任延州指挥使，当了一名低级军官。

在战争中，狄青作战勇猛，多次充当先锋。他每逢上阵，先换一身打扮：把发髻打散，披头散发，头上戴着一个铜面具，只露出两只炯炯有神的眼睛。他手拿一支长枪，冲在最前面和敌人拼杀，多次打退了敌人的进攻。士兵们被狄青这种顽强战斗的精神感动，而那些蛮横的西夏兵一听到狄青的名字，总是胆战心惊，退避几分，还没开始交战就先在勇气上输了一截。因此，宋军逐渐扭转了颓势。狄青由于作战勇敢，永不怯阵，所以名声大震，官职提升了四级。宋仁宗想把狄青召回京城，亲自接见。后来，由于西夏兵再次进犯，仁宗只好命人将狄青画像带回朝廷。

宝元二年（1039年）十一月，元昊率兵入侵保安军，分兵三万围攻承平寨，并攻打宋朝西部的边防重镇延州。延州之战，宋军损失严重，关辅震动。赵祯忧心忡忡，召诸臣商议对策。无奈之下，赵祯起用主战的韩琦为陕西方面的统帅，韩琦又举荐了范仲淹。范仲淹奉命知延州，率兵攻打西夏，才得以收复失地。

宋军稍获胜利，赵祯便认为李元昊惧宋，就派人潜入西夏，挑动西夏自相残杀，希求坐获渔人之利。此举使李元昊恼怒非常，于庆历二年（1042年）九月，又一次大规模出兵侵宋。宋军阵乱溃败，损兵折将，以惨败告终。赵祯不得不谋求与西夏议和，密诏知延州庞籍谕意李元昊，说西夏只要息战称臣，其帝号、国号尽可保留。直到庆历四年（1044年），李元昊迫于辽朝的进攻，急于联宋抗辽，才答应称臣，同时，提出巨额"岁赐"。赵祯满足于西夏称臣，答应了李元昊的求和条件。这年十月，宋、夏和约达成，夏对宋保持名义上称臣，宋册封元昊为夏国主，每年"赐"夏绢十三万匹，银五万两，茶两万斤，另加节日"赏赐"。

在宋、夏胶着困战的同时，北方契丹政权也对宋朝虎视眈眈。赵祯亲政后，密敕河北沿边复建水田、广植树木，以防辽骑突入。景佑元年（1034年），契丹以祭天为名，在宋辽边境屯结军队，做好出兵侵宋的准备。赵祯闻报，急命河北整饬军备，调夫役修治河北沿边城池、关河壕堑。

庆历二年（1042年）初，契丹大军压境，派人面见赵祯，质问宋朝出兵伐夏和增修边防意欲何为，要挟宋朝把后周时收复的瓦桥关以南的十县之地割让给契丹。赵祯派右正言富弼出使契丹，提出或和亲或增"岁币"议和。几经交涉，契丹方答应不割地，只增纳岁币重订和好。富弼力争不可言"纳"，契丹方则坚持或称献，或称贡，或称纳。赵祯最终屈从契丹之意，许称"纳"字而和。

这年十月，宋辽双方缔结和约，宋朝以后每年增纳契丹银绢二十万两匹。契丹竟趁宋朝困于西夏之际，没有动用一兵一卒，而凭空取得了巨额贡纳，这对赵宋王朝来说，无异于又一次"澶渊之盟"。

5. 半途而废的庆历新政

改革，对每个家族集团统治而言都有着重大的意义，同时也是维护其统治必不可少的举措。但改革必然会触及到一部分人的既得利益，这些势力聚集到一起，也必然会阻碍改革的进程。赵祯当初锐意改革，是出于应付庆历初年内政外患的需要，等到赵氏家族的燃眉之急得到缓解之后，“庆历新政”也就像昙花一现，守内虚外的《祖宗法度》，使赵祯不得不在最后关头放弃了范仲淹的改革。

景佑二年（1035 年）二月，吕夷简入相，他竭力迎合赵祯天下大治的心理，粉饰太平，一味奉承，使得宋王朝陷入了日益严重的统治危机之中。同时，赵祯还广开仕路，每届科举，取额多达千人以上。“殿试不黜落”也从这时开始，成为了不成文的规矩。取士日多，恩荫无节，加之内臣、外戚之类进无辍止，使冗官冗吏局面日趋严重。因此，朝野忧国忧民之士担心国家前途，纷纷上书要求变革图强。

严酷的现实迫使赵祯设法解决这些危机，以巩固赵宋王朝的统治。他开始有意更张政事，革除弊端。要巩固统治，必须要有人才。因此，他起用主张变法革新的范仲淹、欧阳修、余靖等人。早在赵祯亲政初年，范仲淹就以直言敢谏而被吕夷简指为朋党的核心人物，而今他位居执政，在处理西夏问题上也表现出远见卓识，在台谏与馆阁中有一大批都是他的追随者，他那“先天下之忧而忧”的忧国忧民的担当精神，都促使他成为众望所归的政治改革的领袖。范仲淹名为《答手诏条陈十事》的奏疏，标志着庆历新政拉开了序幕。范仲淹在奏疏中提出了十项改革主张，即明黜陟、抑侥幸、精贡举、择官长、均公田、厚农桑、修武备、减徭役、覃恩信、重命令。与范仲淹上书的同时，富弼、欧阳修、余靖、韩琦等人也相继提出了一些改革建议。赵祯对臣下的改革措施一一采纳，然后颁发诏令，推行这些主张和建议，号称“新政”。

“新政”在赵祯的支持下开始实行。但是，新政从开始实施之日起，就遭到了朝廷中保守势力的反对。他们指责实施新政的人士是“虚哗溃乱”“谋而僭上者”。更有甚者，反对派为抵制新法的实施，借赵祯最忌讳、几次下令申禁的“朋党”一事，掀起波澜。“新政”还触及了一部分人的既得利益。如实行“明黜陟”“抑侥幸”，使一大批贪官污吏和高官贵勋的利益受到损害，致其首先发难，毁谤新政，且毁谤之风愈演愈烈。加之朝中“朋党”之论雷动，使得赵祯对新政由疑虑转为动摇。最后，赵祯决意牺牲革新派，向反对派妥协。

庆历四年十一月，赵祯颁诏强调“至治之世，不为朋党”，不点名地批评有人“阴招贿赂，阳托荐贤”。范仲淹一见到诏书，就上表自求罢政。庆历五年正月，赵祯下诏废弃一切改革措施，解除范仲淹参知政事的职务，将他贬至邓州，富弼、欧阳修也同时罢政，出放外地。二十天后，杜衍罢相，反对派指责他“颇彰朋比之风”，把他视为新政朋党的总后台。韩琦上书指出不应轻易罢黜富弼，也因之被仁宗赵祯罢去了枢密副使之职。至此，新政派被悉数赶出了朝廷。在此前后，新政所推行的部分改革措施几乎全部废止。

宋代以后的学者批评赵祯对庆历新政“锐之于始而不究其终”，并对其原因大惑不解。实际上，赵祯当初锐意改革，是出于应付庆历初年内政外患的需要。到庆历四五年间，宋夏和议已成定局，京城东西的兵民骚乱也已经平息，宋朝统治不仅消去了燃眉之急，还出现了柳暗花明的转机。

而改革派公然不避朋党之嫌，迫使赵祯把消解朋党之争的棘手局面放在首位。欧阳修乃至范仲淹这些君子们，在朋党问题上的见解从道理上说是无可非议的，但政治斗争并不一定是道理之争，因而他们最后只能被小人欺之以方，被赵祯敬而远之。

“庆历新政”似昙花一现，赵祯励志图强的信念也旋踵即逝。赵宋王朝仍沿着老路子继续走下去。作为一个守成之君，仁宗赵祯坚守祖宗法度，千方百计地防范朋党，以致他不得不在最后关头放弃了范仲淹的改革，从而将北宋积贫积弱的局面又向前推进了一步。

6. 宫廷惊变，无奈立储

当一个政权不能为百姓谋利时，势必会引起百姓的抵触，危机关头，皇权交接才是维护赵氏家族统治的最好的办法。

就在赵祯为朝廷内部矛盾所困扰的时候，庆历七年十一月，贝州（今河北清河）宣毅军发生了王则领导的起义。

北宋自公元960年由赵匡胤建立以来，到宋仁宗亲政，历经了宋太祖、宋太宗、宋真宗以及宋仁宗初年章献太后执政，已有70多年的历史了。在此期间，宋朝虽然建立了中央的集权统治，但是与辽国、西夏进行了连年的战争，各种封建积弊逐渐显露出来。在宋仁宗时期，"冗官""冗兵""冗费"三冗的出现使宋朝陷入了政治经济的大危机。为了维持战争的需要，维持政治统治的需要，宋朝统治者加紧了对老百姓的剥削，使人民背上了沉重的负担，而田赋不均更是引起了老百姓的不满。面对这样内外交困的形势，宋仁宗开始改革，任命范仲淹为参知政事，进行了所谓的"庆历新政"，但由于封建顽固势力的反对和宋仁宗的动摇，新政改革以失败告终。新政的失败，加剧了农民阶级与统治者的矛盾，各地农民纷纷起来，反抗统治者的压迫。王则起义就是在这样的背景下爆发的。

此次起义虽然被宋军镇压下去，却让赵祯震惊不已。王则起义从发动到失败，不过六十五天，但却给了赵宋王朝以沉重的打击。王则起义最鲜明的特色就是利用宗教传播舆论宣传，而且在事前进行了周密的计划部署，起义之后又建置初步的官属，其行动有计划、有步骤，与此前的士兵起义相比起来，显然又前进了一步。然而更让仁宗赵祯闻风丧胆的则是在贝州兵变之后发生的一次宫廷兵变。

庆历八年闰正月十八日夜，赵祯正宿于曹皇后宫中。至半夜，崇政侍卫官颜秀、郭逵、王胜和孙利等人，趁夜深人静之时杀死守宫的军校，夺得了兵器，遂越过延和殿，直奔赵祯的寝宫。宫女的叫喊声惊醒了赵祯，他惶恐不安，披衣下床，欲出门逃避，被曹皇后从后抱住。曹皇后插紧门栓，急呼宫人召侍兵入内，内侍宦官们也被紧急动员起来。颜秀等人见势不妙就纵火而撤，被闻讯赶来的宫卫、宦官杀死。惊恐不已的赵祯于是大兴狱事，还命人把宫中临近屋檐的大树统统伐倒，并重新缮治城垣，整修门关。

政荒民敝已使赵祯困扰不堪，而更令他心焦的还是皇位继承人问题。赵祯美女充盈后宫，却无一嫔妃为他生出皇子。因此，皇嗣成为当时朝廷内外最关注的大事之一。

嘉佑六年（1061 年）闰八月，知谏院司马光又上书请立继嗣。赵祯思索了好长时间，这几年来多位大臣不断上书，此问题不能不慎重对待了，赵祯知道自己的寿命有限，而自己生子嗣已经是不可能的了，只好立宗室其他的人为嗣。于是，赵祯召见宰相韩琦等人，宣示了司马光等人的奏折，然后就对韩琦等大臣说："立嗣的事情，我也是考虑了好久，但是一直没有合适的人。"这时大臣们说："一切由皇上做主。"赵祯缓缓地说道："朕在宫中养了宗室的两个儿子，小的虽然纯洁可爱，但是不甚聪慧，那就立大的吧！"韩琦害怕引起宫廷争斗，就对宋仁宗说："请圣上指出其名。"赵祯不得已，只得立早已养在宫中的宗室之子濮安懿王赵允让的儿子宗实为嗣。直到此时，赵祯才将立嗣之事定下来，赵宗实就是后来的宋英宗赵曙。

嘉佑七年八月初五，赵祯发布诏令，赵宗实被正式立为太子。

皇子既立，赵祯的心情稍得宽慰。嘉佑七年（1062 年），赵祯召辅臣近侍、台谏百官、皇子宗室等，游幸龙图阁、天章阁、宝文阁等，并即兴挥毫为书，分赐从臣。赵祯自幼习书，精通书学，凡宫殿门观，多飞白题榜。后世当朝大臣卒后碑额赐篆，即始于赵祯。

嘉佑八年（1063 年）三月二十九日晚，赵祯病患加剧，忽急起索药，并召皇后。等曹皇后等人赶到，赵祯已不能说话，仅用手指了指心窝。当晚去世，终年 54 岁。十月，葬永昭陵（在今河南巩县境）。

赵祯在位时间是宋代皇帝中最长的，他在政治上有一定的作为，却没有做出很大的贡献。在对外方面，和辽、西夏的战争多以失败告终，多次纳贡已使国家财政空虚，北宋积贫积弱的局面由此加深。但是，从一个人的人格来说，赵祯是一个非常仁和的君主，并且具有很多其他皇帝所没有的优点。

第五章　锐意改革　英宗赵曙、神宗赵顼

赵曙（1032—1067年），公元1063—1067年在位，赵曙以宗子身份入继大统，史称英宗。其父为濮安懿王赵允让。英宗在位仅四年即病逝。

赵顼（1048—1085年），公元1067—1085年在位，史称神宗。神宗赵顼为英宗赵曙长子。神宗任用王安石变法，开启了中国封建王朝历史上最为著名的改革，史称“熙宁变法”。神宗朝，社会政治、经济、文化各方面继续向前发展，尤其是文学、艺术空前繁荣，科学技术也得到了较大发展。然而，孕育着危机的繁荣终究无法阻止赵宋王朝一步步走向没落。

1. 养子继嗣，解怨两宫

赵氏家族的统治要延续下去，就不能没有继承者，即使没有嫡长子继位，也会从相近的一系中选出，继续维护大家族的利益。而东西两宫代表着各自不同的利益，权势相争，引起朝廷局势动荡也就在所难免。

英宗赵曙是真宗之弟商王赵元份的孙子，濮安懿王赵允让的儿子。嘉佑七年（1062 年）立为皇太子，封钜鹿郡公。嘉佑八年即位，时为宋英宗，他是北宋第一位以宗子身份继承大统的皇帝。

景佑初年，保庆皇太后（真宗杨淑妃）见仁宗赵祯荒于酒色，体质羸弱，她恐怕长期没有皇子的宋仁宗绝嗣，便劝说宋仁宗在宗室中选择几个宗子，将其收养在宫中。宋仁宗同意了太后的建议，便选了还在幼年的赵曙进宫，养于皇后之所。

赵曙入皇宫后，赐名宗实。宝元二年（1039 年）六月，年仅八岁的宗实因思念亲生父母，便离开皇宫，回到父母身边。之后，仁宗屡次召宗实回宫，宗实都没有答应。嘉佑七年（1062 年）八月二十七日，仁宗命同判大宗正事赵从古、赵宗谔等人，携带皇子的袭衣、金带、银绢等，谕召宗实进宫。并嘱赵从古，若宗实仍称疾坚拒，抬也要把他抬进来。至此，宗实不敢再执意抗拒，便与赵从古、赵宗谔一起入宫，拜见了仁宗。

仁宗玄世后，曹皇后便派人急传两府大臣入宫，随后召见赵曙，以仁宗晏驾，使嗣君位相告。赵曙闻听，惊恐中连声说道："我不敢为！我不敢为！"返身就往殿外跑。宰相韩琦等人急忙上前挽留，连拉带拽，将他拖回，好言相劝，为他解发戴冠，披上御衣，然后召百官至殿前听旨，命翰林学士王珪起草遗制。当天下午，群臣百官齐集福宁殿前，由韩琦宣布仁宗遗制，赵曙正式登基即皇帝位。

嘉佑八年（1063 年）四月初一，赵曙登基接受百官朝贺后，便要循行古制，守丧三年，决定由韩琦摄政。诸大臣和曹太后都极力反对，赵曙虽心中不乐，也只好作罢。仁宗大敛之日，赵曙生病，不能成礼。此后，赵曙便权居柔仪殿东阁西室，服药治病。曹太后独居内东门小殿，垂帘决政。曹太后尽管为人明达，但也禁不住耳边常有对赵曙的风言风语，加之赵曙病后，言语举措往往失常，多触忤太后。韩琦与参知政事欧阳修等面见曹太后时，曹太后竟在诸大臣面前痛哭流涕，诉说赵曙的不是之处，表示已无法容忍，要韩琦做主议决。韩琦等好言相劝，并以利害谏言，曹太后的怨恨之意才稍解。

而宋英宗赵曙这边也对曹太后怀有猜疑，对于太后的垂帘听政也产生了怨恨之心。

两宫的不和，使朝臣们忧虑不安，因为这直接影响到了赵宋社稷江山的稳定。因此，一些明智忠心的大臣纷纷上书曹太后和宋英宗，开陈大义，言辞恳切。宰相韩琦甚至以"孝道"来开启宋英宗的心结，从而使宋英宗有所感悟。此后，宋英宗主动地去问候曹太后的起居，这样两宫的矛盾才逐渐地得到缓和。

其实，两宫矛盾的焦点就是权力的争夺。曹太后的垂帘听政使宋英宗无法亲政，这样一来，他们的矛盾就很容易产生。关于这一点，当时的宰相韩琦看得明白，他就想方设法地使曹太后撤帘。

然而，在曹太后撤帘之后，两宫之间的隔阂并没有完全消除，即使曹太后不再干预朝政，但是皇帝的大印还在后宫。并且赵曙在处理宗室问题上也考虑欠妥。他让宋仁宗的几个女儿搬出她们的居所，而将其居所赐给自己的儿女。他对自己的几个皇子和公主几次加官晋爵，而对宋仁宗的几个女儿却毫不照顾。因此，朝廷内外不免纷纷议论，曹太后也觉得非常心寒，并由此而生病。而挑拨两宫不和的任守中仍然担任要职，这也是朝廷大臣所不能容忍的。

治平元年（1064 年）八月，知谏院司马光和吕海率先上书，弹劾内侍任守中离间两宫，掠取国库，包藏祸心，是国之大贼。随后，司马光又列举了任守中的十大罪状，要求将其斩首示众。此后，司马光又上书劝赵曙恩遇太后。这时，赵曙也向曹太后承认自身之失，得罪慈躬，请求宽恕。由此，两宫的隔阂彻底消除。

2. “濮议”论战：追赠生父名分

封建家族等级制度森严，但一切还是要根据当时执政政权的利益为准。曹太后虽然一直与养子赵曙不和，但赵曙才是皇权的现实代表，两宫之争，已见分晓。

赵曙本为宗室子继位，因此，他当了皇帝以后，就有一个如何礼遇其亲生父母的问题。两宫恩怨刚平，韩琦就重提旧事。于是，英宗朝上演了一场震惊朝野的追赠生父名分的闹剧。

当时，仁宗逝世已有14个月，赵曙批示，等过了仁宗大祥再议此事，也就是待到满24个月再说，这显然是赵曙为了减少追封的阻力而做出的姿态。治平二年四月，韩琦等人再次提出这一议题，于是，赵曙出诏将议案送至太常礼院，交两制以上官员讨论。由此便引发了一场持续18个月的论战，这就是北宋史上有名的“濮议”。

结果，以王珪为首的两制认为，濮王于仁宗为兄，赵曙应称其为皇伯；而以韩琦、欧阳修为首的宰执们则认为，赵曙应称其为皇考，他们还请奉赵曙将两种方案都提交百官讨论。赵曙和宰执们原以为大臣中一定会有人迎合他们的意图，谁知情况恰恰相反，百官对此反应极为强烈，大多赞同两制官员的提案。一时间，朝廷上下议论纷纷。就在这时，曹太后闻讯，亲自起草了诏书，严厉指责韩琦等人，认为称濮王为皇考不妥。

赵曙预感到形势的发展对自己不利，不得不决定暂缓讨论此事。这样，经过长时间的争论，赵曙和韩琦等人逐渐意识到，要想取得这场论战的胜利，曹太后的态度是关键，只有争取曹太后改变态度，釜底抽薪，才能给两制和百官以致命一击。治平三年，中书大臣共同议事于垂拱殿，当时，韩琦正在家中祭祀，赵曙特意将其召来商议，当时即议定濮王称皇考，并由欧阳修亲笔写了两份诏书，其中之一交给了皇上。到中午时分，太后派了一名宦官，将一份封好的文书送至中书，韩琦、欧阳修等人打开文书，相视而笑。这份文书正是欧阳修起草的诏书，不过是多了太后的签押。曹太后一直与养子赵曙不和，而这一次竟不顾朝廷礼仪和群臣的反对，尊赵曙的生父为皇考，确实令人费解。

不管曹太后的诏书是否出于情愿，却正合赵曙的心意，赵曙便立刻下诏停止讨论。虽则如此，御史吕诲等人却坚持不让步，并陈书指欧阳修等人“首启邪议，诖误圣心”。于是赵曙又将宰执们召来，商量如何平息百官的情绪，以稳定时局。韩琦对赵曙只说了一句“臣等是奸是邪，陛下自然知道”，便垂手不言。

欧阳修则非常明确地对赵曙道出了自己的观点：御史既然认为其与臣等难以并立，陛下若认为臣等有罪，即当留御史；若以为臣等无罪，则取圣旨。赵曙犹豫再三，最后，还是同意了欧阳修等人的意见，将吕诲等三名御史贬出京师。赵曙明白这三个人属无过受罚，心中也很过意不去，特地对左右人道：“不宜责之太重。”同时宣布，濮安懿王称亲，以茔为园，即园立庙。

赵曙的这项决定，遭到了朝臣的坚决抵制，包括司马光在内的台谏官员全部自请同贬，甚至赵曙在濮邸时的幕僚王猎、蔡抗均反对他的称亲之举，这是赵曙万万没想到的。在严厉处分吕诲等人的同时，赵曙又不得不拉拢反对派主要人物王珪，许以执政职位，可以说是软硬兼施。

为了生父死后的名分，赵曙绞尽脑汁，用了各种手段，耗费了18个月的光阴，才最终达到目标，赵曙笃孝的品行以这种奇特的方式体现了出来。其实，“濮议”并非单纯的礼法之争。司马光等臣僚坚持濮王只能称皇伯，是希望赵曙能以此收拾天下人心，维护统治集团内部的团结。而韩琦、欧阳修等掌握实权的宰执们考虑的问题则更现实，他们深知仁宗已死，曹太后已无能为力，他们要一心一意地拥戴赵曙，毕竟赵曙才是皇权的现实代表。

3. 病榻立储：英宗大志难酬的短暂一生

一个踌躇满志的皇帝，却没能把国家治理到自己理想的程度，这种失望是何等的悲凉。宋英宗病榻立储，空有一番抱负却无从施展。

在尊崇濮王的争论中，赵曙不惜牺牲台谏官来保全韩琦、欧阳修等大臣，表现了他对韩琦、欧阳修诸人的极大信任与重用。韩琦、欧阳修等人因此更是感恩图报，尽职尽责，辅佐赵曙。之后，尽管赵曙长时间病不视朝，又与曹太后长期不和，然赖以上诸大臣辅佐，政得以安。

自从两宫的矛盾化解之后，宋英宗赵曙开始正式亲政，并希望能干出一番大事业，力求达到天下大治。而此时具有的一个重要条件就是在朝中聚集了韩琦、富弼、欧阳修等一批非常有才干的大臣。赵曙有了这些仁人志士的帮助，对于治理国家非常有把握，有着雄心壮志。

面对积弱积贫的国势，赵曙力图进行一些改革，他很快就发现了朝廷的弊端。因此，他向大臣们询问施政的意见，富弼经历过宋仁宗庆历改革的失败，他总结了失败的教训，建议英宗赵曙采取稳妥的办法，进行一步步的改革，欲以“宽治”为本。枢密副使吴奎则上书奏曰：“从古至今，圣人治国都是历来主张以宽为本，但是也要注意一个度，不可宽无节制。”随后，赵曙又向当时的端明殿学士张方平询问治国之道，张方平对以“简、易、诚、明”四个字，赵曙十分赞赏并擢升张方平为翰林院学士承旨。韩琦也提出了“贤者进、愚者退”的思想。赵曙将这些建议一一采纳，由此可见赵曙励精图治、奋发有为的迫切心情。赵曙对旧的选任体制进行大胆的改革，甚至走得比当时劝说他改作的欧阳修等人还要远，还要快。

不仅如此，赵曙还非常重视书籍的编写和整理。治平元年，司马光写成了一部《历年图》进呈给赵曙，赵曙对此大加赞赏。治平三年，司马光依据《史记》，参以他书写成《通志》八卷，大约即是后来的《资治通鉴》的前八卷。赵曙对此予以充分肯定，鼓励司马光继续编写下去，等书成之后再颁赐新书名。他还同意了司马光自己选聘助手并组织编写历代君臣事迹的书局的请求，批示将书局设在崇文院内，特允许其借调龙图阁、天章阁、昭文馆、史馆、集贤院、秘阁的书籍。这些馆阁都是皇家藏书之处。秘阁所藏尤为精品，有从三馆中挑选出的万卷珍本书以及皇帝收藏的古玩和墨迹。龙图阁、天章阁是太宗、真宗的纪念馆，所藏除二人的真迹、文集外，还有各类图书、典籍等重要文物。不仅如此，赵曙还批准为司马光提供皇帝专用的笔墨、缯帛，划拨专款，并调宦官为其服务。赵曙的批示，极大地改善了司马光编修史书的条件，使他编写《资治通鉴》的宏伟事业自一开始就有了坚实的后盾。司马光为了报答英宗皇帝的知遇之恩，在此后漫长的19年里，将全部精力都耗在《资治通鉴》这部巨著的编纂上。应该说，史学巨著《资治通鉴》的最后编成也有英宗赵曙的一份功劳。

就在赵曙踌躇满志，致力于天下大治的时候，西夏却加紧了对北宋的入侵，从而使赵曙不得不将主要精力从改革内政上转到谋划国防上。西夏酋使者在宋仁宗大殓之日对宋示威之后，又在赵曙的即位典礼上与宋朝的官员发生争执。赵曙回书指责西夏国王擅起事端，不料西夏国王却以此为借口，发兵七万，劫掠了大宋的西北边境，宋兵和百姓大量伤亡，大量的牲畜被劫掠一空。对于西夏的进攻，赵曙先是遣使责问，然后接受韩琦的建议，先命陕西的百姓组成义勇军以守边疆，后又任命由欧阳修举荐的良将来负责防御西夏的进攻。

此后，西夏不断发动小规模的入侵，西界的边臣请求朝廷增兵，部署反击，但是赵曙认为防守的兵卒已经不少了，可以放心了。

孰料治平三年（1066年）九月，西夏再次发动了对宋朝的大规模进攻。西夏国王亲自带兵，围攻大顺城。赵曙闻此消息，急召两府大臣商议退敌之策。宰相韩琦提出，首先停止“岁赐”，然后派遣使者对其责问。赵曙采纳了他的建议。而此时，西夏因军队对大顺城久攻不下，且西夏国王为箭所伤，由于恐怕宋真的停止“岁赐”，西夏国王就带领军队在宋的边地里大肆抢劫而去。对这次西夏的入侵，赵曙的反应是非常软弱的，尽是“谴责”，他这种软弱的外交政策给赵氏子孙留下了极大的隐患。

外患还没有除掉，内忧却更加严重了。宋仁宗时期，官员尸位素餐，无所作为的情况就很严重了，并逐渐形成了冗官的局面。赵曙虽然极力地想要革除积弊，但是没有采取有力的措施。相反，由于达官贵族的奏荐恩泽，冗兵冗官的局面不仅没有缓解，反而逐渐加重。特别是在赵曙亲政初期，为了修治黄河，征调了大量的农民，从而耽误了农时，引起了黄河沿线人民的强烈不满。随后又是大兴土木，重修内宫的宫殿，规模宏大，致使徭役频频，人民怨恨由此而生。赵曙对当时皇亲国戚的奢侈糜烂也感到气愤，曾欲惩治，但在贵族豪强势力的反对下，却毫无措置之举。

面对这内忧外困的局面，赵曙心情很差，忧郁无比，不堪应付。治平三年（1006）十月，赵曙旧病复发，卧床不起，且病情逐渐严重。朝廷大臣为社稷着想，先后有人上书请求早立皇太子。当时，赵曙有三个儿子，长子赵顼被封为颍王，次子赵颢被封为祁国公。赵顼作为皇位的继承人，已经得到了韩琦等大臣的同意，但是，其他两位皇子也同样是有力的竞争者。赵曙出于对自己得病的忌讳和考虑到自己年龄不大，所以对大臣奏立皇太子一事极为反感。一天，宰相韩琦看望赵曙后退下，颍王赵顼送韩琦等至门外，满怀忧虑地问韩琦怎么办。韩琦低声嘱咐赵顼说：“愿大王尽心服侍皇上，朝夕莫离左右。”赵项恍然大悟，点头应允。

到治平三年十二月，赵曙的病情更加严重，几乎已失去了说话的能力，凡是重大事情都是用毛笔写在纸上。十二月中旬，韩琦率领大臣看望赵曙，发现赵曙已经非常憔悴了，几乎很难站起来了，于是进奏道："陛下久不视朝，中外忧惶，宜早立皇太子以安众心。"这时的赵曙也感到自己的时日不多了，就接过纸笔，用颤抖的手在纸上写下"立大王为皇太子"几个字。韩琦是经历过大世面的人，因此，他又加问："陛下是立赵项为皇太子吗？"宋英宗赵曙点头同意。于是，韩琦召翰林学士承旨张方平草拟诏制。

治平四年（1067年）正月初八，宋英宗赵曙驾崩，年仅36岁，他在位不到四年，便带着自己未完成的志愿离开了人世。当年八月，赵曙被葬于永厚陵（在今河南巩县境）。

赵曙虽然有一定的政治才能，却因病英年早逝，空有一番抱负而无从施展。不过，这却给他的儿子神宗赵项留下了机会与挑战。

4. 受命即位的宋神宗赵顼

赵顼好学、谦逊、孝顺，具备英明君主所应有的素质，又是嫡长子，理所当然应被推选为皇位继承人。在尔虞我诈、血雨腥风的宫廷内，赵顼重视亲情的优点显示了出来，使他轻松地登上了皇位。

宋神宗是宋朝历史上比较有作为的皇帝，他在位期间，改革宋朝自建立以来形成的种种体制上的弊端，意图再现汉唐盛世，使得积贫积弱的宋朝能够重新振作精神，让全国上下焕发出新的活力。客观地说，神宗实行的改革在某些方面取得了大的成效，如国家边防实力有所加强、阶级矛盾有所缓和、国家财力有所增强等。但是，由于神宗实行变法没有经验可循，再加上改革触及了许多官僚地主的利益，而他又不能够无视这些压力，所以新法仍然存在着不少弊端。神宗逝世后，新法就完全被废除了，神宗的变法改革也由于后继无人而完全失败了。后人评价宋神宗为中国历史上一位值得赞颂的具有悲剧色彩的皇帝。那么，宋神宗是怎么样登上皇位的呢？

宋神宗名赵顼，原名仲，宋英宗赵曙长子。其母是宣仁圣烈皇后高氏，也就是后来垂帘听政的高太后。赵顼于庆历八年（1048 年）四月出生，嘉佑八年，为了陪伴宋英宗而入居庆宁宫。宋英宗当皇上后，授予赵顼安州观察使一职，封为安国公。同年九月，又加忠武军节度使、同中书门下平章事，封为淮阳郡王，改名赵顼。治平元年（1064 年），进封为颍王。

少年时代的赵顼，非常好学，他关心天下大事，读书废寝忘食，并且懂得变通古今的道理，能将它们应用到实践中去。赵顼小时候上课时，一直都是正襟危坐，谦恭有礼。即使是夏天他也从不叫人挥扇，任由汗流浃背，仍能专心致志。他博闻多识，在老师讲课时经常会出人意料地向老师提问，有些时候他提的问题那些讲官都答不上来。有个叫苏子容的讲官就曾说过："我每次进讲时，未有不曾出汗的。"随着年龄的增长，赵顼越来越多地了解到了一些世事。他知道自己的国家已经衰弱不振了，而且趋势也是越来越不好，对西夏和辽国一再地退让妥协，所以，他早就萌生了扭转这种局面的愿望。有一次，他在宫廷中披挂上全副的盔甲去见祖母曹太后，说："娘娘，我穿着这身盔甲好不好？我要穿这身盔甲上战场，为我们大宋拓疆开土。"

赵顼的祖母曹太后是个颇有见识的女子，但赵顼的父亲英宗赵曙与继母曹太后的关系一直不好。有一次，英宗说话得罪了曹太后，曹太后很难过，哭着跟群臣抱怨，还归咎于赵顼和赵颢两兄弟。面对曹太后的无端指责，赵顼并没有记恨，而是益发尊敬曹太后。赵顼的孝顺最终感动了曹太后，祖孙二人冰释前嫌，相处十分融洽。赵顼继位之后，与曹太后的关系仍然十分亲密，他十分尊重曹太后，许多重要决策在下达之前总是先征询她的意见。

元丰二年（1079 年）十月，曹太后病重，赵顼亲自照料侍奉，十几天衣不解带。曹太后去世后，赵顼茶饭不思，悲痛欲绝，这种真挚的亲情在尔虞我诈、血雨腥风的封建宫廷中是极为少见的。然而，也正是这种亲情在一定程度上束缚了赵顼的手脚，因而，在变法过程中来自后宫的压力也就对他更具影响力。

赵顼好学、谦逊、孝顺，具备英明君主所应有的素质，又是嫡长子，所以大臣们一致认为他是皇位的最佳继承人。

治平四年（1067 年）正月，在宋英宗刚刚晏驾的时候，左右大臣急忙派人去急召已被立为皇太子的赵顼进宫，准备随时继承皇位。但在赵顼还没有进宫的时候，宋英宗的手突然动了一下，好像还活着，在场的大臣非常害怕，连忙告知宰相韩琦说："皇上好像还活着，这如何是好，赶快派人阻止太子进宫。"韩琦在这个紧要的关头一心以社稷为重，果断地拒绝了大臣的建议，冷静地说："如果先帝复生，那就是太上皇。"

当时身为太子的赵顼突然接到召见，预感到有什么重大的事情发生，就急匆匆地对东宫的仆人说："一定谨守我的门户，如果皇上有了适当的皇位继承人，我还是要回来的。"意想不到的是，赵顼这一去就没有再回来，而是留在皇宫作了18年的皇帝，并开创了宋朝的大变法时代。

5. 踌躇满志：锐意进取的少年天子

"祖宗家法"的弊端，最终让年轻有为的宋神宗打破了。"安内为先"的治国策略，使赵顼下定决心把国家治理得国富兵强。赵顼的变革图强，让破落的赵宋政权看到了一丝转机。赵顼即位的第三天，三司使韩绛奏报：自仁宗朝宋夏战争以来，征调财力，动用国库，"百年之积，唯存空簿"。此时，赵顼才知道自己从先人手中继承的是怎样一副摊子。

20 岁的赵顼正处在血气方刚、奋发有为的当口，决心把国家治理得国富兵强。他求治心切，对当时的元老大臣寄予了很大的期望。即位次年，他召见前宰相富弼，问以边事，富弼对他说："愿二十年口不言兵。"再问治道，回答是"安内为先"。而司马光所能提供的治国忠告只有"官人、信赏、必罚"六个字，也似乎有点空泛。对朝廷旧臣，赵顼未免有些失望。

作为北宋第六代皇帝，宋神宗赵顼即位之时，赵宋王朝的统治已延续了百余年。宋初制定的许多政策，其弊端已经渐渐显露出来：官场腐败盛行，财政危机日趋严重，百姓生活困苦，各地农民起义不断，辽、西夏在边境虎视眈眈。面对这种情形，赵顼对太祖、太宗皇帝所制定的"祖宗之法"产生了怀疑。年轻的赵顼有自己的理想，勇于打破传统，他深信变法是缓解危机的唯一办法。

赵顼进行变法并非出于一时冲动，早在少年时代，他就已经心怀壮志，希望能改变国家的命运。在成长的过程中，赵顼形成了自己的人生观、价值观，这直接决定了他当政之后务实、创新的治国理念。

改革势在必行。赵顼急于寻找一个有才识、有气魄，并且能够全力襄助他改革的大臣作为臂膀。

在这种情况之下，王安石脱颖而出。赵顼对王安石之名早就如雷贯耳，于是即位之初就召王安石进京，但王安石称病不至。赵顼询问宰执，宰相曾公亮力荐王安石有“辅相之才”。龙图阁直学士韩维言言赵顼“贤者可以义动而不可以计取”，力荐王安石，赵顼诏王安石知江宁府，王安石始出山。

王安石为地方官多年，亲眼看到了当时社会问题的严重性。他到京城开封任三司度支判官的第二年春，就曾给当时的皇帝仁宗写了洋洋万言的《上仁宗皇帝言事书》。赵顼即位后，在王安石的辅助下，开始了一场两宋历史上空前绝后的大变法，在政治、经济、军事等方面进行了诸多变革，对赵宋王朝产生了巨大的影响。

赵顼求治心切，非常好学，经常向大臣们征询改革的意见。他立志要做一个唐太宗那样的大有作为的明君，以改变真宗、仁宗以来政纲松弛不振的局面。赵顼在第一次召见王安石时就问他治国应当先做什么。王安石答道：“应当先选择正确的策略。”赵顼问：“唐太宗何如？”王安石说：“陛下当以尧舜为榜样，为什么拿唐太宗做样子呢？尧舜之道，简明而不烦琐，很容易做到而不繁难。但末世学者不知其中道理，认为是高不可攀。”这种议论让赵顼感到耳目一新。

熙宁二年（1069 年），赵顼起用王安石为参知政事（即副相），并设置“制置三司条例司”作为变法的指导机构，让陈升之、王安石负责，这就正式揭开了熙宁变法的大幕。经王安石推荐，赵顼又任命吕惠卿为条例司检详文字。事无大小，王安石必与吕惠卿共同谋划，凡有关建议的章奏，皆是吕惠卿执笔。当时人称王安石为孔子，吕惠卿为颜子。

6. 熙丰变法：矢志变法图强的宋神宗

赵顼入继大统，赵宋政权的皇权集中制已经巩固，迫切需要改变的，是国家积贫积弱的局面。赵顼不顾一切反对势力的阻止推行新法，但他又不愿损害上层既得利益者，结果，负担只有转嫁到下层人民身上。

自熙宁二年（1069 年）七月起，王安石提出并推行了一整套新法。这些新法主要分为富国、强兵、改革科举制度三个部分。富国部分包括均输法、青苗法、农田水利法、免役法、方田均税法等。强兵部分包括将兵法、保甲法、保马法等。新的科举制度主张以经义取士，应试者不再考试诗赋、帖经、墨义之类，而以诗、书、易、周礼、礼记为本经，以论语、孟子为兼经，企图改变当朝那种“闭门学作诗赋，及其入官，世事皆所不习”的状况。

新法刚刚实施，很快就遭到朝廷内外一批守旧势力的攻击。他们不仅从新法的内容和效益上提出非难，而且在思想、道德上指责王安石“变祖宗法度”。在朝议纷争面前，赵顼虽曾一度犹豫，但终不为所动。至于学术、道德上的争论，赵顼则讲求道德与功名并重，他对守旧势力反对变法，空言道德，在政治上无所作为的状况甚为反感。在王安石的解释下，赵顼能理解王安石“天变不足惧，人言不足恤，祖宗之法不足守”的主张，并继续支持新政。在王安石与守旧势力的斗争中，赵顼始终支持王安石，甚至不惜罢退了一批非常有名望的大臣，如文彦博和富弼。

熙宁三年（1070 年），赵顼进一步提升王安石为同中书门下平章事。王安石居相位，有了更大的权力，于是，农田、水利、青苗、均输、保甲、免役、市易、保马、方田等新法先后颁行天下，变法进入了高潮。赵顼对王安石富国强兵的变法的推行给予大力支持。可以说，如果没有赵顼的支持与配合，王安石要在全国范围内实行变法是不可能的。赵顼的政治抱负和锐意改革的正确决策，保证了变法的成功，这对于改善当时的社会生产条件、增强国力，具有积极的意义。

变法虽然在前一阶段取得了胜利，但守旧势力的攻击并没有停止，特别是随着变法的逐步深入，新法在多方面触犯了享有特权的宗室、外戚、大官僚、大地主、大商人的利益，这股反对力量得到了太皇太后、皇太后和曹皇后的支持。同时，由于新法本身也存在许多缺点，所以也遭到了一些正直的大臣的反对，如苏辙、韩琦、司马光都在反对之列。苏辙原是王安石所引用，任三司条例司检详文字，但他极力阻止青苗法的推行。老臣韩琦也上书抨击青苗法。此外，新法的科举制度也受到反对。与王安石原为好友的司马光，也反对他的新法。赵顼的思想也开始犹疑起来。

保守大臣们反对新法，王安石早有思想准备，但改革派内部的分裂，给王安石的打击是格外沉重的。而这时的赵顼也不像前几年那样对王安石言听计从，有时甚至不重视他的意见。王安石对赵顼慨叹道："天下事像煮汤，下一把火，接着又泼一勺水，哪还有烧开的时候呢？"

熙宁九年（1076 年）春天，王安石因身体有病，屡次要求辞职。同年六月，王安石的儿子壮年而逝，王安石悲痛欲绝，精神受到极大刺激，已无法集中精力过问政事。赵顼只好让王安石辞去相位，出判江宁府。第二年，王安石连江宁府的官衔也辞去了。此后，直到元佑元年（1086 年）去世，王安石再也没有回朝。

王安石两次罢相，都是赵顼向守旧势力妥协的结果。赵顼的目的是为了保住自己的皇位，获得大臣和后族的支持，但是他希望通过变法富国强兵的政治目标并没有变。他一边安抚守旧派的大臣，起用曾被罢退降职的旧派人物吕公著、冯京、孙固等，一边坚持改革，以平衡新派、旧派的力量。

王安石第二次罢相后的第二年，赵顼改年号为“元丰”，从幕后走到前台，亲自主持变法。然而，变法依旧伴随着反对的声音。失去了王安石，赵顼本就很伤心，现在又要独自面临巨大的压力，不免有些恼火。他决定以更为强硬的手段来推行新法，严惩反对变法的官员。苏轼不幸成为这次政治斗争的牺牲品。

苏轼是北宋文坛成就卓越的文学家，与父亲苏洵、弟弟苏辙号称“三苏”，其文章为天下所传颂。但这位名满全国的才子在仕途上却颇不得志，在他将近40年的官宦生涯中，有三分之一的时间是在贬谪中度过的。

赵顼依然没有停止改革的进程，经过他的不断努力，宋朝基本建立起了更有利于君主专制的中央集权制，其基本制度一直实行到宋朝末年未再进行大的变动。

赵顼在推行新法的过程中，其富国强兵的总目的与王安石是一致的。但在抑制兼并这一点上，他却没有王安石坚定，赵顼既想增加财政收入，又不愿损害上层既得利益者，最终，负担只有转嫁到下层人民身上。

变法是一条异常艰辛的道路，其间赵顼虽然有过怀疑和动摇，但最终还是坚持了下来。轰轰烈烈的熙宁变法和元丰改制，使政府的财税收入大大增加，扭转了英宗赵曙在位时入不敷出的局面。忧国忧民的神宗赵顼把自己所有的精力和热情都投入到改革之中，为实现富国强兵的目标而努力着。

7. 雄心未酬，抑郁而终

对内改革、对外作战，洗刷耻辱，都是宋神宗赵顼决心树立赵宋政权威望的动力。他实施的改革变法虽然触动了保守派的利益，但却符合天下百姓的利益。无奈赵顼英年早逝，使一场轰轰烈烈的变法运动戛然而止。

熙丰变法虽然历经艰难，但还是取得了很好的效果，总体上使北宋国力有所增强。在这种情况下，赵顼决意要对威胁宋朝边境安全的问题作出反应。赵顼自命大有为之才，是一个有雄心大志的君主。用武开边，建功立业，是他一生的梦想。他始终把解决契丹和西夏问题作为自己奋斗的目标，一心只想着痛击西夏，洗刷祖先所蒙受的耻辱，树立宋朝的国威。

在熙丰变法中，赵顼为军事行动作了物质上的大量准备，先后建设了五十二个军用物资库，并赋诗明志道："每虔夕惕心，妄意遵遗业，顾予不武姿，何日成戎捷？"求胜心切，溢于言表。赵顼对西夏的态度，就像是旧主人容不得昔日的小伙计成为他平起平坐的新对手，总想一举消灭它，以挟制契丹和吐蕃，显示大宋朝的神威。

熙宁元年（1068 年），变法派杰出的军事家王韶向神宗上《平戎策》三篇，对赵顼的对外政策产生了很大的影响。其要旨是先取河湟，控扼西北门户，斩断西夏右臂；再威服吐蕃，孤立西夏；然后伺机出兵，关门打狗。

这一战略分析是正确的，然而执行起来，就牵涉到宋军的人才与素质。但赵顼显然大受鼓舞，任命王韶为秦凤路经略司机宜文字。

熙宁四年，赵顼设立洮河安抚司，任命王韶为长官，开始经略河湟。次年，王韶采取软硬兼施的手段，招抚吐蕃部落三十余万人，拓地二千余里。赵顼升镇洮军为熙州，设立熙河路，以王韶为经略安抚使。史称王韶经营河湟的活动为“熙河开边”。王韶的成功，把神宗的梦想再次激活，对西夏用兵已势在必行。

由党项族建立的西夏此时已经发展为拥有强大武力的军事联合体，不断进犯宋朝西北部地区。对于赵顼主动出击的边疆政策，朝中大臣意见不一，富弼、司马光等人纷纷上书，希望神宗慎重考虑对西夏的政策，不要贸然发动战争。王安石力排众议，全力支持王韶。熙宁六年（1072年），王韶率领宋军进军1800里，占领了宕、岷、叠、洮等州，招抚大小藩族三十余万帐。这是自北宋开国以来对辽、夏战争中的空前大胜。

元丰四年（1081年），西夏发动政变，西夏国主惠宗秉常被囚，由秉常的母后梁太后专权，梁太后因反对惠宗欲将河、洮等州黄河以南的土地还给宋朝，因而囚禁了惠宗。鄜延副总管种谔上书赵顼，以为是千载难逢的机会，倘若西夏被辽朝趁机攻取，必为中国的大患。赵顼召见了种谔，种谔指陈箸划之余大言道：“夏国无人，秉常（夏惠宗名）孺子，臣往持其臂以来！”赵顼便定议攻夏。

于是，宋朝出动大军，兵分五路，共20多万兵力深入西夏境内，直抵灵州城下。不料，西夏军决黄河水将宋军淹没，并切断宋军粮道，宋军大败。

神宗对灵州之役寄予厚望，中夜听到惨败的消息，起绕床榻环行，彻夜不能入寐，由此身染疾病。宋军在这次战役中仓促出征，麻痹轻敌，各自为战，相互扯皮，既缺少一个能运筹帷幄决胜千里的主帅，又在军粮供应上严重脱节，失败也在情理之中。相比之下，西夏军实行坚壁清野、纵敌深入的正确战略，再捕捉战机，断敌粮运，最终取得了灵州保卫战的胜利。

虽然灵州战役失败了，但是赵顼并没有放弃消灭西夏的愿望，他在酝酿更大规模的军事行动。元丰五年（1087年），赵顼听从徐禧的建议，在银、夏之界修筑永乐城作为屯驻军队的城池，企图困住兴州的西夏军。

但赵顼没有料到，永乐城很快就被西夏军攻破。当天夜里，大雨如注，电闪雷鸣，再加上多日饥渴，宋军已无抵抗能力，军队首领徐禧、李舜举与高永能被乱兵杀死，守城士兵和夫役几乎全军覆没。

永乐城之役成为宋夏战争的转折点，此后，宋朝明显地由攻势转为守势。同时，此次失败对神宗赵顼也是致命的打击。赵顼本来信心百倍地准备消灭西夏，一雪前耻，没想到等来的却是如此悲惨的结局。史称“及永乐陷没，知用兵之难，于是亦息意征伐”，赵顼的强兵开边梦彻底破碎了。从此，赵顼丧失了先前的雄心，只好仍旧维持原来对西夏的和议，每年向西夏交纳财物。

赵顼是一个颇欲有所作为的皇帝，熙宁新政、元丰改制、与西夏的较量，得失相参，却无不凸显其雄心勃勃的个性。无奈到他即位时，宋朝内政外患诸多问题早已积重难返，绝非短期内急功近利所能解决的，这就决定他成不了一代雄主。而且，他在新法与开边两方面都显得操之过急，在对西夏的战争上尤其如此，宋朝在灵州之战与永乐之役中死伤将士民兵多达六十万，失误不可谓不大。

元丰八年（1085 年）正月初，雄心大志的宋神宗赵顼由于西北边境军事上的失败，精神上受到沉重的打击，病情恶化。大臣们乱成一团，王珪等人开始劝赵顼早日立储。赵顼此时已经有不祥的预感，无奈地点头同意了。神宗六子赵傭，改名为“煦”，被立为太子，国家大事由皇太后暂为处理。

赵顼一生都在追寻自己的理想，他希望重建强盛的国家，再造汉唐盛世。当这些梦想破灭之时，赵顼也走到了人生的尽头。元丰八年三月，年仅 38 岁的神宗赵顼带着深深的遗憾离开了这个世界。他耗尽一生心血的新法，在他死后不久，就被他的母亲高太后暂时废除，不过，其后又陆续恢复，很多措施一直到南宋仍在继续执行。

第六章　无力回天　哲宗赵煦

赵煦（1076—1100年），公元1085—1100年在位，史称哲宗。赵煦是神宗赵顼的第六子，母亲是朱德妃。神宗去世时，赵煦的五个哥哥早夭，他年纪最大，因此被拥立为帝，由其祖母高太后（英宗皇后）垂帘听政，重用守旧派，打击变法派。高太后听政时，一手包揽政务，赵煦备受冷落，形同影子。赵煦亲政后，将整个朝政颠倒过来，重新重用变法派，打击守旧派，然而这样的反复斗争，加速了宋王朝的衰落。赵煦朝文学继续向前发展，出现了大批有影响的大家，其中，程氏兄弟对于理学发展的推动成为这个时期的典型代表。

1. 垂帘听政的高太后和影子皇帝

统治阶级内部各个势力集团始终都在为自己的利益而战，哲宗继位的经过就足以说明这个问题。高太后的垂帘听政，以及她不按时归还政权的行为，使赵煦成为影子皇帝，无权执政。

元丰八年（1085 年）二月，宋神宗赵顼病危，宰相王珪率宰执入见，请求立储，由皇太后暂时听政。当时，神宗已说不出话，只是点头首肯。

王珪他们所说的皇太后，即指神宗的母亲英宗高皇后。高太后出身将门，曾祖是宋初大将高琼，外曾祖是曹彬，姨母为仁宗曹皇后。幼年时，高太后与英宗都住在宫中，曹皇后视她如亲生女儿。后来，仁宗和曹皇后亲自为两人主持婚礼，在当时有“天子娶媳，皇后嫁女”之说，这种世家与皇室之间的联姻无疑有助于巩固高氏在宫中的地位。高太后经历了仁、英、神三朝中发生的仁宗立储、英宗濮议风波和神宗熙丰变法等事，政治经验很丰富，她在保证哲宗继承皇位一事上起了重大作用。

元丰八年三月一日，高氏垂帘听政，宣布立神宗第六子赵煦为皇太子。高太后知道大位更迭在即，一方面命侍卫禁止神宗的兄弟雍王赵颢和曹王赵頵随意出入皇帝的寝殿；一方面暗地让人按照十岁孩子的模样缝制一件黄袍。尽管赵颢与赵頵都是高太后所生，但她在皇位传承上显然主张父死子继，而不像太祖之母杜太后那样希望自己的儿子一个个都当皇帝。

在神宗弥留之际，宰相蔡确与职方员外郎邢恕密谋，准备拥立赵颢或赵郡，邢恕去找高太后的侄子高公绘，高公绘一口拒绝："你这不是陷害我们高家吗！"蔡确、邢恕见谋立不成，反咬高太后一口，说高太后要立赵颢。

三月五日，神宗去世，其子赵煦即位，年仅10岁，史称宋哲宗。高太后在赵煦继位典礼上向群臣明确表示自己的态度："子继父业，其分当然！"在其后九年里，她以太皇太后的身份垂帘听政，顺利完成了皇权的交接。

赵煦继位后，因年幼不能亲政，军国政事的一切决策权就全掌握在高太后手上。高太后是反对新法一派的首领，她垂帘听政后以恢复祖宗法度为先务，立即召回了守旧派代表人物司马光。司马光被召回朝廷后，立即打出"以母改子"的旗号（以神宗母高太后的名义来变更神宗朝的政治措施），将赵顼在位时推行的一系列新法全盘否定，逐个废黜。

高太后虽在垂帘之初表白说："我性本好静，只因皇帝幼小，权同听政，实在是出于不得已，况且母后临朝也非国家盛事。"但在高太后垂帘时期，军国大事都由她与几位大臣处理，年少的赵煦对朝政几乎没有发言权。大臣们也因赵煦年幼，凡事都取决于高太后。朝堂上，赵煦的御座与高太后的座位相对，大臣们向来是面向太后奏事，背朝赵煦，以致赵煦亲政后在谈及垂帘时说，他只能看朝中官员的臀部和背部。到了赵煦17岁时，高太后本应该还政，但她却仍然积极地听政。而此时，众大臣依然有事先奏太后，有宣谕必听太后之言，也不劝太后撤帘。高太后和大臣们的这种态度惹恼了赵煦，赵煦心中非常怨恨他们，这也是导致赵煦亲政后大力贬斥元佑大臣的一个原因。

尽管高太后和大臣在垂帘听政期间没有考虑赵煦的感受，但他们并不放松对赵煦的教育。高太后任吕公著、范纯仁、苏轼和范祖禹等人担任赵煦的侍读大臣，想通过教育使赵煦成为一个恪守祖宗法度、通晓经义的皇帝，尤其是让赵煦仰慕仁宗，而不是锐意进取的宋神宗，因为在他们看来，仁宗创下了为士大夫津津乐道的清平盛世。此外，高太后在生活上对赵煦的管教也很严格。为避免赵煦迷恋女色，高太后派了20个年长的宫嫔照顾他的起居，又常令赵煦晚上在自己榻前阁楼中就寝，相当于是限制了他自由活动的空间。

元佑七年（1092年），高太后决定给赵煦册立皇后，一切手续都由高太后一手包办，赵煦没有一点发言权。同年五月十六日，赵煦册立孟氏为皇后。虽然赵煦大婚之后已不算小了，但高太后仍丝毫没有还政退位的意思。她的权力欲望仍然是如此的强烈，这就不能不和赵煦的自尊心形成尖锐的冲突。高太后有一次问赵煦："大臣们奏事的时候，你心里是如何想的，怎么连句话都不说？"赵煦答曰："娘娘已处理过了，叫儿臣又说什么呢？"高太后及众大臣并非傻瓜，他们看出了赵煦的不满。为防止他日后翻案，高太后等人一面加紧打击变法派，一面继续训导赵煦，向他灌输所谓祖宗之法，说只要尽行祖宗之法就能致天下太平。但无论他们怎样说，赵煦一直保持沉默。

更让赵煦难以接受的是，高太后对待其生母朱德妃也过于严格，甚至可以说是苛刻。这或许是因为高太后有着某种隐忧，担心赵煦母子联合起来，威胁到自己的地位。朱德妃出身寒微，幼时遭遇非常坎坷，其生父早逝，她随母亲改嫁后，却为继父不喜，只得在亲戚家长大。朱德妃入宫后，初为神宗侍女，后来生下了哲宗赵煦、蔡王赵似和徐国长公主，直到元丰七年才被封为德妃。朱德妃温柔恭顺，对高太后与神宗一向都毕恭毕敬。

哲宗赵煦即位后，神宗向皇后被尊为皇太后，朱德妃却不能母以子贵，只被尊为太妃，也没有享受到应有的待遇。在如何对待朱太妃问题上，朝廷中曾有不少意见。有人想趁机拍高太后马屁，欲降低皇帝生母的等级，以凸显垂帘的太皇太后；有人想着将来终究是哲宗掌权，主张尊崇朱太妃，以显示天子的孝道。但高太后却另有打算，想压制一下朱太妃，直到元佑三年秋天，才允许朱太妃的舆盖、仪卫、服冠可与皇太后相同。赵煦亲政后，立即下令自己母亲的待遇完全与皇太后向氏相同。从赵煦生母的待遇问题上，可以看出其间夹杂着复杂的政治斗争背景。高太后和元佑大臣们所做的一切，对于哲宗赵煦来说，负面影响非常之大。

高太后对熙丰新法一直持否定态度，但她严格恪守赵氏祖宗家法，在垂联听政之前并不出面干预。当然不可否认的是，作为守旧派的高太后本身对于稳定朝廷和稳定边防有着积极的作用。高太后主政期间，国内恢复了安定局面。宋朝的这种政治局面对于宿敌辽国起到了震慑作用，辽王告诫其臣下，不要再到宋辽边境挑衅，说："南朝又恢复了仁宗时代的政策了。"高太后本人十分注意节俭，并下令散遣修京城的役夫，减少守卫皇城的兵卒，停止皇宫的建设工程，还停止了其他一些浪费民力的项目。高太后还告诫城内外都要免除苛敛。她汲取五代时期封建伦理道德沦丧，权臣武将跋扈横行甚至弑上篡位的教训，在加强中央集权的同时，特别注重宣扬儒家的封建礼教伦常观念。社会上也因之形成了一种"存天理、灭人欲"的思潮，即程朱理学。

高太后十分注重自己家族的名誉，并没有因掌握大权而发展后党。宋英宗在位时期，高太后的弟弟高士林任内殿崇班很长时间，当时宋英宗想升他的官，高太后谢绝说："士林能在朝做官，已经是过分的恩典了，怎么好按照前代推恩后族的惯例？"宋神宗时几次要为高氏家族修建豪华的宅第，高太后都不答应，最后，由朝廷赏赐了一片空地，高家自己出钱建造了房屋，没用国库一文钱。高太后的两个侄子公绘、公纪都该升任观察使，但她坚持不允。赵煦一再请求，才将他们升了一级。一次，高公绘呈上一篇奏章，请朝廷尊崇哲宗生母朱皇太妃和高太后的家族。高太后见奏，召来公绘问道："你文化水平不高，怎么能写出这样的奏章？"公绘说出了这是刑恕的主意并代为起草的实情，高太后不但不允所请，还把刑恕逐出了朝廷。

由于高太后廉洁自奉，处事公正，她垂帘听政期间，朝政比较清明，她也因此被称为女中尧舜。元佑八年（1093 年）秋，高太后病重，召大臣吕防、范纯仁等入内，对他们说："先帝后悔变法，甚至流出了眼泪，此事官家应当深知。我死以后，皇上是不会再重用你们的了。你俩应当有自知之明，早些主动退避，让皇上另用他人，免得遭祸。"几天后，高太后病死于汴京，终年 62 岁，谥号为宣仁圣烈皇后。

元佑八年（1093 年）十月，18 岁的赵煦亲政，开始正式行使他的皇权了。

2. 元佑更化：改革背后的朝廷

元佑更化在北宋后期政治上留下了严重的后遗症。这一期间的许多人事，新旧党之间的党同伐异，旧党内部洛蜀朔党的杯葛恩怨，高太后与宋哲宗祖孙之间的龃龉隔阂，搅成一股逆反的合力，以更大的势能喷发出来，影响到宋朝其后的政治局势与历史走向。

一贯反对变法的高太后刚一执政，就以恢复祖宗的法度为名，准备颠覆王安石变法的各项措施。元佑初年五月，她升迁反对变法最坚决的人物之一的司马光为门下侍郎，次年又升为尚书左仆射，即左宰相。原先的守旧派大臣吕公著也被召入朝为尚书左丞，次年为右仆射。保守派再度掌握政权，在高太后支持下立即对变法派展开攻击。一时间，朝野上下兴起了一股清算新法之风，史称“元佑更化”。公元 1085 年 3 月，宋神宗逝世时，王珪、蔡确为相，章惇为门下侍郎，共同扶立宋哲宗。宋神宗病死后两月，左相王珪病死。蔡确顺延为左相，知枢密院事韩缜为右相，章惇改任枢密院事，这样，朝廷的军政权都还在变法派手里。司马光入为门下侍郎之后，即荐用刘挚、范纯仁、范祖禹、吕大防、李常、孙觉、梁焘、王岩叟、苏轼、苏辙、朱光庭等一批官员；又称文彦博、吕公著、冯京都是国家的重臣，可以倚信，也叫他们各举贤能。七月，吕公著为尚书左丞。司马光等人随即着手排挤变法派。蔡确当时受命为“山陵使”治理宋神宗丧葬事。章惇对司马光废除新法、重用守旧派人物多次争论，保守派借此机会弹劾蔡、章二人。十月间，御史刘挚上言，宋神宗皇帝灵驾进发前，蔡确没有入宿守灵，纯属“慢废典礼，有不恭之心”。朱光庭则弹劾蔡确“为臣不恭，莫大于此”，章悖“欺罔肆辩”，韩缜“挟邪冒宠”。王岩叟说，章惇争辩用人，应当罢免。十二月，刘挚进而指责蔡确与章惇固结朋党，说：“如果不把章惇罢黜了，朝廷的法度将无法确立。”朱光庭直接奏呈称：“蔡确、章惇、韩缜应该尽早的解除他们的职务，司马光、范纯仁应该进而辅佐。”这年没有下雪，天下大旱，王岩叟又以天旱为理由，直指大害莫如青苗、免役，大奸莫如蔡确、章惇。在保守派合力围攻中，蔡确于闰二月罢相，司马光以门下侍郎进为左相，章惇也被罢免，以范纯仁知枢密院事。四月，韩缜罢相。五月，吕公著进为右相。司马光又请召老臣文彦博还朝。文彦博年已 81 岁，由儿子扶着上殿，特授太师、平章军国重事。变法派的主要官员相继被排挤出朝，以司马光为首的保守派在高太后的支持下，掌握了全部的军政权。

司马光对变法派嫉恨如仇，甚至不顾国家的利益，凡是王安石实行的新法，都必求罢废而后快。司马光五月间入朝执政，即上书攻击变法派，请求革去其职。有的大臣认为神宗刚死，不宜急于改变。司马光反驳说：“王安石、吕惠卿所实施的变法，危害天下，并非先帝本意，改变就是救天下于危难。更何况太皇太后是先帝的母亲，以母改子合乎礼法。”高太后、司马光等，首先罢废保甲教练和保马；接着，罢市易，废青苗，停止助役钱；最后，罢免役法，恢复旧的差役法。在不过一年左右的时间里，王安石所实行的各项新法，几乎全部被罢废了。

元佑元年（1086 年）正月，司马光在病中说：“四患未除，我死不瞑目！”（四患指青苗、免役、置将和对夏作战）青苗法罢后，司马光的好友范纯仁因国库空虚为由，建言再立散钱出息之法。司马光具奏说，先朝散青苗，本为利民，现在禁抑配，就没有什么害处。几天之后，又觉得不妥，认为不够坚决，于是，便带病入朝，对高太后说：“是什么奸邪劝陛下再行此事！”高太后只好下诏“青苗钱更不支表（散发）”。司马光欲废免雇役法，恢复差役旧法。变法派章惇争辩说：“保甲、保马一日不罢，有一日之害，至于役法，如以差代雇，需要详细的讨论。”苏轼也对司马光说：“差役、免役，各有利害。要骤罢免役而行差役，怕不容易。”范纯仁也劝说“差役一事，尤当熟讲而缓行”。司马光一概不听，1086年3月，最终恢复了差役旧法。

在对西夏政策上，司马光也完全改变了王安石的抵抗主张。西夏统治者在宋哲宗继位后，派使臣勒索兰州、米脂等五寨。司马光一口应允，并指责不赞成的大臣，是“见小忘大，守近遗远”，说是“惜无用之地”，会造成“兵连不解”的后患。司马光甚至主动提出，要把熙河一带也一并奉送给西夏，由于遭到反对，未能实行。

在学术方面，司马光刚一执政，就破格起用“河南府处士”程颐为西京国子监教授，又擢任为崇政殿说书，为赵煦讲授儒学。起用程颐的诏令说：“孔子说举逸民，所以起用你，为洛阳人作个样式。”吕公著在处理政务时，遇到疑难，也向程颐请问。程颐特别强调从思想上对王安石的“新学”进行清除，说“介甫之学”是于“浮屠之术”（佛教）的大患，并说：“今天新法之害事处，但只消一日除了便没事；其学化革了人心，为害最甚。”新法罢废后，司马光又改科举考试法，立九经，依照旧注讲说，不准用王安石的经义。元佑二年（1087年）正月，高太后又采吕公著议，下诏：科举考试只许用“古今诸儒之说，不准引用申（不害）韩（非）”。这样，从政治措施到文化思想等方面，守旧派完全消除了王安石变法的成果，一切又回到了旧有的体制。

更为关键的是，“元佑更化”虽然纠正了熙丰变法中的部分弊病，却在北宋后期政治上留下了严重的后遗症。影响到宋朝其后的政治局势与历史走向。

3. 蜀、洛、朔党争，不见硝烟的战场

贵族阶级内部为各自的利益而暗地勾结争斗，就像一个不见硝烟的战场，最终酿成“朋党误国”的悲剧。

高太后垂帘听政时期，重用守旧派的官员，用来更改王安石变法的各项措施。经过元佑更化之后，变法派的力量在朝廷中可以说是销声匿迹了，守旧派的大臣也就掌握了朝廷的大权。这些反变法的大臣本来就有着不同的政治主张和政治利益，他们之所以能够在短时间里团结起来，只不过是因为有着一个共同的目的——反对王安石变法，将变法的各项措施废除。当这个目的已经完成了的时候，原先隐藏在暗处的矛盾便逐渐地暴露出来，有着相同政治主张和政治利益的官员组成自己的小集团，也即“朋党”，为了自己的利益，而不惜扭曲事实，颠倒是非。这样，在宋哲宗早期，朝廷里便出现了著名的“蜀洛朔党争”。

司马光去世后，保守派内部失去了协调和震撼不同政见的领袖人物，保守派的成员就逐渐地以地域为主分化为蜀、洛、朔三党。其中，蜀党以蜀学派的创始人苏轼为首，主要成员有苏辙和侍御史吕陶等人；洛党以理学派的创始人程颐为首，主要成员有朱广庭、贾易等人；以御史台官员结为朔党的人数是最多的，主要有刘挚、梁焘、王岩叟、刘安世等人。

最先爆发冲突的是程颐和苏轼。程颐由于司马光、吕公著的推荐，进为崇政殿说书，为 11 岁的哲宗皇帝讲经学。程颐为人迂腐刻板，不

懂得处理人际关系，对赵煦严加管教，甚至还进谏：要皇帝左右的宫人、内臣都选 45 岁以上厚重小心之人，伺候起居；皇帝动静都要让讲经的官员知道。程颐以老师自居，对赵煦正色训诫，又主张一切用古礼，中书舍人苏轼讥讽他不近人情。这样程颐和苏轼之间就结下了矛盾。

元佑元年九月，保守派首领司马光病逝，而此时，朝廷的大臣却在为皇上颁布大赦诏令而举行朝贺。很多官员准备在庆礼结束之后去司马光家吊唁。但是，程颐却又一次以道学自居，认为不可以去，并且引经据典地说："经书中是这样说的，孔子在一天里哭了就不会再歌。"当场就有人反驳说："孔子说是哭则不歌，但是没有说歌则不哭。"苏轼接过话头，冷笑地讽刺道："这个大概是枉死在西市上叔孙通制订的礼，而不是孔夫子的礼。"众人听后，无不大笑，程颐很下不来台，从此，两人的嫌隙更深了。程颐的学生右司谏贾易、右正言朱广庭就极力地寻找机会来弹劾苏轼，为老师报仇。

元佑元年十月，苏轼在为考试官职者所出的策问中，提出："古时，周公和太公治理齐国、鲁国，但是，后世还是难免衰亡，并且告诉子孙这些治理方式是不能原封不动地奉行。所以说，即使大圣大贤的治理之法，也是不免会有弊端的。"又说："我朝六圣（指的是宋太祖、宋太宗、宋真宗、宋仁宗、宋英宗、宋神宗）以来，虽然治理的方式各自不同，但是都可以同归于一个仁字。""如果现在还要效法仁祖的忠厚，则百官就有可能不再很好地履行他的职位，而至于敷衍了事；如果要是效法神考的励精，则百官就可能不能领会它的真实内涵，而使行政过于苛刻。"此话一出，立即被洛党人物抓住了。于是，朱广庭就攻击苏轼认为宋仁宗和宋神宗都不足以效法，是大不忠，随后又奏称苏轼曾经骂过司马光和程颐。但是在苏轼申辩之后，高太后没有治苏轼的罪。朔党的王岩叟等人，怕朱广庭因为此事被逐出朝廷，就上疏说苏轼虽然没有罪，但是也不是没有过，一时间此事成为了朝廷的重要议题。尽管吕公著等人企图平息争端，但是王岩叟、朱广庭等人却要争出个是非。苏轼在元佑二年正月的一天，再次阐述自己的意见："我经常的忧虑，非常害怕文武百官们会矫枉过正，而使神宗的励精图治，会逐渐地被破坏。担心数年之后，管理官吏的司法逐渐宽泛，理财的方法逐渐松弛，国防之事也会懈怠，当然还会有更多的忧虑，是无法表达的。"苏轼的这些阐述，实际上表达了对当前政治的不满。

当洛党人士贾易、朱光庭劾奏苏轼考试策问出题是讥讽仁宗和神宗的时候，蜀党人士也是不甘示弱，吕陶反攻贾易、朱光庭身为台谏官，不应假借事权报私仇。洛党贾易又劾奏吕陶与苏轼兄弟结党，并涉及文彦博、吕公著。高太后大怒，罢贾易谏官，出知怀州。御史胡宗愈、谏官孔文仲等劾奏程颐"汗下险巧，素无乡行，经筵陈说，僭横忘分"。八月，程颐罢崇政殿说书，出管西京国子监。

公元 1089 年，因为贬蔡确之事，三党之间又起纷争。蔡确在安州赋诗十章，被保守派指为讥讽高太后。高太后大怒，重罪将其贬谪新州。左相范纯仁向高太后建言，"不可以语言文字之间，暧昧不明之过，窜诛大臣"。蔡确被贬后，吕大防以为蔡确党盛，不可不治。谏官刘安世、吴安诗等因奏范纯仁也是蔡确一党，罢相出知颍昌。公元 1090 年，文彦博年老告退，吕大防为左相，朔党刘挚为门下侍郎，次年进为右相，但是两人又不和。御史杨畏依附吕大防，劾奏刘挚，刘挚被罢相，知郑州。朱光庭为刘挚辩解，也罢给事中，出知亳州。

就这样，保守派官员结为朋党，相互攻击，陷入一片混斗之中，"朋党之争"非但没有什么政绩可言，反而使当时的政治变得极其复杂，政治的内耗削弱了北宋的实力，为北宋王朝走向没落敲响了警钟。

4. 影子皇帝的复仇始末

哲宗赵煦在高太后的影子下生活了18年，他亲政后，努力摆脱高太后的阴影，施展自己的抱负。他对元佑大臣的憎恨之心也开始付诸于行动。然而他在复仇的同时，却使家族统治走向了歧途。

元佑八年九月，垂帘听政长达十年之久的高太后终于撒下手中的权力归天了。但是，她在临终之际还对赵煦说："先帝后悔变法，为此甚至流出了眼泪，这件事情我是非常清楚的。老身死后，一定会有很多的人蛊惑皇帝，你一定不要听他们的。"同年十月，18岁的赵煦开始了亲政。

赵煦亲政之后，翰林学士范祖禹连上几道奏折，请求皇帝能够坚持元佑时期的政策。但是，赵煦连理都不理，并且不顾元佑大臣的阻止，提拔了原先伺候他的几个宦官。正当赵煦为朝廷缺少和他意志相投的大臣而苦恼时，吏部侍郎杨畏上书说："神宗更法立制以垂万世，希望能研究新法来继承。"于是，赵煦召见杨畏，问他先朝旧臣谁可以起用，杨畏就举荐章惇、安焘、吕惠卿、邓润甫等人，并且讲了宋神宗建立新政的本意和王安石变法的益处。赵煦很是信服，当下就任命章惇为资政殿学士、吕惠卿为中大夫、李清臣为中书侍郎、邓润甫为上书右丞。

三月，考试进士策问，李清臣出题，大致问的是元佑更化之举为何产生了种种弊端。苏辙上疏攻击，认为已经推行了九年的政治不可轻易地更改，赵煦大怒，罢苏辙门下侍郎，出知汝州。进士由杨畏复考，结果，原先列为上等的支持元佑政治的考生全部降为下等，而主张熙宁、元丰变法的则擢居前列。从此，继述神宗新法的舆论传播开了。

不久，赵煦就将元佑九年改为绍圣元年，正式打出了继承宋神宗事业的旗号，从此国事大变。十几日间，变法派分子很快回到了朝廷。范祖禹由于反对用章惇，被罢免翰林学士职，右相范纯仁辞官出知颍昌。章悼为相，蔡卞、蔡京、林希、黄履、来之劭等都入朝任要职。吕惠卿知大名府，又转知延安府备西夏。变法派在哲宗赵煦的支持下，再度掌握政权，展开对保守派的反击。

公元 1094 年 7 月，御史中丞黄履、张商英、来之劭等上疏，论司马光擅自更改先朝之法，实属叛道逆理，罪名昭著。于是，赵煦就追夺司马光、吕公著死后所赠谥号，毁坏了为他们立的碑；而同属保守派的吕大防、刘挚、苏辙、梁焘等人也被贬官。随后，赵煦下诏：“大臣朋党司马光以下，各以轻重议罪，布告天下。”章惇列举了文彦博以下三十人，揭榜朝堂。次年 8 月，赵煦又下诏：吕大防等永远不得任用及恩赦。范纯仁上疏，请将吕大防等原放，赵煦非常生气，范纯仁因此落职，徙知随州。

1097 年，赵煦再次追贬司马光、吕公著及王岩叟等已死诸官。吕大防、刘挚、苏辙、梁焘、范纯仁等流放到岭南，文彦博由太师贬为太子少保。

元佑时史官范祖禹、黄庭坚等修神宗实录，有意地篡改事实，随意地诋毁新法。赵煦命蔡卞（是王安石的女婿）重修神宗实录。蔡卞依据王安石的《日录》和有关纪录核对，查出篡改诬陷事迹。范祖禹、黄庭坚因此降官，遣外州安置。

以章惇为首的变法派再度执政后，在排挤保守派的同时，逐步恢复新法。公元 1094 年 4 月，依据神宗元丰八年条例，恢复了免役法，并改定免役法剩钱不得超过一分（元丰时限二分）。公元1095年，恢复青苗法，董遵等大臣建议，青苗禁止胡乱的摊派，只收一分息。公元1097年，恢复置市易务，用现钱交易，收息不过二分，不许赊欠；同时复行保甲法。公元1098年，章惇主持编定常平免役敕令成书，颁行全国。大抵在此几年间，新法只是恢复到王安石罢相后元丰时的状况。变法派虽然再起，但并没有能够朝着打击大地主、大商人的方向再向前进。而且免役法恢复时，规定各地豪强地主大户出免役钱在一百贯以上者，每一百贯减三分。像这样的变动，便对大地主有利了。

就像保守派一样，当共同的政敌没有了的时候，变法派内部也出现了分裂。宰相章惇原先主张将文彦博以下三十人都流放到岭外，但中书侍郎李清臣对此却持异议，以为流放累朝元老，将使舆论震动，不利于朝廷和社会的安定。赵煦采纳了李清臣的建议，重罪数人，其余不再问罪。这样，章悖和李清臣就开始不和。

公元1097年，李清臣被弹劾，出知河南府。此外，张商英与来之劭也不和，开封府官说张商英曾派人谋害来之劭，张商英因此贬官外出。杨畏在元丰时是变法派，元佑时曾一度依附吕大防，高太后死，他最先主张复新法。右正言孙谔说杨畏是“杨三变”，杨畏因此落职。孙谔论免役法，主张兼采元丰、元佑时期的政策。蔡京说孙谔想要给元佑大臣申辩，孙谔又因此罢职。

曾布在王安石初次罢相时，即上疏攻击市易，与吕惠卿、章悖分裂。公元1094年6月，曾布被任为同知枢密院事后，向赵煦攻击吕惠卿，说吕惠卿不能在朝，吕惠卿因此始终任外官。曾布又攻击章惇引用小人，“专恣弄权，日甚一日”，并攻击章惇任用吕升卿、周秩、林希等变法派。

公元1099年，曾布更进而指责章惇、蔡京对元佑党人处理过分，是“报私怨”。曾布在哲宗朝虽属变法派，却反复无常，恶意攻讦朝廷众臣，所起的破坏作用，是极为严重的。变法派再起，势力本来就薄弱，内部一分裂，势力就更加削弱了。所以，这个时期的变法派并没有真正起到对宋朝有利的作用。

高太后听政时，一手包揽政务，赵煦备受冷落，形同影子。赵煦亲政后，努力摆脱高太后的阴影，施展自己的抱负，却在25岁时早逝，留下了许多遗憾。哲宗赵煦在位只有16年时间，但这短短的16年，却使北宋党争达到了最激烈最残酷的极点，无论是元佑更化，还是绍圣亲政，从神宗时起就支持变法和反对变法的大臣们互相攻击，甚至将普通的政见之争上升为意气之争，从而使北宋的政治走入了歧途，于国无益，于民无益，为后世所鉴。

5. 哲宗孟皇后的悲喜一生

封建家族的婚姻向来离不开利益的支撑，拥有至高无上权力的皇帝的婚姻更是如此。赵煦与孟皇后的婚姻由高太后一手包办，夫妻关系可想而知。孟皇后的悲喜两重天，实际上是不同政权利益争斗的牺牲者和受益者的遭遇。

册立哲宗孟皇后，是高太后与元佑大臣们综合各方面的因素、反复权衡后的结果。孟氏端庄幽娴、性情温和，颇得高太后和向太后的喜爱，两人还亲自教她宫中礼仪，甚至连倒着走、侧着走都手把手教她。而孟皇后侍奉高太后与向太后周到备至，且能友好地对待其他嫔妃，对宫女也十分关心和照顾，所以，孟皇后受到了皇宫上下一致的尊敬和爱戴。

赵煦与孟皇后的婚姻是高太后一手包办的，因此，两人的关系一直不太融洽，后来赵煦另有所爱，与孟皇后就更加疏远了。赵煦宠爱的是一个姓刘的御侍宫女，此女姿色超群，明艳冠于后宫，并且能诗善文，才艺出众，整天在赵煦身边侍候起居，奉承备至，遂得专房之宠。刘氏得宠，少不了有些趋炎附势的朝廷大臣前来拍马，蔡京就是其中之一。宦官郝随也成了刘氏的心腹。刘氏恃宠成骄，连皇后也不放在眼里，但性情温柔的孟皇后从不与她计较。

恰在这时，福庆公主生起病来，孟皇后的姐姐颇懂医道，她给公主连用几药，均不见起色，一急之下便拿来了道士的治病符水。孟皇后吃惊地说："姐姐不知道宫中禁严，与外面不同吗？"连忙命人收藏起来。等赵煦来后，孟皇后向他详细解释了事情的原委，赵煦说："这也是人之常情，不必大惊小怪。"孟皇后当着赵煦的面把符子烧掉，认为不会有何后患。哪知绍圣三年（1096 年）九月，赵煦却以这件事为借口，将孟皇后打入冷宫。

孟皇后被废，看似由妖魅之术所致，实质上与哲宗赵煦亲政后的"绍述政治"有关。哲宗绍述初年，力逐元佑旧党，早已郁结于心的对高太后的愤怒情绪也顿时爆发。孟皇后母仪天下，虽为国人景仰，但她是高太后所立，颇为高太后喜欢，日后若涉及政治，难免会导致元佑旧党势力卷土重来。而赵煦本来就不满这桩婚姻，且又在"绍述"时期，凡是与高太后有关的事情都有可能触发赵煦对祖母不满的那根神经，这样，孟皇后就很不幸地成为了政治的牺牲品。

孟皇后被废，不少大臣上书劝谏，因为此时高太后虽死，但影响仍在。大臣陈次升直言断案不公，恐为天下讥笑。甚至连董敦逸也说孟皇后的案子有内情，惹得赵煦怒不可遏，要贬董敦逸的官，经曾布劝阻才作罢。

元符二年（1099 年）八月，刘氏生子，赵煦大喜过望，即在九月诏立刘氏为皇后。岂料乐极生悲，皇子赵茂刚出生两个月就不幸夭折了，赵煦遭此打击，悲痛万分，竟也生起病来。多方医治无效，元符三年（1100 年）正月初八，赵煦驾崩于福宁殿，终年 25 岁，葬于永泰陵。其弟端王赵佶继位，是为宋徽宗。

徽宗即位后，神宗向皇后垂帘。向太后在政治上是追随高太后的，她起用了一些元佑大臣，并恢复了孟皇后的名分，称她为元佑皇后。

徽宗亲政后，改元崇宁，表示尊崇神宗，并提拔了善于钻营的蔡京。蔡京在郝随的建议下又废了孟皇后，甚至还进一步加以迫害，规定孟皇后死后不能列入赵宋宗庙祭祀。同时，蔡京等人又趁机对元佑势力进行了空前规模的清算和根除，这场残酷的党争直到崇宁三年（1104 年）

的“元佑奸党碑”树立才算划上一个句号。

孟皇后在瑶华宫中度过了冷寂的20余年岁月后，再次被推向了政治的前台。靖康二年（1127年），金兵攻占汴京，掳走徽、钦二帝及宗室大臣和后宫嫔妃。孟皇后因为是先朝废后，被留了下来。金人扶持张邦昌本人的伪政权来统治占领地区，当时，徽宗之子康王赵构正以天下兵马大元帅的身份在外抗金。金人北撤后，张氏政权中的宋朝大臣们对张邦昌施加压力，认为“大元帅在外，元佑皇后在内，此为天意”。张邦昌本人也知道自己难得民心，便请孟皇后接受百官朝拜，称她为宋太后，请她垂帘听政，表示还政于赵宋皇室。

孟皇后执政后，以皇太后的身份册立赵构为帝。建炎元年（1127年）五月，赵构即位，即宋高宗，孟皇后撤帘。从靖康之难到高宗即位，孟皇后实际上已被视为宋朝君权的象征，她的存在及她的垂帘，在一定程度上减少了从北宋到南宋过渡的阻力。

建炎三年三月，将领苗傅和刘正彦不满高宗赵构消极抗金，发动兵变，要求高宗让位给皇子赵旉，由孟皇后垂帘听政。危急中，孟皇后再次垂帘。她一边对苗、刘二人“曲加慰抚”，稳住叛兵，一边与大臣商议联络在外的韩世忠等人平叛。苗、刘兵变平定后，孟皇后还政高宗。

孟皇后在兵变中沉着冷静，不仅再次保住了赵宋的江山，也为自己赢得了稳固的政治地位。高宗赵构也充分认识到了孟皇后在朝政中的政治地位和号召力，因此，在后来的岁月中，他一直十分尊重孟皇后。据记载，高宗“事太后极孝，虽帏帐皆亲视：或得时果，必先献太后，然后敢尝”。由于当时钦宗尚在人世，高宗帝位的合法性便被人用来作文章。大臣范焘与孟皇后侄子孟忠厚有过节，曾诬陷孟皇后密养钦宗子，于高宗不利，高宗却说：“朕于太后如母子，安得有此？”便将范焘治罪。孟皇后患风疾，高宗旦暮不离左右，侍候得非常周到。

绍兴五年（1135年）四月，伴随着哲、徽两朝党争而浮沉一生的孟皇后去世，她的神主牌位不仅放在赵煦祀室中，还居于刘皇后之上。

早在元佑七年册立孟皇后时，高太后虽然对自己操办的婚事很满意，但却叹息：皇后贤淑，可惜福薄，将来国家有事，她怕是要担当其祸的。高太后的这些话后来果然应验。而孟皇后被打入冷宫数十年，其精神和肉体承受的痛苦可想而知，但却因此未被金人掳走，应该是不幸中的大幸。此后，孟皇后虽经历磨难，却得以安享晚年，寿终正寝，这似乎与赵煦之短命形成了鲜明对比。

第七章　任人宰割　徽宗赵佶、钦宗赵桓

赵佶(1082—1135 年)，公元 1100—1125 年在位。赵佶为神宗赵顼第十一子，哲宗赵煦之弟，母为钦慈皇后陈氏。谥号“圣文仁德显孝皇帝”，庙号“徽宗”。

赵桓（1100—1156 年），公元 1125—1127 年在位。赵桓为徽宗赵佶长子，史称钦宗。

宋徽宗任用奸臣，骄奢淫逸，崇信道教，大肆搜刮民财，是北宋最荒淫腐朽的皇帝。但他能书善画，书法称“瘦金体”，画作也达到了极高造诣。公元 1125 年，金军南下，宋徽宗慌忙传位于其长子钦宗赵桓。公元 1127 年，金军再次南下，徽、钦二宗一起被金军掳走。徽、钦两朝，是北宋王朝的最后时期，在此期间，北宋的经济、文化继续向前发展。但政治上却由于徽、钦二帝的昏庸无能而更趋腐败。政治的黑暗导致人们纷纷起义，大大动摇了北宋王朝的统治，再加上长期积贫积弱，宋王朝在金兵的铁蹄之下最终灭亡，结束了 167 年的统治。

1. 浪子当朝：从建中到崇宁的执政过程

赵佶虽然不是白痴，也不是暴君，而且昙花一现的建中初政也还“粲然可观”，但最终却走向了“国破身辱”的惨境。赵氏政权在他的晚年处在了将亡未亡的临界线上。

元符三年正月，宋哲宗赵煦去世，没有儿子，继立储君就成了大事。神宗健在的五子依次是申王赵佖、端王赵佶、莘王赵俣、简王赵似、睦王赵偲。

端王赵佶对向太后极其敬重孝顺，每天都到向太后居住的慈德宫问安起居。因他聪明伶俐、孝顺有礼，所以向太后对他钟爱的程度远远超过了其他诸王，在哲宗赵煦病重期间，向太后对将来立谁为帝的问题早就胸有成竹了。

向太后向来淡泊政事，哲宗去世后却心有成算地召诸王入宫，问章惇等大臣说：“先帝无子，应当立谁？”章惇提出应立哲宗同母弟简王。向太后不同意，她强调自己没有儿子，所有的皇子都是神宗的庶子，不应再有区别，简王乃神宗第十三子，断无僭越诸兄的道理。章惇改口说：“若以长幼，应立申王。”申王有眼疾，一目不明，向太后据此表示反对，认为端王最合适。章惇认为端王轻佻，不宜君天下。向太后强调先帝的遗言就是让端王即位，曾布也出面指斥章惇，支持向太后。于是，端王赵佶继位，史称宋徽宗。

徽宗赵佶周岁之时，就被授为镇宁军节度使，封宁国公。哲宗即位，赵佶进封为遂宁郡王，绍圣三年（1096 年），以平江、镇江军节度使封端王，并开始出宫就学。有宋一代，宗室亲王日常学习的主要内容是儒家经典、史籍，但赵佶对这些不太感兴趣，倒对笔砚、丹青、骑马、射箭、蹴鞠，甚至豢养禽兽、侍弄花草怀有浓厚的兴趣，尤其是在书画方面，显露出了卓越的天赋。

赵佶天资甚高，性格却轻佻放浪。他的密友王诜可以说与他趣味相投。王诜字晋卿，是英宗和高太后的女儿魏国大长公主的驸马，按辈份是赵佶的亲姑夫。此人放荡好色，行为极不检点，公主得重病，他竟当着公主的面和小妾胡来，气得神宗曾两次将他贬官。像这样一个人，赵佶却同他打得火热。一天，王诜派手下人高俅给赵佶送篦，正赶上赵佶在园中踢蹴鞠，高俅在旁候报之时，连声喝彩，赵佶招呼他对踢，高俅便使出浑身解数，卖弄本事。赵佶大喜，即刻吩咐仆人："去向王都尉传话，就说我把篦子和送篦子的人一同留下了。"从此赵佶对高俅日见亲信，颇加重用。

赵佶继位后，章惇等老臣认为这位轻佻浮浪的新皇帝未必可靠，就奏请向太后"权同处分军国事"。赵佶对向太后立己本来就感激不尽，此时也哭拜乞请，向太后只好答应听政。

赵佶对向太后的部署言听计从，这不仅出于他对向太后的感激，更重要的是他需要取得各政治派别的广泛支持，以稳固自己的地位。与真宗刘皇后、英宗高皇后不同，向太后对权力并不感兴趣，元符三年（1100 年）七月就还政引退了。

赵佶则继续调和改革、保守两派的关系，并改元建中靖国，意思是要"中和立政""调一天下"。同时，为了改变自己轻佻浮浪的名声，他在生活方面也做了些尚俭戒奢的姿态，他退还百姓王怀献给他的玉器，还赶跑了自己在内苑豢养的珍禽异兽。元符三年三月，赵佶还因即将出现日食下诏求直言，表示要虚心纳谏，俨然一副励精图治的样子。

建中靖国元年（1101 年）正月，向太后死后，赵佶的"绍述"（指改革派）意向更加明朗。不久，大奸臣蔡京被召回朝廷，担任翰林学士承旨。蔡京首先建议，重修神宗朝的历史，为变法张本；恢复绍圣年间根究元佑大臣罪状的安惇、蹇序辰的名誉，为绍述翻案。公元1102年，赵佶改元“崇宁”，即崇尚熙宁之意，正式打出了绍述的招牌。不久，韩忠彦罢相，曾布也被蔡京排挤出朝。同年七月，赵佶任命蔡京为宰相。

赵佶衡量官员好坏的准则只有一条，就是看他的言行是否顺承符合自己的意旨。不过他也曾对手下人的忠心有过例外的理解。大观元年（1107年），赵水使者赵霖从黄河中捕得一只长有两个头的乌龟，献给宋徽宗说是祥瑞之物。蔡京说：“这就是齐小白所说的‘象罔’，见之可以成就霸业。”资政殿学士郑居中唱反调说：“头岂能有二！别人看了都觉害怕，只有蔡京称庆，其心真不可测！”赵佶命人将龟抛弃，说是“居中爱我”，遂提拔郑居中为同知枢密院事。然而，毕竟还是好话听起来顺耳，蔡京就因为会说好话，会顺着赵佶的意愿办事，得到了赵佶的格外宠信。赵佶在位26年，蔡京任相就有24年，中间虽曾三次被罢，但旋罢即复，表明赵佶离不开蔡京这个马屁精。

赵佶倚为股肱的童贯、蔡京、王黼、朱勔、梁师成等人，无一不是极善谀媚的奸佞之徒。但赵佶是个昏而不庸的皇帝，他虽然宠信奸臣，最高决策权却一直牢牢控制在自己手中。在中央集权方面，他确实继承并极度扩大了神宗皇帝管理朝政的一些办法，最突出的就是，天下之事无论巨细，全得秉承他的“御笔手诏”处理。原先负责讨论、起草诏令的中书门下、翰林学士被他一脚踢开。蔡京等贵戚近臣要想办什么事情或干求恩泽，也全得先请赵佶亲笔书写，然后才颁布执行。有时赵佶自己忙不过来，就让宦官杨球代笔，号曰“书杨”。对“御笔手诏”，百官有司必须无条件地执行，否则便是“违制”，要受到严惩。政和（1111—1118年）以后，就连皇宫大内的事务赵信也要亲自过问，他还经常像太祖皇帝一样骑马到各司务巡视。

《宋史·徽宗纪》说，徽宗既不是晋惠帝那样的白痴，也不是孙皓那样的暴君，最终导致“国破身辱”，是其将“私智小慧，用心一偏，疏斥正士，狎近奸谀”。确实，蔡京等奸佞之臣即使为非作歹，但势力并没有盘根错节到足以挟制君权的地步。仍不时有正直的台谏官弹劾他们，徽宗也还没有完全丧失刷新政局的权威，他多次将蔡京罢相就是明证。

宋徽宗赵佶在位期间，除去昙花一现的建中初政还“粲然可观”外，其余二十多年是北宋政治史上最污浊黑暗的年代。后世学者王夫之在《宋论》里这样评述：“君不似人之君，相不似君之相，垂老之童心，冶游之浪子，拥离散之人心以当大变，无一而非必亡之势。”此言可谓中肯。

2. 雅好艺术，崇信道教

一个才华横溢的君主，却没有打理家族的抱负，反而把家族带入道士的仙游世界，是多么荒唐的现象。

徽宗虽说在政治上昏庸无能，但却是中国古代帝王中最富艺术气质而才华横溢的皇帝，他涉猎广泛，琴棋书画、诗词歌赋无一不精，在书画方面的造诣更是无与伦比。史称徽宗“能书擅画，名重当朝”，评价之高，不难想见。

徽宗天资聪明，从小就对书画情有独钟，到十六七岁时，已经成为了当时知名度极高的艺术家。即位前，徽宗经常和驸马都尉王诜、宗室赵大年以及名士黄庭坚、吴元瑜等人交往。这些人都是当时颇有成就的书画高手，对徽宗的艺术修养产生了重要影响。

“太平无事多欢乐”，这是赵佶的人生哲学。再加上蔡京、蔡攸父子俩，一个说“陛下当享天下之奉”，一个说“皇帝应当以四海为家，太平为娱。岁月蹉跎，韶华易失，何苦操劳忧勤，自寻烦恼”，赵佶更觉得应该及时行乐的好。

赵佶执政以后，不仅大兴土木，而且还净搜天下珍奇好玩。他曾派童贯在苏杭设置造作局，役使数千工匠，制作象牙、犀角、金银、玉器、藤竹、织绣等物，无不备极工妙，曲尽其巧。除此之外，前代的书法精品、名画、彝器、砚墨，赵佶全都想法不惜重金弄到手上。他所收藏的古代钟鼎礼器有一万余件，且全都是商周秦汉之物。赵佶擅长书画，砚墨自然是少不了的。在他贮藏文房四宝的大砚库中，光端砚就有三千余只，由著名墨工张滋制的墨不下十万斤。他多方收集历代名书佳画，临摹不辍，技艺大进，成为当之无愧的画坛巨匠。赵佶的绘画注重写生，以精致、逼真著称，观察生活细致入微，尤精于花鸟。宋人邓椿在《画继》中称赞他的画“冠绝古今之美”，这种看法是客观公允的。

和一般附庸风雅、徒有虚名的收藏家不同，赵佶倒是很能对古书画、古彝器潜心研究一番的。为了便于保存，他把收集到手的书法名画大都重新装裱，并亲自题写标签。他在装裱书画时讲究一定格式，后世称为“宣和装”，至今还可见到。他命人将历代著名书法家、画家的资料加以记录整理，并附上宫中所藏的名家作品的目录，编成《宣和书谱》和《宣和画谱》，为后世留下了美术史研究的珍贵史籍。赵佶还对所藏古彝器进行考证、鉴定，亲自编撰了《宣和殿博古图》。这些书籍对丰富中国绘画理论和保存中国传统文化具有不可估量的意义。

中国历代帝王中，嗜好收藏书画并参与创作者不乏其人，但还没有人像赵佶那样将个人对艺术的追求如此广泛而深入地融入全社会的文化生活中。南宋第一位皇帝高宗赵构，在治国理政上没有多少令人称道之处，但也许是受父亲赵佶的影响，从小便酷爱书法，最终也成为宋代杰出的书法家。像赵佶、赵构这样的父子皆为皇帝、大书法家的，在中国乃至世界历史上，恐怕也是寥若晨星。因此，徽宗治国固然不得要领，甚至一无是处，但从文化史的角度来说，他在中国书法和绘画史上都享有无可争辩的崇高地位。

赵佶还十分迷信道教，因此，一些能“呼风唤雨”“先知先觉”的“活神仙”先后出场。先是王老先，接下来是大名鼎鼎的林灵素。赵佶一见林灵素，不知为何竟觉得十分面熟，像在哪儿见过似的。林灵素趁机信口胡诌，说皇上和他自己原本就是天上的神仙，所以面熟；赵佶宠爱的小刘贵妃也是九华玉真安妃下凡。赵佶一听此说，怎能不喜？遂封林灵素为“通真达灵先生”，对其厚加赏赐。

政和七年（1117 年），赵佶执导的崇道之戏演到了高潮。他先和林灵素商量编出了清华帝君白昼显灵于宣和殿、火龙神剑夜间降临内宫的故事，编造出了所谓的帝诰、天书、云篆等物，诏示百官，刻石立碑，以记其事。还集合道士二千余人在上清宝和阳宫由林灵素讲述帝君显灵的过程。接着，定期在上清宝和阳宫举办大规模的斋醮，谓之“千道会”。

同年四月，赵佶向道录院发了一道密诏：“册立朕为教主道君皇帝”。于是，群臣和道录院遂遵诏上表册立赵佶为“教主道君皇帝”。蔡京、童贯等朝廷大臣也都兼任了道教官职。就连朝廷要提拔某个官员，也得先由算卦的道士推算他的五行休咎，然后再正式任命。一时之间，朝野上下，乌烟瘴气，鬼影幢幢，几乎成了道士的仙游世界。

3. 粉饰太平，镇压起义

粉饰太平的政客，为世人所不齿。赵佶领导的家族政权统治，不再以天下百姓的利益为根本，导致了农民起义的爆发，北宋政权也因此陷入了风雨飘摇之中。

赵佶虽然沉湎于奢侈放浪，却不忘把自己的统治美化成一个“四方同奏升平曲，天下都无叹息声”的太平盛世。制礼乐，成了他一个亟待完成的心愿。

于是，赵佶到处访求所谓知音之士。不久，一个年逾90岁的老道士混到了赵佶身边。这位“知音之士”名叫魏汉津，自称曾拜唐代仙人李良为师，学习鼎乐之法。他向赵佶吹嘘伏羲、女娲、黄帝、大禹制乐的故事，说他们以声为律，以身为度（即以手指的长短定音阶的高低）的圣制，本应为后世继承，可惜全被秦始皇一把火烧掉了，以致后来的乐礼一塌糊涂，他请求赵佶像这些先圣一样用自己的中指、食指、小拇指为准则，铸造钟鼎，均绞裁管，制一代之乐，定万世之音。

魏汉津的话比任何旋律都动听，他的意见很快付诸实施。铸成帝鼐、景钟后，赵佶赐新乐名为“大晟乐”，谓之雅乐，颁于天下。赵佶召集文武百官在崇政殿先听为快，因他的手指比一般人稍长，《大晟乐》的音调也制得格外高亢。阵阵雅乐响彻云霄，直听得赵佶天颜和豫，心潮澎湃，百官也跟着高呼万岁，以为雅正之声被于四海，从此，天下可以歌舞升平了。

赵佶敕令在京师建造“居养院”，赡养鳏寡孤独的老人。各地州县设置“安济坊”“漏泽园”，前者抚养贫病不能自理的百姓，后者乃是收埋贫穷以及客死无以为葬者的坟场。朝廷还把共办这些善举的勤懒作为衡量地方官政绩优劣的标准。政和间，赵佶又派人在上清宝箓宫前建了两个亭子，一个叫“仁济亭”，专门布施药材给人治病；一个叫“辅正亭”，专门供应符水以驱除邪鬼。并且还诏令四海搜求灵丹妙方供这两处使用。赵佶说：“朕要拿出天子服御的东西来周济百姓。”他认为天下百姓在他这个仁义天子的恩泽下，都在和他一起享受太平之乐。

熙宁、元丰年间积攒在国库里的那些“和足以备礼，富足以广乐”的资财，很快就被挥霍得一干二净了，以致赵佶即位不几年，财政上就出现了严重的赤字，全年的赋税总收入仅够应付八九个月的支出。入不敷出的情况虽然如此严重，赵佶所想的仍然只是如何有更多的资财供他挥霍。蔡京说得好，惜财省费，那是前朝小家子气的陋举，圣明的帝王是不会在乎这个的。

于是，赵佶发布了一道命令，说在丰亨豫大极盛之时，群臣不得提什么裁损开支的任何意见，否则重罚不贷！这条禁令在朝堂上张贴，在尚书省刻石立碑，以作警戒之用。淮南转运使张根，因为说了句花石纲重费民力希望节用的话，赵佶就说他“轻躁妄言”，立即将他贬官罢职。蔡京让其故吏魏伯榴把榷场货务公款数百万缗进献给赵佶，高兴得赵佶逢人就说：“这是蔡太师给朕的俸禄。”蔡京的亲家胡师文任江淮发运使，把收购漕粮的数百万贯本钱进贡给赵佶，转眼就当上了户部侍郎。河北都转运使梁子美花300万贯公款，从辽国买来女真地方产的北珠献给赵佶，先升任户部尚书后，不久又当上了尚书右丞。

赵佶为了填满自己无穷尽的欲壑，挖空心思地寻找生财之道。他曾多次铸造大面值的当五、当十大钱；把茶税定额提高了好几倍；把原先由政府出钱征购的绢帛、谷物也改为无偿的榨取。王安石变法的一些措施，这时完全变成了赵佶疯狂剥削的手段。

在如此黑暗腐朽的统治与沉重残酷的剥削下，一方面是粉饰太平的鬼戏甚嚣尘上，另一方面阶级矛盾也激化到了极其尖锐的地步。人民喊出“打破筒（童贯），泼了菜（蔡京），便是人间好世界”的呼声，强烈要求打倒宋徽宗赵佶及其所任奸臣的统治。从大观二年（1108 年）起，农民的反抗斗争就接连不断，到宣和二三年（1120—1121 年）间，方腊、宋江起义终于在两浙、黄淮地区爆发了。起义的消息传到汴京，赵佶惊恐万状，忙派童贯前去镇压。赵佶亲自为童贯饯行，说：“东南之事，全都托付给你了，若有紧急，可以直接用御笔处理。”

童贯一到江南，就命部属董耘草拟“手诏”，称作“御笔”。说什么收买花石，都是预先从御前支取钱款，按私价“和买”的，而且，皇上还一再强调不准强行掠夺，只因下面的官吏贪赃枉法，不照皇上的旨意办事，才引起了骚扰。这样，他把赵佶的罪责推得一干二净。

赵佶因为迫于形势，不得不故作姿态暂时撤销应奉局，罢除花石纲，还罢免了朱勔等人的官职。但是，方腊起义刚被镇压一个多月，赵佶就又迫不及待地恢复了应奉局，由王黼和梁师成主管其事，朱勔也重新被起用。宋徽宗赵佶虽然侥幸没有葬身于农民起义的烈火，但迎接他的却是王国颠覆的命运。

4. “光复”燕云：长久的梦想与短暂的辉煌

光复燕云，是赵氏家族一直以来的梦想，恢复燕云十六州的夙愿一直没有放弃过。赵佶好大喜功，更想完成祖宗未竟之业，以建立“不朽功勋”。在对金国屈膝让步的基础上，他收复了燕云地区的七座城池，却让金政权看到了一个软弱的宋朝。

公元1115年，已经强大起来的女真族建立了金国，并且开始攻打辽国。这时，辽国国力已经衰退，根本招驾不住女真族的进攻，眼看就要亡国。在这种情况下，宋徽宗赵佶决定乘虚而入，联金攻辽，收复燕云十六州。

燕云十六州一直都是兵家必争之地，因为该地区是整个中原的门户。但是，自从石敬瑭献出燕云十六州换取后晋皇帝宝座以来，中原地区便实际上门户大开，丧失了所有军事与战略上的主动权。因此，赵宋立国以来，便一直图谋收复燕云十六州。从宋太宗两次出兵失败以后，北宋虽与辽议和，可恢复燕云十六州的夙愿一直没有放弃。纵使到了宋徽宗时期，朝廷的国力已经非常的衰弱，仍然不计后果地要求光复燕云。

蔡京、童贯等人在把国内搞得混乱无比之时，又极力怂恿徽宗收复燕云十六州。

早在政和元年（1111年）九月，赵佶就派童贯出使辽国以窥探虚实。童贯途经燕京时，结识了燕人马植。此人品行恶劣，但他声称有灭辽的良策，遂深得童贯器重。童贯将马植带回汴京，改其姓名为李良嗣。在童贯的举荐下，李良嗣向赵佶全面介绍了辽国的危机和金国的崛起，建议宋金联合灭辽。在李良嗣看来，辽朝肯定会灭亡，宋朝应该抓住这千载难逢的良机，出兵收复中原王朝以前丧失的疆土。赵佶大喜，当即赐李良嗣国姓赵，并授以官职。

赵佶虚荣心极强。如果侥幸灭辽，列祖列宗梦寐以求的燕云之地不就可以收复了吗？这样，他就是彪炳千秋的一代明君了。于是，赵佶决定乘虚而入，联合金国攻打辽国，然后收复燕云十六州。

对赵佶这种投机取巧的愚蠢做法，朝廷内外许多有见识的大臣都不以为然，只有童贯、王黼、蔡攸等一帮奸臣异想天开，竭力支持。

宣和元年（1118年）春天，赵佶派遣马政等人自登州渡海至金，策划灭辽之事。随后，金也派使者到宋，研究攻辽之事，双方展开了秘密外交。几经往返之后，双方就共同出兵攻辽基本达成一致：金国负责攻取辽国的中京大定府，北宋负责攻取辽国的燕京析津府和西京大同府，灭辽后，燕云之地归宋，宋把过去每年给让的岁币如数转给金国。这就是历史上有名的宋金“海上之盟”。当这样一项不平等的协议签订了，一个王朝的背影就远去了。

之后不久，赵佶得知辽朝已经获悉宋金盟约之事，非常后悔，担心遭到辽的报复，便下令扣留金朝使者，迟迟不履行协议出兵攻辽，为后来金国毁约败盟留下了把柄。在此期间，金军以摧枯拉朽之势接连攻下辽朝的中京、西京，辽末帝天祚帝也逃入山野，辽朝的败亡已成定局。在这种形势下，赵佶才匆忙命童贯带领15万大军，以巡边为名向燕京进发，打算坐收渔翁之利。但这批人马一到燕京，便遭到辽将耶律大石所部袭击，大败而归。

宣和四年（1122年）六月，辽燕王耶律淳去世，赵佶见有机可乘，再次命童贯与蔡京的儿子蔡攸出兵。此时，辽涿州知州郭药师归降宋朝，打开了宋军通向燕京之路。虽然宋军一度攻入燕京城，与辽军展开肉搏战，但因后援未至，被迫撤退。赵佶亲自部署的第二次攻燕之役又以惨败告终。

童贯压住战败的消息不发回朝廷，而是秘密派人到金营请求出兵攻打幽州。金兵出战攻下幽州后，赵佶就派人向金国索要燕云十六州。金太祖看到宋朝没有一点战功，且国家衰弱，打心眼里瞧不起赵佶，于是，准备南下攻宋。只是由于攻辽战争耗时日久，金国损伤也很大，所以，只好暂时将燕云数州还给宋朝，但是向宋朝提出收取幽云每年的租税100万贯的条件，赵佶竟然不顾羞耻地同意了。从此，金国得到宋朝每年进贡的大量钱财，国力更加强大起来。

赵佶在每年向金朝大量纳贡交租的情况下，终于“收复”了燕云地区的七座城池，虽然这样的“收复”是建立在对金国屈膝让步的基础上的。收复燕云后，赵佶十分得意，自以为建立了不世之功，宣布大赦天下，命王安中作“复燕云碑”树立在延寿寺中以纪念这一功业，并对参与此次战争的一帮宠臣加官晋爵。朝廷上下都沉浸于胜利喜悦之中，殊不知亡国的阴影已经笼罩在宋朝的上空了。

5. 被迫禅位，异邦偷生

在赵氏家族利益受到其他家族侵犯的时候，宋徽宗赵佶竟然临危禅让，把紧张的局势留给儿子收拾。宋徽宗沦落异邦，客死他乡的凄惨下场，是他自己也是赵氏家族的不幸。

自崇宁二年起，在蔡京建议下，赵佶派童贯带兵发动了一连串对西夏的战争，攻占了许多地盘，逼得西夏低声下气地奉表谢罪。自从与西夏交兵以来，宋朝从未取得过如此赫赫的战果，这在一定程度上助长了赵佶好大喜功的情绪。但在北方，金国方兴，辽朝日衰，赵佶便与金国联合夹击辽朝，企图收复久被辽朝占据的北方领土。谁知辽朝灭亡后，北宋不仅没有从中得到好处，却又失去了辽朝这一北方屏障，从此，金朝的铁蹄长驱南下。

宣和七年（1125 年）十月，金兵分两路大举南侵。宋军久不习兵，根本无法抵御强悍的金兵。紧急军报像雪片一样飞进汴京，赵佶吓得心惊肉跳。此时的赵信已经丝毫没有风流洒脱的模样了，他整天愁眉苦脸，动不动就涕泪交流。赵信为了推卸责任，做好逃跑准备，权衡一番利弊，只好下了禅位的决心。但是他老谋深算，又死要面子，不愿给人留下畏敌避祸的不光彩印象，就绞尽脑汁找了个自以为体面点的借口。

于是，皇太子赵桓在经过一番辞让后即位。上宋徽宗尊号为“教主道君太上皇帝”，居龙德宫；郑皇后尊号为“道君太上皇后”，居撷景西园。

宋徽宗赵佶在退位的第二天明确表示说：“除道教教门事外，其余一律不管。”但他和他的宠臣是不会甘心就这样轻易地放弃昔日的权威的。在喘息稍定之后，他们就开始以“太上皇帝圣旨”的名义发号施令了。东南地区发往朝廷的报告被他们截住不得放行；对勤王援兵也要求就地待命，听候他们的指挥；连纲运物资也要在镇江府卸纳。他们把持着东南地区的行政、军事、经济大权，准备在镇江重新把宋徽宗捧上台。汴京的新皇帝赵桓听到此事后，下诏说按照宋徽宗退位诏办理，遂剥夺了他们的权力，还将童贯、蔡攸等人贬官。宋徽宗赵佶和儿子钦宗赵桓的矛盾由此激发。

靖康元年（1126 年）二月初，金兵从汴京城下撤退，赵桓接连派人请赵佶回京。赵佶表示自己今后愿意“甘心守道，乐处闲寂”，绝不再窥伺旧职、重当皇帝了。父子矛盾表面有所缓和。同年四月三日，赵佶回到汴京，赵桓亲到郊外迎接。宋徽宗头戴并桃冠，身着销金红道袍，飘飘摇摇地从宋门入城，住进了龙德宫。

此后几个月的太上皇生活，赵佶过得并不舒心，他昔日的宠臣一个个或贬或死，十几个跟随多年的贴身内侍都被赶出了京城，连宠妃李师师的家财也被赵桓一道命令籍没了充作赔款，连他的一举一动都在赵桓的严密监视之下。

靖康元年（1126 年）闰十一月二十五日，金兵再次南下，攻陷汴京。靖康二年（1127 年），坐了 26 年皇位的徽宗赵佶与他的儿子钦宗赵桓一同被金人俘虏北去，赵佶被封为“昏德公”。赵佶受尽屈辱折磨，最终死于五国城。南宋绍兴十二年（1142 年）八月，徽宗的棺材从金国运回临安。

赵佶在北行途中，曾见杏花，悲从中来，赋《宴山亭》一词。这首词曾被王国维称为“血书”，相思极苦，哀情哽咽，令人不忍卒读。这使人很容易联想到南唐后主李煜。徽宗赵佶和李煜在艺术上都颇有成就，擅长书法、绘画、诗词，但在政治上都是昏聩之君、亡国之君，连最后结局也大致一样，李煜被宋太宗毒死于开封，徽宗在囚禁中病死五国城。徽宗与李后主两人的个性、经历，可谓相似至极，不禁令后人生出无限感慨。

徽宗赵佶获得皇位后，曾大刀阔斧地整顿朝纲，意欲调和变法派与反变法派之间的矛盾。但其后，他以继承其父神宗的政策为由，重用以蔡京为首的六贼，大兴“党狱”，变乱法度。他穷奢极欲，大肆搜刮江南奇花异石，用船运往都城开封，称为“花石纲”。赵佶好大喜功，遣使约金攻辽，以取燕京，导致内忧外患接踵而至，在靖康之难中为金人俘虏北去，转瞬之间由皇帝沦为阶下囚。

徽宗赵佶时代，赵氏政权已走过它辉煌灿烂的历程，处于党争异常激烈的严峻时期，国势日薄西山。赵佶当宋朝的皇帝，是宋朝的不幸，更是赵佶自己与他的家族的不幸。

6. 强披龙袍的宋钦宗

赵桓在家族面临危急关头担当重任，强披龙袍，替父亲收拾千疮百孔的残局。这对他来说，是幸，更是不幸。

元符三年四月十三日，赵桓出生。这使得登基仅 4 个多月的徽宗赵佶极为高兴，这样，不仅他本人位居九五之尊，还可把皇位传给自己的后代，不必像哲宗赵煦那样兄终弟及了，的确是双喜临门。为此，赵佶大赦天下，减免赋税，使天下百姓同他一起分享得到皇子的喜悦。九月，赵桓得名为直，封韩国公。崇宁元年（1102 年）二月，改名为烜，十一月，又改为桓。徽宗频繁地更改儿子的名字，似乎说明他对赵桓并不十分钟爱。

赵桓的生母王皇后越来越不受宠了，大观二年九月，王皇后以 25 岁的年纪去世，这给年仅 9 岁的赵桓造成了难以弥补的创伤。赵桓在缺少母爱的情况下，逐渐变得沉默寡言，他志好恬淡，兴趣狭窄，行止端凝。在初得皇子的短暂兴奋之后，宋徽宗对赵桓的感情也愈加淡薄。

政和元年（1111 年）三月，赵桓开始到资善堂学习经史。政和五年，赵桓被立为太子。赵桓拜谒太庙时，徽宗命他乘金辂，设卤簿，仿至道、天禧太子之例，并让官僚参拜称臣，赵桓为显示自己节俭谦恭，“皆辞之”。赵桓还经常请学官辅导讲读，以表明自己好学。然而，他虽位居东宫，却不参与朝政，唯一的爱好就是在每日读讲之暇，呆呆地望着鬃器里的鱼儿，其他事情一概不闻不问，这让人很难想象，他即位后将如何面对纷繁复杂的朝政。

宣和七年（1125 年）冬，金军分兵两路南下攻宋，一路势如破竹，长驱直入，各地宋军大都不战而溃。金军来势凶猛，志在灭宋，徽宗赵佶非常惧怕，却又无计可施，就希图通过禅位来挽救赵宋天下。于是，赵佶对赵桓的态度也变得亲热起来，同年十二月二十日，他降御笔拜赵桓为开封牧时，有意一再表白这一任命不是根据左右大臣的建议，而是悉出宸断，以显示自己对皇太子的信任。翌日，赵桓入朝问安时，赵佶又特意将只有皇帝才能佩戴的排方玉带赐给了他。开封牧具有非比寻常的意义，北宋历史上只有太宗、真宗两位皇帝即位之前担任过此职。徽宗赵佶让太子赵桓任开封牧，预示着将有禅位之举。赵桓对此有所悟，惊喜之余，却又不免有些担心。徽宗在位 26 年，重用以蔡京为首的一批奸佞之徒，大兴土木，荒淫骄奢，内忧外患接踵而至。现在，金军铁骑如入无人之境，国家危难之时，徽宗赵佶让太子赵桓担当重任收拾烂摊子，不过是找个替罪羊罢了，更何况朝廷仍由童贯、王黼等奸佞把持。赵桓势单力薄，很难驾驭朝政，因而，他的担心也在情理之中。

宣和七年（1125 年）十二月二十三日，宋徽宗赵佶决定将皇位禅让给他的儿子赵桓，意在让儿子替他抵挡金兵，就命令臣下宣召太子赵桓前来。赵桓在小黄门的引导下趋步走进保和殿东阁，叩拜礼毕，抬起头，见赵佶半卧榻上，宰执大臣环侍榻前，心中暗暗吃了一惊。太师童贯和少宰李邦彦当即抖开一领御袍披在了赵桓身上，赵桓双膝一软，复又跪倒在地，猛然放声大哭，坚辞不受。赵佶见僵持不下，乃命内侍扶赵桓前去福宁殿即位。稍事停歇后，内侍就连拖带拉地将赵桓拥向前去。走到福宁殿的西庑门，早就等候在那里跪拜称贺的宰执大臣也上前相帮，终于，一行人将赵桓拥到了殿内。人们原想就势扶赵桓升坐即位，不料见他已身软体酥，昏厥过去，只好又七手八脚地将他抬到了卧榻之上。次日，赵桓在又一次固辞不允之后，最终御垂拱殿接受百官的朝贺，当上了皇帝。

赵桓十分清楚，这是父皇推卸责任的行为，但若再推辞，又担心父皇以不守孝道治罪于他，只好即位。按常理，皇帝乃一国之君，拥有至高无上的权力，历史上为争夺皇位而骨肉相残、父子成仇者不绝于书，而赵桓却一再推辞不就皇位，原因就在于当时国事艰难，江山岌岌可危。赵桓虽心知肚明，但迫于无奈，只好即位，替父亲收拾千疮百孔的残局。可以说，赵桓是被徽宗君臣逼上皇位的。

即位之后，钦宗赵桓每天都临御便殿，延见群臣，批阅四方奏报和士民所上章疏，往往忙到半夜还不能休息。他个人生活上也依然是俭约朴素，无所嗜好。但赵桓最多是个中等才干的人，柔弱寡谋，多疑多变，缺乏政治家应有的干练、果敢的素质，好多明摆在眼前的事他都辨析不清，更谈不上有什么深谋远略了。

7. 柔弱寡谋怎能救国

赵桓没有足够的谋略领导家族政权，面临严峻的局势不知如何以对。强敌当前，他柔弱寡谋，不思抵抗，使赵氏政权一步步走向了自我灭亡。

钦宗赵桓即位，改元靖康，其当务之急便是派兵迎战，阻止金军继续南下。然而，同其父徽宗赵佶一样，赵桓也是位昏庸之君，在金军兵临城下之际，整日患得患失，忽而主战，忽而主和，多疑善变，缺乏主见。后来，在万般无奈的情况下，他以李纲为尚书右丞、东京留守，委以“全权”，指挥军队抗击金兵，保卫京城。李纲受命于危难之时，即日宣布京师戒严，誓死保卫汴京。赵桓虽然任命李纲统兵御敌，其实心中畏惧，犹豫不定，旋即又要逃走。几经周折，李纲最终说服钦宗坚守开封不再出逃，朝廷局势才能暂时稳定下来。

宗望率领的东路金军将开封团团围住，几次攻城都被李纲击退。李纲本是一个不善用兵的文臣，在仓促之际，居然相当有效地组织了开封保卫战，赢得了普通百姓和广大将士的广泛赞誉，但却招致了同僚的嫉恨。赵桓也对李纲猜忌防范，不肯委以重任，更不听李纲劝阻，而决意屈辱求和。

靖康元年（1126 年）正月，各路勤王之师陆续抵达京城，赵桓甚为欢喜，又复主战。正月初六，赵桓登上宣德门，宣谕六军，表示要固守到底，并任命李纲为亲征行营使，全面负责守城事宜。将士皆感泣流涕，拜伏门下，三呼万岁。李纲积极备战，粉碎了金人想一举攻下汴京的企图。

同年二月初，发生了钦宗赵桓亲自批准姚平仲夜袭金营而失败的事件，金军统帅宗望借此指责宋廷违背盟约。赵桓、李邦彦等人把责任归于与此无关的李纲身上，乘机罢免了李纲和统领西北援军的老将同知枢密院事种师道，并派人带着国书和割地诏书到金营向入侵者谢罪。赵桓、李邦彦的投降求和之举，激起了民众的愤怒，太学生陈东等人领导伏阙上书活动，数万群众自发聚集到宣德门，要求恢复李纲、种师道的职务。钦宗虽表面上被迫同意了民众的正义要求，但内心却极不情愿，他甚至认为是李纲在幕后操纵此次群众运动，因而对李纲甚为嫉恨。李纲复职后，京城军民的抗金情绪再次高涨。

宗望考虑到汴京军民士气高昂，而北宋勤王军数倍于己，久待城外于己不利，便暂时退兵。所以未等金帛数足，取了割让三镇的诏书，又以肃王赵枢代替康王赵构为人质才开始退兵。

二月初八，金兵撤退时，种师道请求趁金兵渡过黄河时发起猛攻，但遭到赵桓的坚决拒绝。李纲请求派大军“护送”，令将士找机会袭击，也遭到宰相阻挠。赵桓还派使者监视各军，禁止他们对敌作战，以致金兵安然满载而归。种师道等人眼睁睁地看着金兵渡河而去十分气愤，但也无可奈何。就这样，在赵桓的无能领导下，赵氏政权一步步走向了自我灭亡。

8. 靖康之耻，亡国遗恨

危难降临时屈辱求和，暂得苟安后不思进取，这不能不说是宋初统治者“重文轻武、攘外必先安内”等祖宗法度政策的流弊，赵氏家族一味求和，终于造成了靖康之耻，使延续了168年的赵宋政权暂时告一段落。

金兵退去后，北宋朝廷又恢复了以往那种平静的生活，钦宗赵桓更是认为天下已经太平，丝毫没有加固边防的意思，他还把南逃的宋徽宗赵佶接回了京城。只有大臣李纲忧心忡忡，多次上书请求加强战备，以防金兵再侵。赵桓不仅不采纳李纲的意见，反而通知门下侍郎耿仲南等人扣押李纲上书，不得上报。李纲的建议，也受到了一些投降派大臣的坚决阻挠。不料东路的宗望率领的金军刚退兵，西路的宗翰率领的金兵却又加紧攻打太原。赵桓派大将种师中带兵援救，半路上被金兵包围，种师中兵败牺牲。投降派大臣正嫌李纲留在京城碍事，就撺掇赵桓把李纲派到河北去指挥战争。赵桓把李纲派到河北不久，却又在投降派的攻击下把李纲撤了职，贬谪到南方去了。

金朝君臣最怕李纲，现在李纲被罢了官，他们就没有什么顾忌了。金国派出的刺探回报说宋朝廷没有什么举动，金国认为宋朝软弱可欺，于是，仅仅过了半年，就又卷土重来，再度南侵。而从八月金兵再度南犯以来，宋朝君臣一直忙于求和，对战守防御没有一个放在心上的，所以等到金兵第二次围城时，其形势比起第一次来要严重得多。

此时，由于各地勤王兵接到不得妄动的命令，并且离京城甚远，不能解燃眉之急，而赵桓身边也只有卫士和弓箭手七万人左右，形势十分危急。八月，金太宗再度举兵，遣粘罕、斡离不大举南侵。九月太原失陷；十月，真定失陷；十一月，汴京再度被包围。此时，宋朝已无主战派，当政者均为主和派。赵桓悔恨万分，痛哭道："朕不用种师道之言，以至于此。"可惜，后悔已晚。

闰十一月二十五日，汴京城破。宋钦宗赵桓听到城破的消息，惊恐万分，掩面痛哭。而后，又马上即遣使节和济王赵栩去金营请和。使节带回话来说，金人坚请太上皇出郊议和，赵桓不由得紧张出一身汗来，他与父亲虽有矛盾，却毕竟碍于伦常，不得不以孝事之，倘临此危难之际让父亲身陷敌营，他觉着自己于心有愧。经过一番思想斗争，赵桓决定还是带着降表亲自去向金人恳求。

在青城，宋钦宗赵桓奴颜婢膝，低声下气地对金人俯首称臣，乞求宽恕。签字已毕，赵桓又摆下香案，望金国方向拜了几拜，算是尽了臣礼，金人这才同意放他回城。

金人的命令是绝对不敢违犯的，回城后，赵桓下令搜集金银、骡马、美女送予金使。计有金一千万锭、银二千万锭、帛一千万匹、牲畜七千余匹、少女一千五百人，甚至连赵桓自己的嫔妃也拿来充数。

尽管以赵桓为首的北宋政府如此不顾廉耻地奉承金人，金人仍嫌索要的金银数量不足而大不满意，声称要纵兵入城洗劫，要求宋钦宗再去金营议事。赵桓终究不敢违抗金人的命令，只好命孙傅辅助皇太子监国，自己硬着头皮再去青城。

不料，此次前往金营的赵桓却被金人当作人质扣留了下来。赵桓被迫下令城中官吏加紧搜刮金银，即使妇女的钗钏之物也在搜刮之列，直弄得汴京城里翻江倒海，民不聊生。金人还逼赵佶的皇后及赵桓的皇太子前来。

这次"议和"让赵桓在金营内受尽了苦头和屈辱。他整天被囚在一间小屋里，忍受着砭骨寒风，缺吃少喝，晚上蜷缩在一铺土坑上，连被褥都没有，真是生不如死。不久，他的父亲太上皇赵佶也被押来了。

四月一日，金兵在大肆掳掠之后开始撤退。金兵退走时，带走了大量金银财宝、仪仗法物、图书典籍、古董文物、百工技艺、倡优杂技人等，北宋王朝“二百年府库蓄积”为之一空。赵桓及赵佶、皇后、妃嫔宗室、大臣等两三千人也成为俘虏，随金兵北归。他们一路上受尽了金兵的屈辱折磨。而延续了 168 年的北宋王朝也至此宣告灭亡。经历过靖康之变的宋人，都不会忘记这场民族的灾难、祸乱和耻辱。于是，就有了刻骨铭心的雪耻情结，“靖康耻，犹未雪，臣子恨，何时灭”，在南宋凝聚成了挥之不去的“恢复”意识。

同年五月一日，康王赵构即位于南京（今河南商丘），建立南宋，遥尊宋钦宗为“孝慈渊圣皇帝”。

赵桓到金国后，头戴斗笠，骑着马，由人监管。每过一城池，他就掩面而泣，然而，泪水再多也洗不掉这亡国之君、阶下之囚的耻辱。金人封赵桓为“重昏侯”，意思是他与被金人封为“昏德公”的父亲赵佶加一起是一昏再昏。

南宋绍兴十二年（1142 年）三月，宋金关系有所缓和，韦贤妃由五国城归宋。韦贤妃离开时，钦宗赵桓挽住她的车轮，请她转告高宗，若能归宋，自己当一太乙宫主足矣。高宗赵构担心其兄回来后威胁自己的地位，表面上高喊迎接徽、钦二帝，内心却巴不得他们客死异地，因而他终生都在与金人议和，根本无心恢复中原。

南宋绍兴三十一年（1161 年），金海陵王完颜亮命令赵桓任骑兵小队长，使之在校场中狂驰不已，最后坠落地上，死于乱蹄之下。

绍兴三十二年（1162 年），金太宗将赵桓葬于巩、洛之原。后又迁到今河南省巩县北宋帝陵区。

第八章　偏安江东　高宗赵构

赵构（1107—1187年），宋徽宗第九子，钦宗赵桓之弟，母为显仁皇后韦氏。靖康二年，北宋灭亡一个月后，赵构在南京应天府即位，重建宋王朝，史称南宋。赵构史称宋高宗，公元1127—1162年在位。赵构在位36年，被迫让位后病死，在位期间，他偷安忍耻，屈辱求和，残酷剥削人民，成为历史上著名的昏君。

1. 求和使者，患难皇帝

赵氏家族的新政权在应天府成立了，但赵构这个“中兴之主”有名无实，父兄被掳的奇耻大辱都无法激起他对金人的仇恨，无论胜负如何，他只是一味地投降求和。历史安排了一个谈“金”色变的君主来承担抗金御侮的使命，留给后人的，便只是读书人的一声长叹。

大观元年（1107年）五月，赵构生于东京（今河南开封）大内。宣和三年（1121年），封为康王。次年，赵构正冠于文德殿，赐字德基，出宫住进了自己的王府。赵构天资聪明，博学强记，读书能一日背诵千言。

靖康元年（1126年）正月七日，金兵逼近东京。钦宗赵桓立即召见时为康王的赵构，授以军前计议使，去金营求和。金大将斡离不攻大宋京城未下，便想给宋使来个下马威，在谈判桌上得到更多的便宜。只见其营帐内外兵士环列，刀枪林立，一派杀气。见到这般阵势，参与谈判的张邦昌吓得魂飞魄散。赵构知道这不过是试试自己的胆量，没有什么了不起，于是就从容不迫地从刀枪下走进了金营。

二月七日，钦宗赵桓下诏割三镇与金人，由肃王赵枢代替康王赵构为金朝人质，赵构与张邦昌一同被放还。当赵构策马驰出金营后，金兵统帅斡离不知道刚才离去的是康王赵构，遂懊悔不已，急忙派兵追赶，但赵构早已去之夭夭。斡离不觉得目的基本达到，也就退兵北去。

赵构返回京城后，肃王赵枢已去金营为质。钦宗赵桓见金兵退去，认为赵构此行劳苦功高，遂任其为太傅。就在赵构出质期间，种师道、姚平仲、范琼、马忠等各路兵马相继至京师，援兵已达20余万，士气稍振。钦宗赵桓感到城下之盟有失体面，于是，一面将主和大臣李邦彦等人一一罢免，一面下诏各路勤王部队固守三镇之地，分兵袭击金军。十月，金兵力攻太原，宋朝军民虽英勇作战，终因寡不敌众，太原陷落。

同年十一月，金兵再次兵临东京城下，赵构只得再次出使金营议和。途中，宗泽力劝赵构勿蹈肃王赵枢前辙。恰在此时，汪伯彦送来急信，说和议已失时机，赵构惊出一身冷汗，急忙返回相州。没过几天，割地使耿南仲来相州求见赵构，说京城已危在旦夕，皇上令其尽起河北诸郡兵马入援。赵构得了圣旨，立即与耿南仲联名揭榜，招兵买马，组成了勤王军。很快，宗泽、梁扬祖等将领也先后率兵马来会，兵威稍振。

金兵攻陷东京外城之后，金兵统率斡离不逼迫钦宗派人立即召回康王赵构。于是钦宗给赵构下诏云："金兵攻城未下，正在谈判议和。康王和诸帅屯兵原地，不要妄动，以免不测。"赵构不敢直趋京师与斡离不较量，他命宗泽率万人进军澶渊驻扎，谎称大元帅在军中，而自己却和汪伯彦等人望东平而去。宗泽在开进澶渊途中，与金军交战多达十三次，均获胜。

赵构在东平驻扎了一个月后，又转到济州（今山东巨野）驻扎。但他不敢与金军较量，故而按兵不动，使各路勤王兵也不得靠近京师，眼睁睁看着金军攻入京城中。

金兵见汴京城军民已失去抵抗能力，赵构的勤王军又不敢交战，消灭北宋的时机已经成熟，就先后把宋徽宗、宋钦宗拘留在金营中，接着金主又下诏废宋徽宗、宋钦宗为庶人。靖康二年（1127年）三月七日，金人立张邦昌为伪楚皇帝。北宋由此灭亡，赵氏家族的统治也暂告一段落。

金兵俘虏徽、钦二帝及在京城的赵宋宗室北去后，赵构另立小朝廷的机会来了。在这场空前浩劫中，赵氏宗室只有两个人幸免，一个是宋哲宗的废后孟氏，另一个就是当时尚出使在外的康王赵构。伪楚皇帝张邦昌迫于宋大多数旧臣僚的压力，不得已迎哲宗废后孟氏入居延福宫“垂帘听政”，自己退位，仍称太宰，“大楚”傀儡政权仅存三十二日。孟氏因为是宋哲宗的废后，在宫廷的玉牒中没有位号，在金兵围攻开封时恰巧又住在自己的私邸中，所以在金兵按玉牒俘虏宋朝宗室时得以幸免。张邦昌把她请出来主持朝政后，她就派人奉“大宋受命宝”，到济州劝康王赵构登基。

接到孟皇后派人送来的传国玺，赵构知道自己成为徽宗诸子中唯一没有被俘虏北去的亲王，最有资格登上皇位，于是，他移师南京应天府（今河南商丘），于靖康二年五月初一，在应天府天治门登坛受命，即皇帝位，下诏改元为“建炎”。这样，政权又重新回到了赵氏手中。赵构大赦天下，张邦昌及其所辟臣属也概不问罪。同一天，元佑皇后孟氏在东京宣布撤帘归政。赵构登基称帝，历史进入了南宋时期。

2. 无意抗敌，有心偏安

在家族政权面临灭亡的严峻形势下，赵构和他的祖先一样无意抗敌，积极求和，他在皇宫寻欢作乐，醉生梦死，全然不顾中原军民正与金军在浴血奋战。腐朽的大宋政权在“祖宗法度”的掩护下，仍然动荡不安。

金兵虽撤出了东京，但仍然控制着中原诸地。宋金战争初期，金朝有一个明确的战略，那就是追击立足未稳的高宗小朝廷，俘获赵构，以确保不再有一个赵氏政权与其为敌，以便自己扶植的傀儡政权能代表金朝统治中原地区。刚刚侥幸登上皇位宝座的宋高宗赵构也不得不表示一下抗敌复仇的决心，以顺应民意。于是，他便以抗金最积极的宿将李纲为尚书右仆射兼中书侍郎，但又命主张议和的黄潜善为中书侍郎、汪伯彦为同知枢密院事；还封张邦昌为太保、奉国军节度使、同安郡王。不久，赵构查出张邦昌僭居内廷时曾以宫人侍寝一事，又听说金人以废张邦昌为借口称兵南下的消息，不禁勃然大怒，下诏将张邦昌赐死。

北方军民心向南宋朝廷，他们自动组织起许多支队伍，多者数万人，少者也有数千人，神出鬼没地出击敌人。李纲为相后，派马忠、张焕率军 1 万人袭击河间的金军，取得了胜利。鉴于当时南宋小朝廷刚刚建立，正规军还来不及整编，还没有形成一支足以抵抗金兵大规模进攻的力量，李纲设置了河北招抚司、河东经略司两大机构，委派官吏，拨给钱钞，招募河北、河东各地奋起的义兵，共同抗击金军。

南宋小朝廷从诞生之日起，就在对金和战的问题上争论不休。赵构在这个问题上内心也极为矛盾。一方面，他也想利用李纲抗金的威望，振作士气，维护南宋王朝的一点面子；另一方面，他又与汪、黄二人一样，幻想用对金朝屈膝投降的办法，来换取其对刚建立的南宋政权的承认。赵构虽然并不真正想让徽宗和钦宗回到南宋，却以探望和迎请被俘北去的二帝为幌子，不断派人带着奇珍异宝去奉献给女真贵族，向金朝试探投降的可能性。

金兵撤离东京后，赵构害怕像其父兄一样成为阶下囚就一直没有进城。因此，他只以宗泽留守东京，收拾残局，自己却在应天府做起皇帝来了。实际上，赵构即位之初就决定南逃。即位第二天，赵构任命翁彦国知江宁府，并赐钱钞十万缗，让他在江宁城修缮宫室，以备南逃时使用。

李纲对赵构要巡幸东南很不满意，他对赵构说："自古以来，中兴的帝王都是起于西北，立足中原，控制东南。这也许是天下精兵健马都在西北的缘故。如果陛下坚持巡幸东南，使中原的抗金将士大失所望，今后要收复北方失地就很困难了。"抗金将领岳飞也上书赵构，指责黄潜善、汪伯彦奸臣误国，使中原军民大失所望，建议赵构乘金人在北方立足未稳之机，亲率六军北渡，收复失地。赵构不但不敢这样做，反而认为岳飞越职言事，对其予以削官的处罚。

赵构及黄、汪等人的掣肘，使李纲感到自己在小朝廷中已不能有所作为，不得不提出辞职要求。赵构顺水推舟，以各种各样无中生有的罪名，贬李纲为观文殿大学士，至此李纲居相位才 75 天。李纲被罢相后，张焕也因"罪"被贬，河北招抚司和河东经略司都被废罢。

建炎二年（1128 年）春天，金兵再次南下。赵构带着六宫宠臣和卫士家属逃到扬州。

同年二月，金军再次入侵东京，这时的开封府尹兼东京留守是宗泽，他有效地部署了东京防线，粉碎了金军夹攻的计划。

在此次金兵南下之前，南宋将领张浚认为金兵定会大举南犯，请求赵构作好临战准备。建炎二年五月，宗泽在上书里提出六月出师渡河的计划，请赵构回京主持北伐壮举。但赵构安居扬州，置若罔闻，而黄潜善等人出于对宗泽的忌妒，宗泽每次上疏，他们都损毁有加。

七月，宗泽见坐失良饥，忧愤成疾，与世长辞。死前，他沉痛吟诵杜诗“出师未捷身先死，长使英雄泪满襟”，三呼“过河”，无一语及自己的家事。宗泽一死，北方抗金形势迅速逆转，义军被逐个击破，官军分崩离析，一年以后开封再次被金军占领。

建炎三年（1129年）正月，金军前锋攻下徐州，直驱淮东。赵构一行只得再向临安逃去。为求得金人的谅解，赵构下了个“罪已诏”，大赦天下，唯独李纲不免。治李纲的罪是为了求得金人的谅解。

同年五月，宋军在陈彦的率领下，渡江打败金军，收复了扬州，赵构的小朝廷才在杭州暂时安顿下来。

3. 苗、刘之变：宠信奸佞的后果

苗、刘之变，既反映出赵氏家族“安内重于攘外”等祖宗法度的腐朽没落已经不再适合当时的发展，也是昏庸的宋高宗宠信奸佞的后果。

宋高宗赵构建立南宋后，为了躲避金军的追击，四处逃窜。在罢免了李纲后，他决定南逃扬州。到了扬州后，宋高宗不思进取，一意享乐，以内侍省押班康履为首的宦官更是骄恣用事、妄作威福，引起了将领和大臣们的不满。金兵追到扬州后，宋高宗又狼狈地逃窜到杭州。当时朝野上下对奸臣黄潜善和汪伯彦十分不满。两人担任丞相以来，把持朝政，残害忠良，正是他们的一心求和、不修装备，才导致了金军的南下和宗室的四处逃亡。迫于朝野上下的压力，宋高宗不得已罢免了黄、汪二人。

但在罢免二人后，昏庸的宋高宗竟升任主张逃跑的王渊为同签书枢密院事。王渊是个生性暴躁的人，他一向庸碌无为，毫无威望。在逃跑时，他为了逃避责任，甚至冤杀部下抵罪，使得大臣们都对他愤恨不已。这次王渊无显功却骤迁要职，使得将领们更加的不满。他们有的找高宗论理，有的则在私下里愤懑不平。这其中尤以苗傅和刘正彦为最。苗傅自负是世代为将，不愿久居人下；而刘正彦则是数次立下大功，却没有获得应有的赏赐。并且，当二人听说王渊的升迁是勾结宦官的结果时，更是按捺不住，便密谋发动兵变，决定先斩王渊，再杀宦官。

建炎三年（1129年）三月五日，苗傅派幕僚王世修带领伏兵隐藏在城北桥下，当王渊早朝后由此经过时，伏兵突起，把王渊拖下马来。刘正彦大步走到跟前，手起刀落，以勾结宦官谋反的罪名当即把王渊斩首。接着，苗、刘又率兵捕杀了一百多名内侍，然后，直逼赵构所在的行宫。赵构听说有人发动政变，顿时手足无措，正准备出宫避乱，苗、刘二人已经杀进宫来。赵构没有办法，只好壮着胆子质问道："我没有对不起大家的地方，你们为何要叛乱？"苗傅满脸杀气地厉声答道："陛下轻信中官，赏罚不明。王渊是个怕死的胆小鬼，靠着贿赂宦官竟然升任高官，而我们劳苦功高却没有任何赏赐。王渊已经被我们杀了，请让我们再杀了康履他们，以谢军民。"赵构想采取缓兵之计，就让他们回去等消息。但是苗、刘二人并不上钩，强硬地要求赵构交出康履。康履的确是赵构的心腹，但为了丢卒保帅，赵构只得忍痛交出康履。苗傅当场手起刀落，把康履斩首。

这时，赵构虽然心里对他们痛恨不已，但表面却不敢表露出来，为了不扩大事态，赵构当场宣诏升任苗傅御营使司都统制，刘正彦为副都统制。赵构本以为事情该结束了，然而，苗、刘等人并未就此罢休，他们趁机胁迫赵构传位于3岁的皇子赵旉，并改元明受，接着，又请隆佑太后（即元佑皇后）垂帘听政。

苗、刘威胁赵构写下退位诏，赵构刚开始时执意不写，身边大臣暗示他说，先暂且忍让，日后再行更改。赵构眼看无计可施，只好写下了诏书，禅位给3岁儿子，并请太后训政。第二天，皇太子赵旉即位，隆佑太后垂帘听政。尊高宗为睿圣仁孝皇帝，居显宁寺，改称睿圣宫。加封苗傅为武当军节度使，刘正彦为武成军节度使。这就是历史上的"苗、刘之变"，也被称为"明受之变"。

苗傅和刘正彦发动政变后，本该说明真相以获得广大群众的支持，然而，苗、刘既没有政治斗争和军事斗争的经验，也缺乏应急应变的机智和才能，他们政变后既没有提出足以鼓舞人心的政治主张，也没有和杭州其他地区的将领取得联系，因而，他们的行动没有获得南宋大臣和将官的广泛支持。当时，许多实力派将领还是拥护高宗的。当得知苗、刘之变的消息后，拥护高宗的张浚和吕颐浩立即起兵讨伐苗、刘，并且得到了御营前军统制张俊、韩世忠及刘光世的支持。张俊、韩世忠还先后领兵至平江，听候张浚调遣。不久，吕颐浩、张浚、刘光世、张俊、韩世忠等联名传檄中外，声讨苗、刘。接着，联军以韩世忠为前锋、张俊翼之；刘光世为游击；吕颐浩、张浚总中军，从平江大举出兵讨伐苗、刘。

苗傅和刘正彦听到消息后，十分恐慌，他们毫无主见，便轻信宰相朱胜非的劝说，调头又请高宗复位。同年四月初一，苗傅和刘正彦拥护着宋高宗返回行宫复辟，和隆佑太后御前殿垂帘听政，并恢复建炎年号，赵敷重被立为皇太子（后于八月卒）。

苗、刘本以为高宗复位后，勤王军应该停止行动。然而，张浚和吕颐浩得知高宗复位后，仍然继续进军。苗、刘二人见抵挡不住，便带着精兵两千人趁夜从涌金门逃跑了。苗傅和刘正彦出逃后，宋高宗愤恨难消，就命令尚书省立刻下令各州县捕捉，接着，又悬重赏缉拿，而且任命韩世忠为江浙制置使率领军追讨。

苗、刘仓惶出逃后，一路经过浙西来到了福建浦城。但很快刘正彦就被韩世忠俘获了，苗傅见大势已去便仓惶弃军逃跑，隐姓埋名藏在建阳，意想不到的是却被当地的大土豪唐标诱捕了，后被送到了韩世忠那里。当时高宗赵构正在建康，于是，韩世忠就将二人押送到建康，宋高宗对两人恨之入骨，立刻就下令把他们处死了。

实际上，苗、刘之变之所以会发生，完全是因为高宗宠信奸佞小人，分功不均的结果。然而高宗并没有从自己身上找原因。相反，他开始对军队保持了警惕之心。这次政变虽然短暂，却给高宗留下了猜忌武人的心理阴影。这种心理对南宋政治有着深远的影响，从某种程度上说，正是这种害怕武人功高盖主和尾大不掉的心理，使得宋高宗对以后的将领都保持着一种防范的心理。可以说，忠心耿耿的岳飞之所以被冤杀，与此不能没有关系。

4. 宋高宗的“杯酒释兵权”

统治阶级为了维护自己的利益，千方百计限制其他阶级的发展壮大，完全不顾全大局，这是统治阶级狭隘的一面。宋高宗的“杯酒释兵权”如同当年的宋太祖，都是为了维护赵氏家族的统治。

宋朝的一项重要国策就是安内重于攘外。宋太祖因黄袍加身而建立了宋朝，所以他时刻对手握重兵的军队将领保持着警惕，防止有朝一日，他人黄袍加身推翻了自己的江山。正是出于这种顾虑，不止北宋，南宋一代也是重文轻武，以文制武的现象十分突出。赵构不仅没有心思抗金，收复中原，反而致力于偏安江南一隅，营造自己的小朝廷。正是存在着这样的心思，赵构也一直对武将严加防范，生怕自己的江山被夺走。

南宋初年，金军一心要灭亡南宋，生擒赵构，赵构迫于形势，不得不让将帅居高位，掌重兵。但是，对这些手握兵权的将帅，他一直抱着且用且疑的态度。尤其是经历了一系列的兵变后，更让他对武将尽起警惕之心：先是苗、刘之变的发生，让赵构最初产生了对武人的防范心理；接着是淮西兵变的发生，让赵构更加坚信武将掌握重兵十分危险。而在此之前，由于赵构对岳飞“节制”权力的出尔反尔，岳飞不经高宗允许，擅自离开军营为母守孝，赵构几次派人去请他出山，他都置之不理，这使赵构十分心寒。

赵构本来十分信任岳飞，曾一度想要授予他掌管全国七分之五兵力的权力，但是，岳飞的表现却给他一种居功自傲的感觉，并且似乎不把他放在眼里，赵构便开始不再信任岳飞，对于岳飞手中所掌握的战斗力极强的“岳家军”也起了夺权的念头。再加太子夭折时隔不久，岳飞又鲁莽地请立宗嗣，使得赵构大为惊恐，认为岳飞等人有逼他退位之意，这样一来，他想解除岳飞兵权的念头更加坚定。而这时经过绍兴四年和六年的几次战争，赵构对在东南偏安已具有相当信心，于是，他开始计划解除岳飞等三大将的兵权。

赵构的这种念头，和朝廷的宰相们一样，不论是投降派，还是抗战派，都是相同的。害怕武将们会由于立了战功而威望日高，以至于专擅跋扈，使得朝廷不易加以制驭，这既是萦绕在赵构心头上，也是随时萦系在宰辅大臣们心头的一个问题。主战派张浚担任宰相时，就曾打算收夺刘光世的兵权并由他本人掌握，从而减去一员最傲慢的武将。然而，由于张浚用人不当，导致了淮西兵变，致使郦琼杀害吕祉、北降伪齐，遂使收夺武将兵权的计划宣告流产。继任的宰相赵鼎则开始试图收夺中兴四将之一的张俊的兵权，不过，还没有等他下手，秦桧就取而代之，成了宰相。秦桧任宰相后，对收夺大将兵权更加感兴趣，这不仅是因为以上的原因，还因为他极力主张议和，这些手握重兵坚决抗金的大将们对他而言始终是个不安定因素。所以，当秦桧得知高宗有收夺兵权的意向时，立刻煽风点火，极力怂恿，坚定了赵构的决心。

绍兴十一年（1141年）四月，朝廷以庆祝柘皋大捷的名义，将各地领兵将领，特别是韩世忠、张俊、岳飞三大将紧急召回京城。在盛大的庆功宴会上，宰相秦桧突然代表皇帝发布诏书：任命韩世忠、张俊为枢密使；任命岳飞为枢密副使；三人均不得返回部队。名义上是授予他们更大的权力，实际上是想把他们架空。

由三位领兵大将同时入主枢密院，这在宋朝历史上还是首次。接着，朝廷宣布撤销三大将的宣抚司，解散了他们的统帅部，规定出师必须有皇帝的旨意，从而将调兵权收归朝廷，并把管理权分散到了偏裨诸将手中，而统帅一级的将领则临时由皇帝派出。

在强行剥夺三大将领兵权的同时，南宋朝廷对军事体制又作了重大改组。先后压缩了各路大军编制，将行营护军的番号改为御前诸军，并且将各路大军拆散肢解，化整为零，由以前的四路驻屯大军，改编为十路驻屯大军；当时朝内还存在着三衙军，三衙长成为了殿前司三支兵马的统兵官，此次改组，这些部队有增无减，这就使三衙军成为与御前诸军平衡制约、内外相制的力量。这就是宋朝历史上的第二次"杯酒释兵权"。

这实际上表明，南宋开始采取全面收敛的战略防守态势，要全面恢复以文制武、守内虚外的帝国传统。同时也说明赵构坚决地放弃了抗金的念头与收复中原的理想，已经决定议和。赵构为最终消除了自己多年的"隐患"而兴高采烈，却没有意识到这已经毁掉了自己的长城。

如果仅仅是解除兵权，那还不算是个太差的结局，只可惜在解除了兵权后，三大将却面临着不同的命运。本来赵构和秦桧还担心三大将不会合作，然而，三大将很快领命，恭顺地交出了兵权。这使得秦桧非常得意，但是，他并不满足于这些，对于这些坚决主张抗金，阻挠他议和的将领，他决定趁势斩草除根。

张俊看风使舵，迅速倒向秦桧，为了自己的名利富贵，成了这个奸臣的帮凶。而韩世忠、岳飞则开始被一张无形的大网笼罩。秦桧、张俊本来要置韩世忠于死地，但由于岳飞的提醒，以及高宗对他多年战功的体恤，逃脱了一劫。然而，岳飞却已经是无处可逃。岳飞一心抗战，为秦桧所愤恨；他帮助韩世忠逃脱一劫，却招惹了张俊的怨气；更重要的是，他已经不再被赵构信任，赵构甚至对他也起了杀心。

就这样，在三大将交出兵权后不久，三人的命运却有了不同的结果。韩世忠隐居世外，不再过问政事；岳飞于年底被冤杀于狱中；张俊则凭借着出卖陷害韩世忠和岳飞的功劳，继续享有他的荣华富贵。

宋太祖的"杯酒释兵权"使朝廷安定，免于内患，而宋高宗所模仿的释兵权，虽然如愿解除了将领的兵权，留下的却是一个偏安一隅，再也无力北伐的积贫积弱的短暂王朝。他的"杯酒释兵权"也因之成为了历史的笑柄。

5. 绍兴和议

绍兴和议，断送了南宋在这之前的抗金硕果，赵构以耻辱换取短暂的“和平”，使南宋与金形成了南北对峙的局面。

金军灭亡北宋后，继续南下，想趁势灭掉南宋小朝廷。赵构对金兵的进攻，则是畏之如虎，四处逃窜，根本不敢抵抗，一心只想求和。赵构先是派洪皓为大金通问使，向金军统帅求和，结果，金朝不仅没有答应，还将其扣押了。接着，赵构又派杜时亮去求和，金朝仍不予理睬。心惊胆战的赵构为求得一时的安逸，甚至写信给金军统帅，哀求金朝答应他无条件投降。赵构在信中说：“现在既没有将领可以守城，也没有逃跑的地方了，愿意削去尊号，认金朝为主，金军又何必穷追不舍呢！”即便是这样，金朝统治者仍不予理睬。建炎三年（1129 年）九月，赵构又派张邵使金，表明降顺之意，结果张邵又被金朝扣押了。

金朝统治者下定决心要灭亡南宋，于是，在建炎三年十月以兀术（完颜宗弼）为统帅，分兵数路，大举南进，企图活捉赵构。赵构急忙从建康逃往杭州。兀术一路猛追不放，迫使赵构又从杭州逃奔越州，再从越州逃往定海。在定海还未站稳脚跟，金兵又尾追而来，赵构只得逃到温州、台州一带海面，在海上漂泊了三四个月，才苟全了性命。直到金军在建炎四年（1130 年）北撤后，赵构才回到杭州。

金军力图南侵，南宋军民则奋力抵抗。长期的战争，使金、宋双方消耗了大量的人力、物力、财力，社会经济遭到严重破坏。人民灾难深重，起义浪潮此起彼伏，猛烈地冲击着金、宋政权。弱小的南宋政权从建立时起就感到难以支持，急切希望停战议和。赵构几次派使向金求和，都被拒绝。然而，到金太宗后期，金朝对南宋发动的几次大规模进攻都遇到了顽强的抵抗，始终没有取得进展，南宋也在与金朝的对抗中逐渐站稳了脚跟。

金熙宗继位后，金朝统治集团内部的派别斗争激烈，大臣将帅为了争权夺利，往往互相残杀。金朝政局长期动荡不安，自身力量受到削弱。对南宋的进攻，又都以失败告终。此时金朝已无力进取江南，消灭南宋，因而开始出现与南宋停战讲和的趋向。

从绍兴三年到绍兴六年，金朝和属邦齐国在川陕地区和中原地区，同宋军展开了大规模战争，宋军接连取胜，伪齐的军队则是一溃千里，金朝在军事上的优势逐渐丧失。伪齐的无能表现让金朝统治者十分恼火，于是，在绍兴七年十一月，金朝废掉了刘豫的齐国。可是这样一来，一个严峻的问题摆在金朝统治者面前：用什么办法处理齐国原来统治的地区呢？主张与南宋讲和的完颜宗磐、完颜昌逐渐掌握了金朝朝政大权。金熙宗采纳完颜宗磐、完颜昌的建策，准备把原齐国统治的河南、陕西地区交给南宋，要赵构向金称臣，贡纳岁币。并且，金朝还愿意归还徽宗的梓宫和高宗生母韦太后。

绍兴七年（1137 年）十二月，南宋在金朝的使臣王伦回朝，传达了金朝议和的条件。赵构一听心花怒放，巴不得立即签订协约。只要能苟安，称臣纳贡又算得了什么呢？更何况还能赎回河南和陕西！于是，宋高宗赵构迫不及待地起用朝内的投降派，一贯主和的秦桧自然成为了最佳人选。赵构任用秦桧为宰相，推动金、宋议和。次年三月，赵构再次任命秦桧为右相，并赞扬秦桧说："秦桧一心为国，品德高尚，很值得大家学习。"在赵构的授意下，秦桧立刻与金朝接触，加紧进行议和。绍兴九年（1139 年）正月，金、宋达成了和议。

然而，这时金朝统治集团内部又开始了互相倾轧。由于怀疑完颜昌谋反，金熙宗处死了这个主和派首领，金朝的主和派失势，以兀术为首的主战派又掌握了大权。主战派对南宋态度十分强硬，他们反对把河南、陕西地区交给宋朝，决意发兵夺回，并继续进攻宋朝。

绍兴十年（1140 年）五月，金军以兀术为统帅，分四路南下进攻宋朝。宋军坚决抵抗，相继取得了顺昌、郾城、等役的胜利，然而，宋高宗赵构与宰相秦桧却唯恐抵抗有碍对金的和议，下令撤军，断送了抗金斗争的大好形势。不久，兀术再次南下，双方各有胜负。

兀术在几次交战后，也重新估量了形势。他看到金朝在军事力量上已失去优势，不可能用武力消灭宋朝。同时，金朝统治区北宋遗民不断扩大的抗金斗争和金朝统治集团的内争，尤其是连年进攻宋朝，耗费了大量的人力、物力、财力，国势衰落，军力日弱，很难继续战争。南宋朝廷冤杀岳飞，自毁长城的举动，赢得了金朝统治者的欢心，他们同意与南宋讲和。

绍兴十一年（1141 年）十月，赵构派魏良臣出使金国议和。十一月，金朝派肖毅为使，到杭州签订了和约。和约内容大致如下：宋向金称臣，金册封宋康王赵构为皇帝；东以淮河中流为界，西以大散关为界，南属宋，北属金，割唐州、邓州，以及商州、秦州的大半土地；宋每年向金纳贡银、绢各二十五万两、匹，从绍兴十二年开始，每年春季送至泗州交纳。

这个耻辱的条约，断送了南宋在这之前的抗金硕果，南宋由此与金形成了南北对峙的局面。然而，赵构以耻辱所换取的短暂“和平”，很快在 20 年后就被金军的再度入侵打破了。

6. 甘当附庸，无奈退位

昏庸无能的赵构听信秦桧的谗言，采取对金兵投降议和的政策，也冤杀了朝中忠心的大臣，南宋面对金兵的铁骑，再也找不出能与之抗衡的军队了。但金政权的内乱，使得几欲灭亡的赵宋政权转危为安。赵构无力驾驭复杂的政治局面，只好让贤，做了“太上皇”。

绍兴十一年（1141年）宋金议和后，南宋成为金王朝的附属国。从此，宋、金关系不再平等，而成为君臣关系了。赵构深感获得金朝对其帝位承认之不易，遂安于称臣纳贡，每年除把岁币如数送到泗州交纳给金朝外，还要搜刮大量的金银币绢，送给金朝贺正旦及生辰。赵构的母亲韦氏每年送给金朝皇后的礼物也数以万计。金朝皇帝还随时索取各种玩好，赵构都一一照办。

宋、金战争期间，金兵所到之处，烧杀掳掠，农田荒芜，百姓生活困苦不堪。议和后，宋廷向金朝交纳巨额贡物，这些钱财自然转嫁到了老百姓头上。旧创未平，新创又起，由于赋税沉重，国困民穷，各地农民纷纷起义。然而赵构不顾人民死活，大兴土木，建造了各种神殿宫寓，并举行盛大典礼来粉饰太平。

赵构的美梦还没做多久，金朝新主完颜亮就想一统天下，偏安江南的南宋小朝廷立刻又处在风雨飘摇之中。对于完颜亮南侵的企图，南宋的一些有识之士早有所察。

绍兴二十六年（1156年），东平进士梁勋上书，言金人有举兵之兆，劝赵构未雨绸缪，以防不测。赵构勃然大怒，竟以诋斥和议、迷惑大众的罪名，将梁勋流放到千里之外。这时秦桧已死，群臣拍手称快，纷纷上奏章揭露秦桧的罪恶，要求为岳飞平反昭雪。但赵构竟下诏说："和金人讲和之策是我本人之意，秦桧只是赞成我的做法罢了。"并宣布："从今以后有妄议边事者，要处以重刑。"

绍兴三十一年（1161年）九月，金主完颜亮率60万大军，分道南下，想一举灭宋。直到这时，赵构才慌了手脚。朝中的主战大臣在这些年，被主张投降的秦桧罢免的罢免，冤杀的冤杀，因此大战迫在眉睫，而宋朝却找不到一个合适的将领，整个京城乱作了一团。无奈之下，赵构只好起用患病在身的老将刘锜和王权率军抵挡。王权慑于金军的强大，在庐州不战而逃，全军溃败。赵构一听王权兵败，下诏准备解散官府，让臣民各自逃命，他自己又想走航海避敌的老路。在新任宰相陈康伯的坚决劝阻下，赵构才被迫下诏表示要率军亲征。但此时刘锜孤军难抵，继王权后也兵败南撤，整个两淮地区均被金军占领。

就在这时，金朝发生政变，完颜雍称帝。正准备举军渡江的完颜亮听此消息，急于回国平叛，没想到在采石被宋将虞允文一举击败。完颜亮恼羞成怒，强迫金军将士冒死渡江，结果激起兵变，一些将领杀死完颜亮，率军北撤。南宋军队乘势收复两淮，大获全胜。

采石之战的胜利是南宋官兵同仇敌忾，英勇奋战的结果，也是虞允文指挥有方的结果。虞允文本是一介书生，但他在危在旦夕的紧急关头，毫不犹豫地挺身而出，指挥部队抗击金军，其胆识十分可敬。并且，他正确地作了战略部署，发挥宋军水战的优势，以己之长攻敌之短，创造了以少胜多的辉煌战例。采石矶大捷，阻止了金军渡江，从而保卫了长江防线，使金朝攻灭南宋的战略计划遭到彻底破产，南宋得以转危为安，保持了长期偏安的局面。

完颜亮南侵的惨败，使南宋抗金热情大振，抗金运动风起云涌。高宗赵构早已被金兵吓破了胆，他和朝廷内部的主和派策划再次妥协。

但这时全国上下群情激昂，大有要一举收复北宋以来的失地之势。力主和谈的赵构十分尴尬，面对无法抑制的抗金形势，他陷入了空前孤立的境地，只好让贤。

绍兴三十二年（1162 年）六月，赵构让他的养子、宋太祖的七世孙赵昚继位，至此，赵宋政权君主一位又回到了太祖一系。赵构退位后孝宗皇帝赵昚奉他为太上皇。退位后，赵构终于过上了安宁的日子，继位的孝宗皇帝对他也特别孝顺。一方面，赵构舒舒服服地当他的太上皇，另一方面他还时不时地干预一下朝政。

7. 深明大义吴皇后

面临家族的危机关头，吴皇后深明大义，决定上朝垂帘听政。但她不恋政治，危机过后便撤帘不再听政。吴皇后虽然不问朝政，却每每帮助家族渡过危机。

宋高宗赵构的皇后吴氏，是开封人，她 14 岁就被选入宫，侍奉当年还是康王的赵构。赵构即位初年，到处躲避金军的追击，由于兵荒马乱，十分不安全，吴氏就身穿戎装，跟随赵构左右，显得十分英姿飒爽。吴氏为人很有胆略，有一次，宫内发生兵变，叛兵想趁机捕杀赵构，便抓住了吴氏，逼她说出赵构在哪里。吴皇后临危不乱，机智地把他们骗走，化险为夷。并且，吴氏还才思敏捷，很会取悦赵构。时值金兵南征，赵构乘船入海。一路上，赵构因为有金兵追击，愁眉不展，恰巧有条鱼跳到船上，吴氏机敏地说："白鱼是吉祥的征兆啊。"宋高宗赵构听后，十分高兴，更加宠爱她，不久，就封她为和义郡夫人，回到越州后又进封才人。此后，吴氏博览书史，勤习翰墨，很快被封为贵妃。

在靖康之难中，宋朝大批宗室被金人掳走，赵构的原配妻子邢氏及其他妃妾也都在其中。邢氏被掳北上后，赵构一直未立皇后，在绍兴和议后，作为交换，韦太后回到了南宋，赵构这才知道邢氏她们都被折磨致死。韦太后回来后，很喜欢吴贵妃，当时皇后的位子还空着，秦桧等人就上书主张立吴氏为后，韦太后也表示支持，绍兴十三年（1143

年），宋高宗下诏立吴贵妃为皇后，并且追王三代，吴家亲属因此封官的有35人。吴氏成为皇后后，并没有飞扬跋扈，她对回归的韦太后十分孝顺，亲自照顾太后的起居饮食，令太后十分满意。

宋高宗赵构虽然后宫妃嫔如云，但是儿子却只有元懿太子一人，然而元懿太子年仅3岁就夭折了，这件事使得赵构十分悲痛。太子死了，赵构本人又在南逃途中受到惊吓，患上了不育之症，不可能再有皇子。为了保住赵氏江山，赵构决定在宗室中寻找继承人。于是，张贤妃收养了宗室赵伯琮为养子，吴皇后为才人时，也收了宗室赵璩为养子。张贤妃病逝，赵伯琮也由吴皇后一并收养，高宗分别封赵伯琮、赵璩为普安郡王、恩平郡王。伯琮恭俭勤敏，聪慧好学，可当大任，吴皇后劝高宗立伯琮为皇太子。于是，高宗立其为皇太子，改名为赵昚。

公元1162年，高宗赵构禅位于赵昚，史称宋孝宗。宋孝宗登基后，尊吴皇后为寿圣太上皇后。孝宗即位之初锐意北伐，只可惜未能如愿收回领土，反而大败而归。孝宗也逐渐意冷心灰，就禅位做了太上皇。太子赵惇即位，史称宋光宗，宋光宗又尊吴太后为太皇太后。

宋光宗即位时已40多岁，他不仅政治昏聩，而且惧内，他的皇后李氏是历史上有名的妒妇。由于李皇后的挑拨，宋光宗与太上皇宋孝宗赵昚关系日趋紧张。在宋孝宗的葬礼上，宋光宗竟然拒绝出席。一时间谣言四起，朝野上下人心惶惶。就在这紧要的关头，枢密使赵汝愚责无旁贷地担起了维持朝廷稳定的重担。他审时度势，认为不如顺水推舟请光宗禅位嘉王赵扩，由新皇帝出面来平息事态。

这时的吴皇后年已八十，贵为太皇太后，若要朝野稳定，获得吴太皇太后的支持至关重要。吴太皇太后深明大义，她在得知朝野的严峻形势后，决定接受赵汝愚等大臣的建议，上朝垂帘听政。在朝议上，吴太皇太后宣布光宗内禅，由太子赵扩即位。但赵扩生性懦弱，害怕会卷入政治漩涡，所以当宣布他为皇帝后，赵扩绕着柱子，躲避送给他的皇冠，连声说："做不得，做不得。"众人一时不知所措。这时，吴太皇太后喝住赵扩，亲手给他戴上皇冠，赵扩才坐上帝位，史称宋宁宗。

第二天，太皇太后又册封赵扩的夫人韩氏为皇后，并撤帘不再听政。宁宗皇帝前去拜见光宗赵惇时，光宗这才意识到自己原来是做了有名无实的太上皇，他无可奈何地承认既定事实，结束了昏庸的统治，让位给了宋宁宗。就这样，在吴太皇太后的主持下，南宋渡过了一场政治危机。庆元元年，吴太皇太后加号光佑，迁居重华宫。宋宁宗即位后不久，赵汝愚失宠，后来被贬谪而死。这时中书舍人汪义端把赵汝愚看作是李林甫一样的奸臣，请求把和赵汝愚亲近的官员一并驱逐出朝廷，吴太皇太后听说后，非常生气，严厉地指责了他这种想引起朝野纷争的行为，也正是由于她的反对，朝野才又避免了一次大动荡。

吴太皇太后一生，经历高、孝、光、宁四朝，在后位（含太后）长达 55 年，是中国历史上在后位最长的皇后之一。由于她为人谦慎，又深明大义，因此，很受朝野上下的尊重和爱戴。她虽然不问朝政，却每每帮助朝廷渡过危机。公元 1197 年吴太皇太后病死，终年 83 岁，谥号为“宪圣慈烈皇后”，葬在永思陵。

第九章　壮志难酬　孝宗赵昚

赵昚(1127—1194年)，公元1162—1189年在位，史称宋孝宗。赵昚初名伯琮，出自太祖少子秦王赵德芳一脉，父亲为季王赵子偁，母为张氏。以仁孝博得高宗赵构的认可，得以登基称帝的宋孝宗赵昚励精图治，大有复兴南国之志。面对金国咄咄逼人的态势，孝宗主动出击进行“隆兴北伐”。怎奈张浚志大才疏，断送了孝宗的壮志豪情。“隆兴和议”并未从根本上改变南宋的颓势，加之改革受挫，1189年，厌倦了政事的孝宗禅位光宗。孝宗一朝涌现了陆游、辛弃疾等大批爱国志士。此外，文坛上诗词风格焕然一新，理学、心学交相辉映，书院繁盛使得南宋的社会生活丰富多彩。

1. 皇权重回太祖脉

封建社会，皇权的归属对统治家族有着重大意义，谁掌握皇权，谁就掌握着天下，同其他的族系就有着天壤之别，地位也不可同日而语。赵氏家族的皇储无论太祖、太宗系一直都枝叶不盛，到了南宋第二代，皇权又回到了太祖一系。综观整个赵宋朝，两系掌握皇权者平分秋色。

孝宗赵昚，原名伯琮，为太祖赵匡胤七世孙。宋代自真宗开始，皇位一直在太宗一系传承，到高宗时，由于高宗独子赵敷夭亡，大臣们建议从太祖的后代里选立继承人。绍兴二年，6 岁的赵伯琮幸运地被高宗选中，育于宫中，36 岁时被立为太子，改名为昚，同年登基。之后，宋朝皇位又回到了太祖一系。

自从“烛影斧声”事件中宋太祖莫名死去，宋太宗弟继兄位后，宋朝的皇帝一直是由太宗一系传承，宋高宗赵构也是太宗一系的后裔，可是继任高宗帝位的宋孝宗赵昚却是太祖一系，是宋高宗故意要传位给太祖一系，还是另有内情呢？

建炎三年（1129 年）秋天，高宗赵构唯一的儿子突然夭逝，使其大为悲痛。太子既死，高宗又在逃亡途中受惊，患了不育之症，一时之间竟无法选出皇储来继嗣。储君的废立，对于封建王朝来说是一件非常重大的事情，历代以来兄弟父子相残争夺皇位的例子不胜枚举。可以说，储君是一国安定的根本，如果不立储君，朝野就不能安心，国家的稳定也会随之受到很大的威胁。

于是，大臣们纷纷上奏，一时间朝野上下十分混乱。宋高宗也为此事发愁，不知道该立谁为储。这时候，吴皇后建议说：“以前是太祖让位给太宗坐了皇帝，现在太宗一系都被俘虏到金国了，陛下何不效仿太祖再把皇位传给太祖的后人呢？这样天下人都会称赞你的贤德的。”宋高宗听后，觉得十分有道理，随后，在大臣又劝立太子时，他便表明了这个意向。大臣们听说高宗要立太祖的后人为储，果然对此举赞不绝口，纷纷上书，请求立太祖之后为储。宋高宗见大家都赞同这个意见，便下定决心从太祖的后人中“访宗求室”。按照辈分，这时储君应该在太祖的后裔“伯”字行中挑选。

从北宋初建到南宋初年，“伯”字行的太祖后裔已达 1645 人，挑选的余地虽然很宽，但要千里挑一，也绝非是件易事。最后，高宗定夺，留下了伯玖和伯琮。高宗赵构在从伯玖和伯琮中挑选合适接班人时，可以说费了一番周折。最终决定将伯琮作为太祖后代储君候选人，养育在宫中。伯琮入宫时年仅 6 岁，走路摇晃还需要人护持，高宗便让爱妃刘婕妤养育。

伯琮天资职颖，博闻强记，与常人不同，受到高宗的钟爱。绍兴三十年，宋高宗赵构宣布立伯琮为皇子，更名为眘，封为建王，并诏告天下。接着，又确定赵眘为皇子，这样，就确立了皇位继承人，免除了后顾之忧。

绍兴三十二年，高宗又正式册立赵眘为太子，并下旨在紫宸殿行内禅之礼。可是，赵眘死活不肯接受，他默默地退到了大殿一侧的旁门，想返回东宫。随后，宋高宗不得不再次降谕旨，赵眘这才勉强答应。赵眘虽然表示愿意即位，但他仍十分谨慎。在行内禅礼时，文武百官齐聚殿门下，宣读禅位诏书后，按官阶高低鱼贯进入紫宸殿迎接太子登基。太子到御座前，却拱手侧立不坐，在内侍的七八次扶掖之后才稍稍就坐，宰相率领百官祝贺，赵眘又忽然从座上跳起来，特别难过地说：我父高宗的命令太过独断了，天子的位子很重，我的年纪尚不足以担当此重任啊，还是容我退避吧！群臣苦劝一番，赵昚又再三推辞几番，看实在拗不过众人，这才只好听从所请，继承了皇位，就是历史上以孝著称的宋孝宗。

宋孝宗即位后对太上皇赵构十分孝敬，赵构也特别高兴，直夸自己所托得当。后人评价赵构说，他一生昏庸没有做过什么值得称道的事，但在选立太子这件事上却是很公允的。

2. 隆兴北伐与隆兴和议

孝宗赵昚是南宋最想有所作为的君主，也是南宋唯一志在恢复的君主。他与当年宋太祖赵光义、宋徽宗赵佶发动战争的目的有着天壤之别。战争的结局对赵氏家族来说，也不再是一味地屈辱受气；对宋金双方来说，都进入了社会经济发展的最好时期。

宋孝宗赵昚于绍兴三十二年（1162 年）受高宗内禅而继位。第二年改年号为“隆兴”。孝宗皇帝在位期间，多次采取各种措施整顿南宋政权的积弊，期望能够挽狂澜于既倒。怎奈自北宋以来的种种社会矛盾早已是根深蒂固无法挽救了。这位南宋朝最有魄力与潜质的皇帝，面对如此局面已是无力回天，他的许多努力也付之东流。

赵昚做皇子时就主张抗金，即位后更锐意恢复。当年七月，他就正式为岳飞冤案彻底平反，朝野上下为之一振。他对秦桧构陷的其他冤案也进一步作出处理，李光、赵鼎等去世的受害者，都恢复名誉，抚恤子孙；同时，张浚、胡铨、辛次膺等健在者都受到了重用。赵昚继续任用高宗末年那些坚持抗金、政绩卓著的大臣，陈康伯、虞允文、张焘等都成为新班底的核心。

金主完颜亮南侵以后，迫于舆论与形势，高宗赵构不得不重新起用废黜近二十年的主战派代表张浚，让他出判建康府，但决不让他干扰自己的乞和路线。赵昚一即位，就召张浚入京，共商恢复大计，任命他为江淮宣抚使。对此，高宗赵构很不以为然，他还想阻止赵昚的恢复计划。但赵昚起用张浚、准备抗金的决心已定。

宋孝宗隆兴元年（1163 年）正月，赵昚任命张浚为枢密使，都督江淮军马，史浩升为右相，当时左相是陈康伯。组织“隆兴北伐”的战略部署。张浚派李显忠、邵宏渊率军渡淮北伐。宋军进军之初，连克灵璧、虹县、宿州等地，但受符离之败的影响，宋军很快便溃败。此次北伐原本便组织不甚充分，加之用人不当、将领之间的冲突与矛盾，“隆兴北伐”未取得任何进展。而符离战败致使宋朝积蓄的军资损失殆尽。

张浚当时坐镇盱眙指挥，符离之败的消息传至盱眙，张浚闻讯大惊，慌忙之间以刘宝为镇江都统制，渡淮北上泗州。金兵并没有趁胜南下，这时候南宋朝廷的投降势力又开始积极活动了。此时，已为太上皇的高宗并不赞成北伐，赵昚凭着年轻人的勇气和新君的锐气，决意出师北伐。只可惜张浚志大才疏，未能实现赵昚的宏图伟业，战败的屈辱极大地打击了赵昚的自信心，他不得不对投降派作出让步。“隆兴北伐”就这样以失败而告终。

北伐之败，让赵昚意识到恢复大业不可能在短期内实现，他开始在和战之间摇摆不定。隆兴元年七月，他起用秦桧余党汤思退为右相，让其主持同金朝议和。汤思退延揽同党，排斥主战将领。张浚屡屡遭到弹劾，终被贬官，其他主战大臣也纷纷去官。

隆兴二年（1164 年）十二月，宋金重新订立和议：南宋不再对金称臣，改称侄皇帝；每年向金朝交纳的“岁贡”改称“岁币”，并减十万之数；南宋把完颜亮南侵失败后由宋军收复的州郡割还金朝。这就是所谓的“隆兴和议”。

与绍兴和议相比，虽然这次议和对南宋来说仍旧是一个屈辱的合约，但南宋在隆兴和议中的地位却有所改善。南宋皇帝不再向金朝称臣，岁贡改为岁币，数量也比绍兴和议减少十万两，这是金朝最大的让步；而南宋在采石之战以后收复的海、泗等六州悉数还金，则是宋朝最大的让步。

宋金双方的让步，都是基于一种新的地缘政治的实力平衡：金朝的让步是出于内部的不够稳定，宋朝的让步是出于兵戎相见时太不争气。离开这两点，空谈和议是否平等或屈辱是意义不大的。隆兴和议以后，宋金关系再度恢复正常，直到开禧北伐才试图再次打破这种地缘政治的均衡状态。而隆兴和议到开禧北伐的四十年间，对宋金双方来说，都是社会经济发展的最好时期。

3. 得与失：孝宗重振皇权的努力

赵氏家族的“祖宗法度”，影响着赵家一代又一代的统治者，这也是赵氏政权软弱的原因所在。赵昚为了防止再次出现大臣擅权的局面，采取了各种措施以加强皇权。然而，赵昚的“志大才疏”，还是对南宋政治产生了消极的影响。

孝宗赵昚在积极处理对外关系的同时，更注重强化内部统治机能。高宗赵构后期，秦桧独揽朝政，党羽遍布朝廷，相权的膨胀对皇权构成了极大的威胁。赵昚曾亲身感受到秦桧的专横跋扈，他主政后，为了防止再次出现大臣擅权的局面，采取了各种措施以加强皇权。

即位之初，赵昚就开始着手革除南宋初期以来政治上的种种弊端。他积极整顿吏治，裁汰冗官，加强对贪官污吏的惩治力度，严格官吏的考核，甚至亲自任免地方中下级官吏。南宋建立以后，财政一直拮据，赵昚尽量减少不必要的开支，还经常召负责财政的官吏进宫，详细询问各项支出和收入，认真核查具体账目，稍有出入，就一定要刨根问底。

为了改变民贫国弱的局面，赵昚特别重视农业生产，不仅每年都亲自过问各地的收成情况，并且还十分关注新的农作物品种。一次，范成大进呈一种叫“劫麦”的新品种，孝宗赵昚专门命人先在御苑试种，发现其穗实饱满，才在江淮各地大面积推广。

赵昚在位期间，“躬揽权纲，不以责任臣下”，大到军政国事，小到州县狱案，他都要亲自过问。无论是在积极进取的隆兴、乾道时期，还是在消沉保守的淳熙时期，赵昚一直保持着这种事必躬亲的作风。这固然是为了把权力集中在自己手中，但作为一个皇帝，能够自始至终孜孜不倦地处理政事，毕竟是十分难得的。

赵昚的勤政的确达到了集中皇权的目的，许多原本该由臣子处理的政务，现在都要由他亲自裁定，臣子们只好俯首听命，很少有自己的主见。然而，这种勤政对南宋政治却产生了消极的影响。赵昚理政之细，已经到了烦琐的程度，他把太多的精力放在了细枝末节上，反而忽视了治国的大政方针。一些大臣曾劝过赵昚要先抓住国家大政，虽然他也认为他们言之有理，但一遇到具体问题，又依然故我。

在重大决策上，赵昚往往事先不经深思熟虑，就贸然施行，稍有挫折，就马上收回成命，他在位期间，朝令夕改、犹豫反复的情况多次出现，其中，最典型的例子就是他在张浚北伐、隆兴和议中的表现。恢复中原的计划最终落空，与赵昚的这种为政作风也不无关联，有人评价他“志大才疏”，还是有一定道理的。

赵昚的集权，使以宰相为首的朝廷大臣们难有作为。孝宗赵昚在位 28 年，先后出任宰相的有 17 人，参知政事的有 34 人之多，如此频繁地更换宰臣，这在宋朝历史上是极为罕见的。每位宰臣在任时间几乎都不长，可见赵昚的目的是为了防止权臣的出现。他为了树立起君主的绝对权威，有时甚至听信片面之词，不经过调查核实，就将宰臣免职。乾道二年，有人检举参知政事叶颙受贿，而检举之人与叶颙素来就有矛盾，赵昚在真相尚未明了之前，就将叶颙免职，之后，经有关官员查证，并没有发现叶颙受贿的确凿证据，赵昚才意识到错怪了叶颙，重新召其入朝。

淳熙二年，朝廷选派使臣赴金求河南陵寝地，宰相叶衡推荐汤邦彦前往，汤邦彦胆小如鼠，他怀疑这是叶衡要自己去送命，因此怀恨在心，向赵昚上书告密，说叶衡曾有诋毁赵昚的言论。赵昚大怒，当日就罢去了叶衡的相位，并将其贬往郴州。宰相是百官之首，赵昚却轻易罢免，反映出他对宰臣们缺乏真正的信任。

在宰臣的具体人选上，赵眘恢复了宋代立国以来“异论相搅”的祖宗家法，提倡宰臣之间存在不同的政见，以此来让他们互相牵制。宰臣们不能团结合作，虽然在一定程度上有利于皇帝控制朝政，但这种局面却给赵眘的中兴大业带来了极其严重的负面影响。

隆兴元年十二月，赵眘以汤思退为左丞相，张浚为右丞相，让主和派重新执掌了大权，主和派趁机大肆破坏张浚辛苦经营的江淮防线，最后，迫使赵眘屈辱求和。乾道年间，赵眘再谋北伐。他先是任命叶颙为左丞相，魏杞为右丞相，前者一向主张恢复，后者却始终反战主和，一年之后，赵眘就觉得他们意见有分歧，很难成事，便罢去了他们的相位。但是，赵眘并没有改变用人方法，乾道八年，在他任用虞允文为左丞相的同时，又将反对用兵的梁克家升为右丞相，结果使虞允文心存顾虑，迟迟不肯从四川出兵。

除了内部的互相牵制，赵眘还利用宰臣之外的政治力量来制约宰臣，这就是重用自己未当皇帝前的部属们。这些部属往往倚仗赵眘的宠幸祸乱朝政，被士大夫们指斥为“近习”。他们由于长期跟随赵眘，和他关系密切。相对于其他朝臣，赵眘对他们更为信任，遂重用他们以为耳目，这构成了孝宗朝政治的又一特点。

赵眘的近臣比较有名的有曾觌、龙大渊、张说等人。曾觌、龙大渊原是赵眘为建王时的低级僚属，由于善于察言观色，深得孝宗欢心。赵眘一登上皇位，便立即破格提升二人，让他们参与军机大政。朝臣们纷纷奏章反对，抨击二人不学无术、见识浅薄，仗着赵眘的恩宠，必将“摇唇鼓舌，变乱是非”。赵眘不但不听劝谏，反而还将反对的大臣降职免官。曾、龙二人从此更无所忌惮。

乾道三年（1167年），参知政事陈俊卿抓住曾、龙二人不法行为的证据，弹劾他们偷听、泄漏机密政事，赵眘一时激愤，将曾、龙驱逐出朝。但实际上，赵眘心里对二人还是念念不忘的。乾道四年，龙大渊死于任上。接到龙大渊的死讯，赵眘又想召曾觌回朝，但朝臣们已经猜到了他的心思，不等诏书下达，反对的奏章就纷至沓来。

乾道六年，反对最为强烈的陈俊卿罢相，赵昚立刻召回了曾觌，对其恩宠有加。曾觌一时间权势显赫，朝中文武官员多出其门。淳熙六年（1179 年），出守建康府的陈俊卿两次面见赵昚，一再指出近习结党营私的危害。赵昚对朋党一向严于防范，经陈俊卿的提醒，这才开始对曾觌等人稍有疏远。

张说本以父荫入仕，后因娶高宗吴皇后之妹，遂受重用。乾道七年，赵昚任其为签书枢密院事，进入执政之列。朝议大哗，同知枢密院事刘珙耻于与张说共事，愤然辞职，中书舍人范成大拒绝草诏，赵昚只得暂时收回成命。

一年之后，赵昚再次命张说参与枢密院事，尽管这次朝臣们依然激烈反对，但赵昚仍不为所动，将持有异议的李衡、王希吕、周必大、莫济等人一并免职，强行发布了对张说的任命诏书，此后再也没有人敢公开议论这件事了。张说之所以能够得到赵昚的器重，除了他的外戚身份外，还与他在抗金恢复上的态度有关。当时，赵昚正在筹备再次北伐，而朝中大臣要么明确反对，要么犹豫观望，张说对北伐积极赞同，是除虞允文外，少数几个支持出兵的大臣之一，因此，赵昚坚持起用张说，是希望他能协助自己和虞允文，早日恢复中原。然而，张说既无才识，又无德行，他上任之后，便与曾觌等人互相勾结，倚恃恩宠，为所欲为，使赵昚大失所望。淳熙元年，赵昚罢免张说，将其贬谪抚州。

综观孝宗一朝，对外力图中兴恢复，最终却徒劳无功；对内即使重新树立起了皇权的威严，但吏治腐败、民乱迭起的状况却没有得到根本好转。

尽管如此，赵昚仍不失为南宋最想有作为的君主。他经常感叹自己功业不如唐太宗，富庶不及汉文景父子，抱怨自己还不如东吴孙权，能得许多人才。他十分勤政，以至“事无巨细，概呈御览，情无轻重，均由圣裁”。乾道、淳熙年间，南宋社会经济持续迅速发展，尽管也有过湖北赖文政率领的茶贩茶农暴动，以及广西李接领导的农民起义，但就社会政治而言，这一时期仍不失为南宋最清明稳定的时期。

赵昚锐意北伐，但内外条件却令他“用兵之意弗遂而终”。他外逢金世宗统治，对手政局稳定，财政充裕，战备严整，无懈可击；内有太上皇干扰，自己被索缚手脚，消磨锐气，有心无力，有种种的无奈。孝宗在位二十七年，有二十五年受到太上皇赵构制约。太上皇并没有如其禅位时宣称的那样，不问朝政，颐养天年，一到关键时刻，他就多方掣肘，出面干涉，例如新任命的宰执必须到他那儿“入谢”，面听“圣训”。在恢复大计上，太上皇更是寸步不让。他一再告诫赵昚：一旦用兵，对方不过事关胜负，我们却是关乎存亡；恢复事等我百年以后你再考虑吧！这也是赵昚在隆兴北伐后不再用兵的重要原因之一。

淳熙十四年(1187年)，太上皇赵构最终去世，赵昚还做了两年皇帝，但他却无复当年的锐气，暗中打算着禅位给自己儿子了。后人以恢复论其父子道：“高宗之朝，有恢复之臣，而无恢复之君；孝宗之朝，有恢复之君，而无恢复之臣。”此说不无道理，高宗无意恢复，但岳飞、李纲、张浚都以恢复为己任；孝宗志在恢复，仅一个虞允文也中途而殁，历史的机遇并不是尽如人意的。

淳熙后期，赵昚已经深感力不从心，开始厌倦烦琐的政事，打算让位于太子，但碍于太上皇高宗还健在，一时无法施行。淳熙十四年十月，高宗病逝，赵昚决定服丧三年，以“守孝”为由退位。

淳熙十六年（1189年）二月，孝宗正式传位于太子赵惇，时为光宗，自己退居重华宫，做起了太上皇。

第十章　庸碌无道　光宗赵惇

赵惇(1147—1200年)，公元1189—1194年在位，史称宋光宗，赵惇是孝宗第三子，母为成穆皇后郭氏。他43岁登基，仅仅过了两年，就患上了精神疾病。光宗的病态心理源于他对父亲的猜忌和对妻子的恐惧，在位5年间，他的病情不断加重，最后不得不在48岁时退位。宋光宗赵惇是南宋初期几位皇帝中在位时间最短的一位，他在位时间虽短，却在宋代历史上挥下了极为奇特的一笔。

1. 绍熙初政，不孝子登基

一个统治者，连最基本的人伦纲常都不遵守，怎么会有能力治理好一个国家？光宗在位期间全然不像父亲孝宗皇帝那样锐意进取，可以说，完全是一个昏庸无道的皇帝的代表。

孝宗皇帝赵昚即位后，发动了对金的“隆兴北伐”。虽然北伐取得了一定成果，但是并没有根本改变南宋的不利局面。此后，他又在南宋内部屡有改革举措，只可惜由于北伐失败的打击，加之许多政令实施不利，成果都不大，以致于孝宗逐渐对政事产生了厌烦的心理。高宗死后不久，孝宗皇帝也打算效仿高宗，退居到幕后，因此，便匆匆忙忙地将皇位传给了儿子赵惇，即宋光宗。

宋光宗赵惇的皇帝之路并非一帆风顺。赵惇是孝宗赵昚的第三个儿子，生于绍兴十七年（1147 年），孝宗即位时被封为恭王。乾道元年（1165 年），他的大哥邓王被确立为太子，这样一来，赵惇根本没有任何登基称帝的机会，但就在赵惇失望之时，太子于乾道三年突患重病，病情逐渐加重，不久便死去了。

这给赵惇提供了绝好的机会，他便暗下决心准备在皇位争夺战中获胜。他在太子死后立刻像换了一个人，每日习文练武不辍，并在王府中与侍讲的官员评论历代王朝的功过得失，时常发表惊人的见解，大有语不惊人死不休的架势，连侍讲官员都自叹弗如。但孝宗此时仍在不断考察诸皇子，并没有马上确立太子。几年后，太史呈报说天象变化，应确立太子。这时，宰相也乘机请求皇帝及早确立储君。就这样，恭王赵惇被册立为太子，淳熙十六年（1189 年）二月，孝宗禅位于太子赵惇。

赵惇即位后，孝宗并不甘心完全放弃对朝政的内控，禅位前安排自己信得过的老臣周必大出任左相，作为一种平衡，安排赵惇潜邸旧臣留正为右相。赵惇一上台，就不愿再受太上皇摆布，提拔亲留怨周的何澹为谏议大夫。何澹一上任，首攻周必大，赵惇顺水推舟将其罢相，升任留正为左相。

赵惇即位次年，改元绍熙，史称绍熙初政，后世评其“宜若可取”，实际情况是言过其实。光宗虽多次下诏求言，却是只做听众而缺少行动，有臣子就一针见血地说他“受言之名甚美，用言之效无闻”。在任用台谏上，赵惇既出于私心选用了何澹，也严加甄选，任命了刘光祖、彭龟年等人，可谓正邪并用。至于薄赋缓刑，见诸本纪的“下诏恤刑”“后殿虑囚（审问囚犯）”，不过是虚应故事；减税、节用、理财之举，或杯水车薪，小惠未遍，或有始无终，言行不一，总体上无甚可取。

另一方面，赵惇初政，有违明君之德的嗜好却逐渐暴露。他对优伶歌舞，市井段子，非常感兴趣，时时召来演出，乐此不疲。他原先就嗜酒，如今更是饮宴无度。

太学生余古知道了这些情况，就趁着下诏求言，在封事里以酒池肉林的商纣王和宠昵伶官的唐明宗作为类比，进行劝谏。此谏触到了赵惇的颜面，他再也顾不得维护纳言好谏的形象，一怒之下，将余古押送筠州，让他边受监管边学习。

不仅后宫生活不检点，登上了帝位的赵惇，还觉得自己再也没有必要装出“孝子”的模样来讨孝宗的欢心了。即位之初，他也曾仿效孝宗侍奉高宗的先例，每月4次朝见重华宫，偶尔也会陪孝宗宴饮、游赏，但是没过多长时间，他便开始找借口回避这种例行公事，父子间的隔阂逐渐显现出来。

光宗赵惇只有一个儿子赵扩，时封嘉王，是皇位理所当然的继承人。宰相留正劝赵惇早日立储，赵惇便听从建议去找太上皇，不料孝宗对他说：“当初按例应立你二哥，因为你英武像我，才越位立你。而今你二哥的儿子还在。”意思很明白，孝宗赵眘认为长子赵愭绝后，皇位应该再回到次子赵恺一系。孝宗这一安排原因有二：其一，弥补对赵恺的歉疚心理；其二，他发现嘉王“不慧”，而赵恺之子嘉国公赵柄早慧。赵惇在大义与情理上，不能回驳太上皇，内心却有极大的怨怼，这给两人的父子关系划出了无法弥合的裂痕。

绍熙五年，孝宗得病，赵惇一次也没有入宫探视。亲生儿子冷落自己到这种地步，孝宗心中充满了失望、悒郁与悲伤，病情急转直下。五月，孝宗病重。太学生们听说赵惇此时竟然还在后宫玩乐，并不过宫省亲问疾，便写了一篇《拟行乐表》，其中两句说“周公欺我，愿焚《酒诰》于康衢；孔子空言，请束《孝经》于高阁”，辛辣地讽刺了赵惇的不孝无德。

朝廷大臣也因赵惇不从劝谏而倍感失望，纷纷上书自求罢黜，居家待罪，“举朝求去，如出一口”，而赵惇统统下诏不准。留正等大臣再三恳请赵惇过宫探视孝宗病情，赵惇不听，拂衣而去。留正紧拉赵惇的衣襟，苦苦进谏，赵惇仍不为所动，自回内宫，群臣只得恸哭而退。都城百姓对赵惇的强烈不满，至此也达到了顶点，不加掩饰地表露出来：曾经藏在心里的愤怒，现在则“勃勃然怒形于色矣”；过去只是私下里议论，现在则“嚣嚣然传于道矣”。

当年六月，孝宗驾崩，赵惇仍然不顾百官奏请，连丧事也不肯主持，只得由太皇太后吴氏代其主丧。事实上，赵惇内心深处仍然畏惧孝宗，他不相信孝宗已死，认为这是一个篡夺自己皇位的圈套。他不仅安居深宫，宴饮如故，不为孝宗服丧，并且担心遭人暗算，时刻佩剑带弓以自卫。然而，正当这位不孝的皇帝终日提防自己已故的父亲的时候，他却万万没有料到，皇位已经被自己的儿子悄悄地取代。绍熙五年七月，嘉王赵扩在太皇太后的支持和大臣赵汝愚、韩宅胄等人的拥立下即位。

赵惇在争夺皇位时善于伪装自己，孝宗赵眘竟没有识破他的假面具，最终使这样一个无能又不孝的儿子登上了皇位。这是宋孝宗的悲哀，也是整个赵氏家族的悲哀。

2. 跋扈善妒的李皇后

李凤娘凭一句“此女当母仪天下”而被册封为皇后，她虽长得美艳绝伦，内心却阴险毒辣，在后宫之中，时常搬弄是非，是一个典型的悍妇。赵惇懦弱无能，他的不孝之举在很大程度上与李后的教唆有关，“母仪天下”就此成了一个笑谈。

南宋光宗皇后李氏，安阳人，庆远军节度使李道的女儿。取名凤娘。其父听说道士皇甫坦善给人看相，将他邀至家中。皇甫坦一见李凤娘，大惊说：“此女当母仪天下，请妥善抚养。”后来皇甫坦受宋高宗信任，高宗听信皇甫坦鼓吹李凤娘“当母仪天下”，为此，命当时还是恭王的赵惇将其纳为恭王妃，封荣国夫人，进定国夫人。

册立为太子妃后，李氏容不得太子身边宫女的增多，一再到高宗与孝宗夫妇面前告状，孝宗赵昚让她学点后妃之德，同时警告她：“如果只管与太子争吵，宁可废掉你！”

李凤娘虽长得美艳绝伦，内心却阴险毒辣，跋扈擅嫉，在后宫之中时常搬弄是非。赵惇即位后，李氏被册封为皇后，这使得她更加肆无忌惮，目中无人，有一次，竟然话中有话地讥讽太上皇后谢氏与孝宗不是结发夫妻，气得孝宗把老臣史浩召来讨论废黜事。史浩从稳定政局出发，认为决不可行，废后之事这才作罢，但双方关系却充满了火药味。李氏也由此成了南宋后宫之中专权干政的典型代表。

李皇后是一个典型的悍妇。光宗皇帝性格懦弱，没有主见，他对李氏既怕又爱，任何事都是李氏说了算。光宗皇帝虽然不敢和妻子正面发生冲突，但是他心里十分清楚，皇后之所以专横跋扈，全在于她依靠宦官的势力。光宗皇帝本来是计划釜底抽薪将这些宦官诛杀，却迟迟没有下手。然而他的想法，却逐渐被内侍察觉，宦官们这下大为惊恐，整日谀媚李皇后，祈求她设法解救。宦官势力还不断在太上皇与光宗之间搬弄是非，达到离间两宫的目的。李皇后对宦官势力更是大加包庇。

李皇后为人忌妒心极强，如果有人稍稍影响到她的地位，她便恨不得处之而后快。赵惇在宫中盥洗时，曾赞美了一个宫女的纤纤玉手，恰巧被李后听见。次日，李氏便遣内侍送来一个食盒，盒中装的竟是一双血肉模糊的玉手，令人惨不忍睹。

李后妒悍成性，尤其是对赵惇最为宠爱的黄贵妃，更是怀恨在心。绍熙二年十一月，按例皇帝要亲祭宗庙，赵惇无法推脱，只好前去祭奠先祖。李后便趁此机会召入黄贵妃，斥责她迷惑光宗，罪在不赦，令内侍持以大杖将黄贵妃重笞数百下。黄贵妃就这样被李后活活打死。赵惇得知黄贵妃无故惨死，非常惊骇，但是又找不到任何证据，对李后也不敢加以责问，只能任由李后胡作非为。赵惇受此打击，思绪混乱，整日麻木无状，神经从此失了常。

直到绍熙三年春天，赵惇才能勉强升殿听政，但也往往目光呆滞，精神恍惚。他的病情时好时坏，还有点周期性，岁末年初比较稳定，偶尔还去朝见太上皇，开春到秋末神志就基本不正常。理智清醒时，赵惇还想做个明君，曾为自己能把陈亮由礼部奏名第三擢为第一而喜形于色。但昏政已司空见惯，蜀帅吴挺死了半年，赵惇还固执地以为吴挺活着而不派新帅。绍熙二年岁末以后的两年半时间里，南宋王朝就是由这样一个精神病患者君临天下的。

太上皇孝宗赵昚听说儿子赵惇得病，十分忧虑，便找来御医为赵惇开了一副良方，只待赵惇问安时，给他试服。但是，这时的赵惇由于李后的不断挑拨，对孝宗已全无父子情义。又由于宦官们捏造谣言，孝宗为光宗服药的消息传到了李后的耳朵里。李后更是将此事在赵惇面前大加渲染一番，致使赵惇与孝宗的关系更加紧张，自此以后，赵惇便很少前往孝宗的寝宫拜见。

李后在光宗染病期间，乘机独揽大权干预政事，这是违反南宋祖制的。太上皇赵昚前去看望赵惇，赵惇见父亲到来慌忙起身拜见，赵昚看他骨瘦如柴，十分心疼自己的儿子，并好言相慰，要赵惇好好养病。但是，左右不见李后，赵昚非常气愤，待李后前来便质问她为何不在光宗身边侍奉。李后却借口因批阅奏折故不能侍奉光宗，赵昚听后更是勃然大怒，严厉斥责李后不应该干预政事。李后不敢有所反驳，但是对赵昚更加嫉恨。

光宗赵惇与孝宗赵昚之间的关系由于李后的挑拨日益冷淡。赵昚病重，赵惇一脸漠然，也不去问疾，反而天天与李凤娘游宴。

绍熙五年六月，孝宗病逝，赵惇竟然拒绝主丧，而是由吴太皇太后代为主持。留正、赵汝愚请高宗吴皇后以太皇太后之尊垂帘听政，吴皇后不愿背上女主干政的恶名，只同意代行祭奠礼，并向外宣布“皇帝有疾，可在南内服丧”，以遮掩朝廷体面，平息朝野义愤。

赵惇的不孝之举，在很大程度上与李后的教唆有关，但是，赵惇随即便为此付出了代价，绍熙五年（1194 年），孝宗皇帝去世后不久，赵惇的儿子嘉王赵扩被群臣拥立登基，赵惇被迫退位。

李后自宁宗受禅后，被奉为皇太后，尊号寿仁，再也无法兴风作浪了。在皇太后的位子上，她没做什么出格的事，直到庆元六年得病而死。

3. 偏执疯皇帝，儿夺父位得人心

孝宗好不容易刚刚开创的中兴局面被患有心理和精神疾病的光宗断送，赵氏家族的历史从此走向了下坡路。一个不能为国家人民谋利的君主，注定了被推翻的命运。

光宗朝的政治，以他绍熙二年十一月发病为界，前后分为两个阶段。发病前，光宗在朝政的处理上循规蹈矩，尚不失为一个合格的守成之主，史书称其“绍熙初政，宜若可取”，评价还是较为公允的。光宗多次减免赋役，在一定程度上减轻了百姓的负担；并且他还采取了一些措施整顿吏治，在用人方面也有值得称道之处。

宗室赵汝愚有一定才能，曾考取进士第一名，光宗置不得重用宗室的祖制，以及台谏大臣的强烈反对于不顾，将他擢为知枢密院事。之后，赵汝愚在解决赵宋统治危机时，确实起到了重要作用。永嘉学派的代表人物陈傅良通晓历代政事制度，主张为学要经世致用，在朝野间享有盛名，光宗任用他为起居舍人兼中书舍人，负责记录自己的言行，并书读诏命，6 年间一直留他在朝中。

然而，随着病情的加重，光宗已经很难对国事作出理智的处理。绍熙初政时，光宗就已经显出性格中固执的一面，发病以后偏执的症状愈发严重。偏执让光宗很难接受不同的意见，处理政事全凭一己所欲，对于持有异议的朝中大臣，他或是对其意见置若罔闻，或是令其外出任职。在过宫风波中，光宗的偏执表现得尤为明显。此外，与大多数精神病患者一样，光宗坚持认为自己没病，不需要服药和照料。他甚至不允许医生接近，曾经在一天之内赶走了数十人，还常对让他服药的内侍们大发雷霆，弄得宫掖之内人人自危，宫人们对他也渐生不满之心。

光宗的精神病近似于妄想症，以前他只对孝宗猜疑，其后逐渐推而广之，对许多大臣也开始不信任。相反，对于东宫旧僚他倒是十分眷顾。绍熙四年，光宗任命东宫旧僚姜特立为浙东马步军副总管，还准备召他入宫。东宫旧人由于曾和皇帝朝夕相处，关系格外亲密，往往会凭借皇帝宠幸危害朝政。为了防止这样的情况出现，朝臣们纷纷上书，请求光宗收回成命，光宗却不为所动。丞相留正甚至请辞相位，出城待罪，试图迫使光宗改变主意，但光宗既不许他辞职，又不召他回朝，致使留正离位长达140余天，此间没有宰相处理国家的日常事务。最后，还是因为要向太皇太后上尊号册、宝，须以丞相为礼仪使，光宗才召回留正，不再坚持让姜特立入朝。

除了东宫旧人，光宗还相信身边的宦官。绍熙四年，他任命陈源为大内侍省押班，也就是宦官头领。陈源在孝宗时深得太上皇高宗的欢心，常常窥伺孝宗举动，孝宗因此很厌恶他，不仅抄了他的家产，还把他编管郴州。陈源对孝宗自然怀恨在心，如今被召回宫，光宗对孝宗又本存猜忌，陈源便趁机勾结宦官林亿年、杨舜卿等人，时刻在光宗身边煽风点火，离间孝宗父子关系。此时的光宗已经丧失了判断能力，对宦官的谗言深信不疑。

光宗在东宫时，孝宗曾称赞他“无他嗜好”，而事实上光宗嗜酒成癖。发病以后，光宗时时处于担忧、猜疑和畏惧之中，更需要用酒来求得精神上的安宁。对优伶之戏，光宗也有浓厚的兴趣，他无节制地把钱花在声娱之乐和赏赐俳优上，皇室内库不够开销，就假借各种名义挪用国库。为满足光宗的享乐需要，绍熙初政时稍有缓和的百姓负担再次加重。

绍熙五年七月，孝宗病死，光宗既不主丧，也不成服。大丧无主，不仅使朝廷的体面荡然无存，而且一时间有关政局不稳的谣言四起，京城内外人心惶惶。大约从六月中旬起，临安城内很多居民迁徙，富家巨室竞相藏匿金银重宝，物价飞涨，朝中大臣或不辞而别，或遣家眷归乡，甚至后宫妃嫔都打点细软送回娘家，一场社会变乱眼看就要爆发。

为了挽救混乱不堪的政局，宗室赵汝愚、赵彦逾开始秘密策划，决定抛弃光宗，扶立嘉王赵扩为新君。他们说服殿前都指挥使郭杲，取得禁军的统率权，暂时控制了军队，同时，又联络外戚韩侂胄，让他争取太皇太后和皇太后的支持，使“内禅”名正言顺。此前，丞相留正曾向光宗建议立嘉王赵扩为储，光宗当时看了上奏，勃然变色，认为一旦立储，自己的皇位马上就会被取代，坚决不同意。然而，几天以后，光宗忽然派人送来一封御札给留正，上写“历事岁久，念欲退闲”八字，与此前把持皇位的态度大相径庭。本来连建储都不愿意，现在居然自动提出“退闲”，其中显然另有隐情。

内禅的准备工作就绪之后，太皇太后下诏，以光宗“曾有御笔，自欲退闲”，皇子嘉王赵扩可即皇帝位，尊光宗为太上皇，一场披着合法外衣的宫廷政变至此圆满成功。当光宗得知儿子取代了自己，内心的失落、愤恨等情绪突然迸发，进一步恶化了他的病情。

在宁宗赵扩即位后的整整 5 年间，光宗一直不肯原谅儿子，拒绝接受儿子的朝见。虽然当年他也曾迫不及待地期望孝宗退位，但他不能原谅儿子夺了自己的皇位。他固执地继续居住在皇帝的宫殿中，不肯搬到为他修建的泰安宫去。被迫退位，是光宗精神上遭受的最后一次重大打击。在退位后的岁月里，他有时发呆；有时自言自语；有时疯疯癫癫地在宫内跑来跑去；有时则失声痛哭。庆元六年九月，在其妻李皇后死去两个月后，这位精神不正常的皇帝，最终离开了人世，终年 54 岁。

第十一章　傀儡皇帝　宁宗赵扩

赵扩（1168—1224年），公元1194—1224年在位，史称宋宁宗。母为慈懿皇后李氏。赵扩的父亲光宗，在即位的第二年，不幸患上了精神疾病，无法理政，南宋一时间面临极大的统治危机。统治集团不得不抛弃光宗，另立新君，于是，赵扩还没来得及被立为太子，就仓促即位。宁宗时期，外戚专权十分严重，政事全由外戚韩侂胄一人决断，滋长了朝廷的腐败。后期，大臣史弥远又一手遮天，干预朝政，宁宗完全被架空了。特别是两次北伐，更是把积贫积弱的宋朝搞得一团糟，财政危机日益严重，百姓苦不堪言。

1. 理政无方，有德无才

德才兼备，方为人中之龙凤。而赵扩作为赵氏天下的统治者，却是位虽好学偏又无能的君主。有德无才的赵扩在位30年间却被权臣和后宫控制，不过是坐在龙椅上的一具傀儡罢了。

乾道四年（1168年）十月，赵扩生于恭王邸。淳熙七年（1180年），赵扩开始从师学习。淳熙十二年（1185年），赵扩被进封为平阳郡王。同年，赵扩举行了婚礼，娶夫人韩氏。韩氏是北宋名将韩琦的后人，贤淑通达，很受赵扩钟爱。十六年三月，光宗继位后，他又晋爵嘉王。

绍熙元年（1190年），即光宗赵惇即位的第二年，皇后李氏就曾提议要将赵扩立为太子，由于太上皇赵昚还健在，光宗不敢自作主张，没有同意。同年，宰相留正奏请立嘉王赵扩为太子，也被否决。太上皇孝宗认为立储关系国本，不能仓促行事。意想不到的是，绍熙五年（1194年）六月，孝宗突然驾崩，光宗因患有精神疾病，既不主持生父的丧礼，又不上朝处理政事，一时朝廷无主，人心惶惶。于是，群臣决定由太皇太后主持，举行禅位大典，逼迫光宗退位。

丞相赵汝愚，让知阁门事韩侂胄去打通太皇太后吴氏这一关，因为没有她的首肯就名不正言不顺。韩侂胄是名臣韩琦的曾孙，其母与吴氏是亲姊妹，其妻是吴氏的侄女。不过，韩侂胄平时也不能随便见吴氏，他托人传话，吴氏传谕赵汝愚“要耐烦”。但局势不容一拖再拖，赵汝愚让韩侂胄再去提议内禅。韩侂胄进退无路，只好走了原重华宫领班内侍关礼的路子。关礼声泪俱下地向吴氏哭诉局势的严重，吴氏终于传谕赵汝愚，决策内禅。

次日，是孝宗大丧除服的日子。嘉王赵扩由王府直讲彭龟年陪同，在军队护卫下来到北内。赵汝愚则先命殿帅郭杲率卫士赴大内请来传国玉玺，自己与其他执政率群臣也来到北内孝宗灵柩前，向垂帘听政的太皇太后吴氏建议立储传位。

吴氏命赵汝愚宣布皇子嘉王赵扩即皇帝位，尊光宗赵惇为太上皇帝。赵扩听了，绕着殿柱逃避不止，连说“做不得”，吴氏大声喝令他站定，亲自取过黄袍给他披上。

赵扩在韩侂胄、关礼的挟扶下侧坐在御座上，仍自言自语道：“我无罪，恐负不孝之名。”赵汝愚率群臣跪拜了新君，赵扩即位为宋宁宗。次日，吴氏撤帘还政。在她的主持下，南宋王朝度过了一次立储传位的危机。

一场老皇帝缺席、新皇帝勉强的内禅礼终于收场。至于太上皇光宗，在被迫退位之后病情更重，清醒时，他不能原谅儿子夺了自己的皇位，拒绝见宁宗；恍惚时，他疯疯癫癫满宫禁乱跑，宫女内侍私下里都叫他疯皇。退位以后，光宗还活了六年，于庆元六年去世。

赵扩即位不久，就陷入了大臣之间争斗的漩涡。赵扩能够登基，功劳首推大臣赵汝愚和知阁门事韩侂胄。韩侂胄的母亲是太皇太后的妹妹，他又是新任皇后韩氏的叔祖，身兼两重外戚。韩侂胄本想靠决策之功获得节度使的头衔，掌权的赵汝愚却开导他说：“我是宗室大臣，你身为外戚，辅佐太子登基，正是分内之事，怎能邀功求赏呢？”因此，其他有功的决策人员受赏，但韩侂胄只加迁一级，兼任汝州防御使。这样的任命，使韩诧胄大为失望。

韩侂胄由此将赵汝愚视为不共戴天的仇敌，开始结交外援，对赵汝愚进行排挤。很快，韩侂胄借用宁宗的内批，把自己的党羽刘德秀、李汏、刘三杰引入台谏，霸占了言路。著名学者朱熹见韩侂胄任用小人，唯恐会危害朝政，常乘入宫应对之机，谏阻宁宗赵扩，怎奈赵扩不理。朱熹又劝赵汝愚厚赏韩诧胄，让他出居外藩，杜绝他干政的门路。然而赵汝愚却认为，韩侂胄只不过是一个小小的阁门知事，容易制驭，不会危害太大，因而把朱熹的建议束之高阁。

人们对赵扩屡用内批除授大臣开始不满。内批即皇帝的手诏，它可以不经三省而直接由宫中发出。使用内批，大臣们无法在决策前发表意见，自然助长皇帝的专断，造成决策的随意性。为纠正这种做法，朱熹借着讲经之机，对宁宗赵扩说："陛下即位时间尚短，可是进退宰相、改任台谏官员，都由陛下独断专行，朝内外臣民都认为陛下左右有人窃权，臣子也担心主威下移，求治反而得乱呢！"赵扩这时倚重韩侂胄，看过朱熹上书，顺手交给了韩侂胄，韩侂胄顿生怒气。他多次对赵扩说："朱熹迂阔不能重用。"于是，赵扩发出内批，罢免了朱熹侍讲的职务。

罢免朱熹，引起许多大臣的反对，但赵扩一意孤行，之后进谏的大臣多被他罢免。赵扩丝毫没有注意到，自从他使用内批以来，他同朝廷重臣的接触越来越少，这些执政大臣们的想法根本无法传入他耳中，相反，小小的知阁门事韩侂胄的地位，在赵扩心目中愈来愈重要了。绍熙五年（1194 年）十月，赵扩下诏改明年为庆元元年，接着，又任命韩侂胄兼任掌管传达皇帝诏敕的要职——枢密都承旨。韩侂胄取得了赵扩的绝对信任，自然是有恃无恐，更加肆意妄为了。

十一月，赵扩收到何澹的奏书，攻击赵汝愚援引不法之徒，图谋不轨，说赵汝愚乘龙授鼎，假梦为符，暗与徐谊合谋，准备重新拥立太上皇做绍兴皇帝。赵扩本来就恼恨赵汝愚以定策元勋自居，现在有人弹劾他，当即便下诏，将赵汝愚贬为宁远节度使副使，放逐永州，徐谊也受此牵连，放逐到南安军。

赵汝愚接到诏书，即刻启程，行至衡州就病倒了。当地长官钱鍪早就接到韩侂胄的暗示，对他倍加凌辱，赵汝愚病体怏怏，怎能禁得起如此折磨，很快暴死衡州。噩耗传开，朝野内外都认为赵汝愚死得冤枉。赵扩听了，并不悲伤，反而觉得韩侂胄真替他杜绝了奸源。人死灰灭，罪过不咎，为了做做样子，堵一堵臣民之口，赵扩追认了赵汝愚的原官。

虽然赵扩对政事少有自己的主见，但他对台谏的意见却十分重视。宋代的台谏官有纠正帝王为政疏失、弹劾百官的权力，他们的议论在一定程度上代表了当时的公众舆论，历代宋帝都非常重视台谏奏议。赵扩严格遵循祖宗之法，曾对人说："台谏者，公论自出，心尝畏之。"殊不知，台谏的公正性是建立在帝王有知人之明的前提之上的，只有正直的士大夫入选台谏，才能使台谏发挥正常、良好的作用，而赵扩却缺乏辨别人才的能力，因而，居心叵测之辈可以大肆引荐党羽进入台谏，控制言路。赵扩一味认定台谏之议代表公论，不可不听，至于台谏官到底是君子还是小人，却不闻不问。结果，原本受到士大夫尊敬和向往的台谏职位上，充斥着败类，他们打击异己、讨好权臣，是权臣用以控制宁宗赵扩的又一有效工具。

然而，赵扩为人尚不失仁厚，对民间疾苦颇为关心和同情。即位前，他护送高宗灵柩去山阴下葬，路上见到农民在田间艰难稼穑的场景，感慨地对左右说："平常在深宫之内，怎能知道劳动的艰苦！"即位后，赵扩几乎每年都颁布蠲免各种赋税的诏书。在个人日常生活上，赵扩也力行节俭，他平时穿戴朴素，并不过分讲究，饮食器皿也不奢华，使用的酒器都是以锡代银。相比许多贪图享乐、不顾百姓死活的君主，赵扩的确对得起这一评价。只可惜他有德无才，在位30年，却被权臣和后宫控制，不过是坐在龙椅上的一具傀儡罢了。

2. 庆元党禁下的傀儡皇帝

外戚专权，奸臣当道，有德无才的傀儡皇帝的伟大抱负，终究一腔热血洒于东风。庆元党禁，是各个利益集团斗争而产生的结果，统治天下的赵扩却无力左右这个结果。

庆元元年（1195 年），赵汝愚客死衡州，朝中再无人能够与韩侂胄争雄。为了彻底摆脱赵汝愚的影响，巩固自己的势力，达到完全控制朝政的目的，韩侂胄及其党羽又假借学术之名，对政治上的反对派极尽打击迫害之能事，主要打击对象是赵汝愚和支持赵汝愚的道家集团。

庆元四年（1198 年），阻止党禁的吴太后已死，宁宗赵扩下诏登记伪学名单，上有旧相赵汝愚、留正、名儒朱熹，下有一般士人杨宏中等共 59 人。这 59 人中，任官的即刻罢黜，未任官的不能录用，和这些人有瓜葛的也不许再任官职，这就是宁宗时期的“庆元党禁”。

南宋一朝在整个中国古代史中极为特殊，南宋朝建立之初的头几位君主都是由于前代皇帝禅位而承袭大统的。高宗禅位于孝宗，孝宗禅位于光宗。这样，韩侂胄通过劝说吴太皇太后，使得吴太皇太后以这些典故为依据，支持嘉王赵扩身披黄袍，在韩侂胄的扶持下，登上九五之尊，成了南宋第四代皇帝，年号庆元。

这场不流血的宫廷政变酝酿了很长时间，其中，参与密谋的大臣不下十余人，了解内情的人更是远远超过此数，部署极不周密，但是政变竟然顺利完成，足见当时人心所向。韩侂胄利用有利时机，立下拥戴赵扩成为皇帝的不世之功，由此积累了不小的政治资本，而且他第二天陪同赵扩拜谒光宗，并设法从光宗手里取得了传国玉玺。韩侂胄因此而成了宁宗朝最受宠信的人。但随之而来的另一场政治风暴也显现了出来。

皇位更替刚告一段落，南宋朝廷的统治阶级内部便展开了一场争夺权力的斗争，朝中大员间的明争暗斗已经硝烟四起。朝中内部争权斗争的诱因，便是拥立赵扩登基中各个功臣之间的纠纷。最初过程中，最大的得利者便是赵汝愚以及他手下的道学家集团。赵汝愚在拥立赵扩登基后仅半月就升枢密使，一个月后又升为右丞相。与此同时，左丞相留正被罢免，赵汝愚成为朝中唯一的丞相，可谓权倾朝野。赵汝愚本人是个道学信徒，由于他在朝廷中得势，许多道学家纷纷被提拔并在朝中身居要职，使得光宗朝一时之间为赵汝愚等人所垄断，控制了朝廷言路。随即，赵汝愚更以道学领袖朱熹为赵扩授课，力图在思想上直接影响这位刚刚上任的君主，使得道学成为治国之本。

就在赵汝愚得势的同时，同样在赵扩登基过程中起了重要作用的韩侂胄、赵彦逾，却未能如愿以偿地得到他们所期盼的政治权力。韩侂胄武将出身，在宋代重文轻武的风气影响下，他在赵扩初登皇位之际并未获得应有的犒赏是情理中的事。但是以他的大功，足以与赵汝愚等人一较高下，这也并非非分之想。赵彦逾原本已官置工部尚书，但仍希望在仕途上更进一步，并且，自诩以他的才能和功勋，于国于民，都理所当然。但是，赵汝愚却以他们或为宗室或为外戚为由加以拒绝，不肯满足韩赵二人对权力的渴望。这就造成了二人的强烈不满，并准备伺机报复。赵汝愚集团的很多人，如朱熹、徐谊、叶适等都提醒赵汝愚，要他满足赵韩二人的欲望，以防不测。但是，赵汝愚并未加以提防，心中仍旧流露出对武将的轻蔑，最终使得他在随后的政治斗争中一败涂地。

韩侂胄等人迅速做出反应，他充分利用他的最大有利条件，即赵扩的信任和自身可以自由出入宫门传达圣旨的权力，决定给予赵汝愚的道学家集团以打击。韩侂胄当然一击得手。首先，扫除名相留正；然后，他以内批除谢深甫为御史中丞，即御史台的长官；随后，掌握监察官吏的大权，这些动作使得他首先占据了有利的地位。同时，赵汝愚集团的黄度、朱熹等人相继罢免。赵汝愚这时候似乎意识到了韩侂胄的反击，只得做出让步。但正是这样一个政治错误，让韩侂胄看到了他的心虚，同时也刺激了韩侂胄争夺权力的野心。虽然赵汝愚对韩侂胄已有退让，但是韩侂胄拒绝接受，以示不屑赵汝愚的施舍。很快，在赵扩的旨意下韩侂胄兼任枢密都承旨。枢密都承旨是个重要职位，传达皇帝命令，管理枢密院内部事务，并监察枢密院中低级官员。韩侂胄直接插手枢密院，无疑是对赵汝愚的示威。距绍熙内禅不过数月，韩赵二人的矛盾已经日趋激化并愈演愈烈。

庆元党禁持续了几年的时间，正直之士多被排挤；韩侂胄乘机将亲朋故旧和爪牙拉进了朝廷。没过多久，政府、枢密、台谏、侍从等重要官员，都出自韩侂胄之门。赵扩好似一个傀儡，一切官吏任免，唯侂胄之言是听。韩的亲故得势后，无一不奸，无一不贪。陈自强公开纳赂卖官，各地官员寄给他的书信，信封上都必须注明某物若干“并”献，凡无“并”字的书信连看也不看。苏师旦掌握武将的任命大权，自三衙以至沿江诸帅，明码标价，多者至数十万贯，少者也不下十万贯。其他担任宰执、台谏的官员也都龌龊不堪。

政治斗争的逐渐深入，使得赵汝愚在朝中已经孤立无援了。韩侂胄加紧打击赵汝愚，随后，赵汝愚被一贬再贬，出知福州，旋即罢知福州，再贬斥到永州。赵汝愚已经在这场政治斗争中彻底失败了，不久，就死在了去永州的路上。在这种情况下，许多士大夫为求自保，纷纷抛弃了理学的道德原则，要么隐匿山林，要么投靠权臣，一时间是非颠倒，士风大变。

在此过程中，道学集团对韩侂胄的举措颇有微词。于是，庆元三年十二月韩侂胄把赵汝愚、朱熹等 59 人打入“伪学逆党籍”，更在庆元四年五月正式下诏禁“伪学”。嘉泰二年（1202 年），韩侂胄觉得理学对自己已经构不成威胁，便奏请宁宗，解除了党禁。这就是有名的“庆元党禁”。

3. 嘉定议和：草草收场的开禧北伐

统治阶级内部的利益之争，必然会给百姓带来伤害，给社会带来混乱。开禧北伐，就是在这种情况下发生的。韩侂胄为了收拢人心，巩固自己的地位，利用南宋臣民迫切希望洗雪国耻、恢复故土的心理，重新获得了支持。其结果却是让赵氏家族又一次接受了屈辱的嘉定和约。

韩侂胄的“庆元党禁”，给南宋社会带来了混乱，人民怨声载道，要求停止这种无谓的消耗，既而振兴国家。对于党禁之不得人心，韩侂胄大概也有所觉察。为了重新笼络士人，巩固自己的地位，他便利用南宋臣民迫切希望洗雪国耻、恢复故土的心理，奏请北伐。此议一出，果然奏效，北伐触动了敏感的民族情结，顷刻之间便赢得了社会各界的广泛支持。一些曾经名列“庆元党禁”的名士，如叶适等人，也被韩侂胄重新起用。一向力主抗金恢复的辛弃疾、陆游也与韩侂胄交游颇多。朝野上下的抗金热情迅速被调动起来，南宋军队开始在边界不时地制造摩擦，孝宗“隆兴和议”后相对平静了40余年的宋金关系再趋紧张。

开禧二年（1206年），韩侂胄贸然发动了对金朝的北伐战争。然而，南宋的三路大军除了猛将毕再遇所率军队取得了泗州大捷外，其他人马纷纷败北。由于韩侂胄的独断专行，军队内部矛盾重重，因而，韩侂胄东西两线出兵收复中原的梦幻，很快就破灭了。而此时的金朝内祸频发，外部又屡遭刚刚兴起的蒙古军的打击，早已无力再战，于是，双方再行议和。金国要求南宋杀掉首谋用兵的韩侂胄，并把首级献给金国，另外还有诸多苛刻条件。议和使臣方信孺不敢直告，在韩侂胄一再追问下，方信孺才说："金人想得到太师的脑袋。"韩侂胄听了，恼怒金人抓住自己不放，决心再度整兵出战。

韩侂胄再次用兵，但前线连连失败，致使蜀口、江淮一带的百姓大批死于战争。军费开支巨大，国库空虚。大将张岩建督府九个月，寸功未立，却耗费钱 370 万贯。以前反对开战的大臣们又活跃起来，厌战情绪随着前线的败绩，逐步升级。

公元 1200 年，韩侂胄的政治靠山韩皇后去世。公元 1200 年宁宗皇帝决定立杨氏为皇后，韩侂胄曾表示不满。因此，杨皇后与韩侂胄之间产生了很深的矛盾，而在政治上杨皇后和其兄弟杨次山都主张妥协、投降。

开禧三年（1207 年），礼部侍郎史弥远率先发难，上书反对韩侂胄继续用兵，请求将其斩首。赵扩半信半疑，但杨皇后已密令义兄杨次山与史弥远等人先斩后奏，指使中军统制、权管殿前司公事夏震等，在韩侂胄上朝时，突然袭击，把他截至玉津园夹墙内害死。赵扩本想发作，怎奈内有杨皇后劝说，下有杨次山、史弥远等人的哀求，外有金军的强大压力，因此也只好顺水推舟。韩侂胄被暗杀，军政大权全归杨后、史弥远所操纵。主战派遭到清洗，投降派又一次得势，这场轰轰烈烈的北伐，就这样草草地收场了。

嘉定元年（1208 年）三月，出使金朝的使臣返回国内，带回了金朝的议和条件。条件之苛刻，赵扩也感到耻于接受。由于金朝要求南宋用韩侂胄、苏师旦的首级赎回被金军占领的淮南之地，赵扩召集大臣讨论。吏部尚书楼钥说："和议是国家大事，急需做出结论，已经毙命的奸臣头颅，还有什么值得惋惜的呢？"光宗朝由于投降派的阻挠，不仅北伐失败，而且又一次接受了屈辱的和约。

南宋朝廷完全答应了金朝的无理要求，宋嘉定元年三月，宋金达成和议，史称"嘉定和议"。开禧北伐，在准备不足的情况下发动，又在投降派媾和的阴谋下草草结束，南宋军民恢复旧土的愿望再次受到了严重打击。

4. 重臣弄权，矫诏立嗣

重臣弄权，每个朝代都不可避免，他们依靠着皇亲国戚的支持，肆无忌惮，为了自己的利益为所欲为，操纵朝政，就连皇权的继承都被他们掌控。

关于内政，大臣倪思曾警告宁宗说：“大权刚刚收回，应该切记防微杜渐，一旦出现干预君权的端倪，就会重蹈覆辙，希望枢臣远权，平息外面的议论。”此语中的枢臣指的是史弥远。倒韩之后，有功的史弥远得到杨皇后的支持，几个月内连升四级，从刑部侍郎一跃而为右丞兼枢密使。韩侂胄的同党一再遭到贬斥，代之以史弥远的爪牙，很快，史弥远牢牢地控制了朝廷大权，专权达 17 年之久，当时政局的混乱、黑暗，绝不亚于韩侂胄专权时代。

史弥远之前的秦桧、韩诧胄之所以专擅朝政，与他们能操纵台谏密不可分。史弥远当然明白这一点，他故伎重施，任命那些对自己俯首帖耳之人为台谏官。此外，史弥远还将政权、军权集于一身，在他独相期间，始终兼任枢密使。此后，宰相兼任枢密使成为定制，直接导致了南宋中后期皇权衰弱、权臣递相专政的局面。史弥远还通过控制管理任命权等手段来收买党徒，造成了朝野只有史丞相，而不知有宁宗的局面。

赵扩没有主见，在对金朝的和战问题上表现得摇摆不定，这样，就只好受权臣摆布。韩侘胄首倡北伐，赵扩并不赞成，之后，头脑一热，便慨然应允；韩侂胄北伐受挫，赵扩也即刻放弃了抗战的主张。嘉定初年，史弥远力主和议，赵扩便以极端耻辱的条件与金达成和议。

“嘉定和议”后，金朝疲于应付蒙古，宋金相安无事，赵扩更无意对金发动战争。但金朝统治者一向看不起南宋，为解决国力不足的困难，扩充疆土，他们便想北面丢失南面补，出兵进攻南宋。

嘉定七年（1214 年），金朝在蒙古的步步进逼下，已经走投无路，无奈之下只得把都城从中都迁到汴京，版图只剩了黄河以南的一部分，靠着黄河天险苟延残喘。就在这种形势下，金主完颜殉还多次派遣使者来催促南宋交纳岁币，这种态度激怒了南宋臣民。

嘉定十年（1217 年），金军分路大举南侵。这次宋金之间的战争延续了6年之久，宋军始终处于优势。金朝不得已，于嘉定十七年（1224年）派人同南宋通好，明令部下不得进攻南宋。宋金双方进入休战状态。

此时，史弥远的专权也到了无以复加的地步。他与杨皇后内外勾结，控制朝政，一手遮天。在史弥远登上权力巅峰的过程中，杨皇后所起的作用举足轻重。如果缺少她的鼎力支持，史弥远一次次的阴谋活动也不会进行得如此顺利。

杨皇后本是太皇太后吴氏的侍女，深得吴氏的欢心，并引起了赵扩的注意，太皇太后就将杨氏赐给了赵扩，杨氏由此得幸。在宁宗韩皇后去世后，嘉泰二年（1202 年）岁末，杨氏如愿以偿，被立为后。

在诛杀韩侂胄的政变中，史弥远是前台指挥，而杨皇后则是幕后策划，命禁军截击韩侂胄的御笔就出自杨皇后之手。诛韩成功使史弥远和杨皇后尝到了互相合作的甜头，从此，两人来往更加密切，一内一外操纵着赵扩。杨皇后时刻在赵扩身边，早已摸透了赵扩的脾气秉性。赵扩自奉节俭，杨皇后也在饮食衣服上尽量朴素。赵扩体弱多病，杨皇后就精心照顾他，甚至连他服什么药都能推测得八九不离十。正是因为杨皇后对赵扩的体贴入微，加上她又比赵扩年长 6 岁，所以，赵扩对她不只是爱恋，还有着很深的依赖。

随着赵扩日渐衰老，杨皇后也不得不为赵扩死后自己的地位担忧。

她生过皇子，但都没有成活。赵扩养育的皇子，也于嘉定十三年（1220年）去世，此时后宫妃嫔仍然没有生育，只好另选后嗣。燕王德昭的九世孙名叫贵和，是沂王赵柄的养子，赵扩看中了他，就把他立为皇嗣，赐名赵竑。另外，又命史弥远选人继承沂王，于是选中了宗室子弟赵与莒，赵扩赐名贵诚，也养在宫中。

皇子赵竑对杨皇后和史弥远内外勾结表现出不满，杨皇后也对这个太子候选人没有什么好感。赵竑发誓即位之后，一定铲除杨皇后。史弥远得知消息，便阴谋废立。贵诚知书识礼，对史弥远非常尊敬，每次见了史弥远，一定自称小侄向他行礼。史弥远就挑选了贵诚刻意培养，准备让他来取代皇子赵竑。趁着上朝机会，史弥远不止一次地向赵扩诉说赵竑之短，称赞贵诚之长。赵扩一直莫名其妙，虽然他也很喜欢贵诚，可是，并没有立他为皇子的打算，事情就这样拖下来了。

嘉定十七年（1224年）八月，宁宗染病卧床，史弥远便矫诏立贵诚为皇太子，改赐名为赵昀。五天以后，宁宗病逝于福宁殿，终年57岁。

嘉定十七年（1224年）九月，赵扩刚一驾崩，史弥远发动宫廷政变，准备废赵竑，立赵贵诚为帝。史弥远指使杨次山之子杨谷、杨石入宫面见杨皇后，将废立之事转告给她。杨皇后刚开始还表示要遵守先皇宁宗的决定，不同意擅行废立，但杨谷兄弟再三请求，最后，跪在她的面前，哭诉道："内外军民都已归心，娘娘如果还不同意，必生祸变，那时我杨氏一门恐怕没人能活命了！"杨皇后顾及到自己以后的权位，最终向史弥远的废立阴谋屈服。同意立赵贵诚即赵昀为帝，是为宋理宗。

史弥远拥立理宗后，杨皇后的地位确实得到了保全。尽管理宗即位时已经20岁，但史弥远仍然要杨皇后垂帘听政。杨皇后此时已彻底了解史弥远为人的阴狠诡诈，心中也许也在后悔自己养虎贻患，以致酿成今日权臣专政、尾大不掉的局面，她不敢再恋位贪权，垂帘听政还不到一年，便于宝庆元年（1225年）四月，主动还政给了理宗。

第十二章　志大才疏　理宗赵昀

赵昀(1205—1264年)，公元1224—1264年在位，史称宋理宗。赵昀是太祖赵匡胤十世孙，父为山阴尉赵希瓐，母全氏。理宗以一介平民的身份，18岁被史弥远带到京城，不到两年就登上了帝位，其经历不可不谓奇特。理宗在位40年，大体可分为三个时期：前10年在史弥远的控制下，无所作为；史弥远死后，理宗亲政，在各方面采取了一系列改革措施，人称“端平更化”，持续了近20年时间；最后10余年，理宗丧失了早年的锐气，沉迷于享乐，国势日渐衰微。幸运的是还有几位忠臣力保江山，理宗才未落得亡国之君的骂名。

1. 废立阴谋：从平民到皇帝的奇旅

麻雀飞上枝头，变成了凤凰，这就是赵昀从平民到皇帝的奇异之旅。统治阶级相互斗争，使赵昀意外地登上了皇位。然而，他在位的前10年处在史弥远的控制下，无所作为。

赵昀为太祖十世孙，与宁宗赵扩同属太祖后裔，但宁宗属于秦王德芳一支，理宗则属于燕王德昭一支，至南宋后期，两支在血缘关系上已十分疏远。德昭一支很早就已经没落，失去王爵。作为德昭的后代，赵昀的曾祖和祖父均无官职，父亲赵希瓐也仅仅是一个九品县尉。因此，赵昀虽属赵宋皇室，但社会地位并不高，与平民没什么差别。赵昀原名赵与莒，还有一个弟弟赵与芮，兄弟二人年纪很小的时候，父亲就去世了，母亲全氏无力抚养孩子，只得回到娘家寄居。赵与莒的舅舅是当地的保长，家境尚好，赵与莒兄弟就在全家长大，直至后来被史弥远选入宫中，登上帝位。

宁宗先后有8个儿子，但都未等成年就夭折了。嘉定十四年（1221年）六月，宁宗把弟弟沂王赵柄的儿子赵贵和立为皇子，改名赵竑。此时，史弥远已当了10余年宰相，他与杨皇后内外勾结，专权擅政，朝廷内外大臣多由其举荐，几乎没有人敢违背其意愿。皇子赵竑对史弥远的所作所为极为不满，他曾把史弥远和杨皇后所做的不法之事记录下来，说："史弥远应该发配八千里。"赵竑还指着地图上的琼、崖说："我今后做了皇帝，一定要把史弥远流放到这里。"甚至，他私下里称史弥远为"新恩"。

赵竑的言行令史弥远非常恐惧，此后，他便处心积虑地要废掉赵竑，另立太子。史弥远委托门客余天锡物色一位贤良的宗室子弟，以便将来替代赵竑。嘉定十五年，史弥远将赵与莒兄弟接到临安。他找到当时的名儒郑清之，私下对郑清之说："皇子赵竑不能担当大任，听说赵与莒很贤良，你要好好教导他。"在史弥远的推荐下，赵与莒被立为沂王，改名贵诚。

同时，史弥远绞尽脑汁地在宁宗面前揭赵竑的短处，挑拨赵竑与宁宗、杨皇后之间的关系，使得二人都对赵竑颇为不满。史弥远进而向宁宗建议立赵贵诚为皇子，宁宗虽对赵竑不满，但两个都非亲生的"皇子"同时存在，终归不是件好事，更何况以血缘关系而论，赵竑才是自己的亲侄子，因而，便没有同意史弥远的建议。

嘉定十七年八月，宁宗病重，史弥远派郑清之赴沂王府，向赵贵诚表明拥立的意思，但赵贵诚始终一言不发。最后，郑清之说："丞相因为我与他交往时间很久了，所以让我担任你的心腹。现在你不答一语，我怎么向丞相复命？"赵贵诚这才拱手答道："绍兴老母尚在。"这一回答看似答非所问，却既表明了想做皇帝的意愿，又不失稳重。郑清之回报史弥远后，两人更加赞叹赵贵诚"不凡"。

明确了赵贵诚的意向，史弥远开始实施他的废立阴谋。嘉定十七年闰八月三日，宁宗去世。宁宗弥留之际，史弥远将两府大臣和负责起草诏书的翰林学士都拦在宫外，另外召郑清之和直学院士程铋入宫，假诏命将赵贵诚立为皇子，赐名昀，授武泰军节度使、成国公，使赵昀与赵竑处在了平等地位，也为赵昀继承皇位奠定了基础。

五天以后，史弥远就说服杨皇后同意了废赵竑立赵昀之事。看到赵昀即位，赵竑才知道自己已被人出卖，但木已成舟，只好接受济阳郡王的封号。这样，赵昀以一介平民，在三年的时间内登上了皇帝宝座，成为宋朝第十四代皇帝，史称理宗。

赵昀即位后，史弥远还担任他的宰相，又独掌朝政 9 年。赵昀对史弥远既感激又害怕。上台伊始，就拜这位右丞相兼枢密使为太师，并进封为魏国公，感恩戴德之情不言自明。史弥远考虑到树大招风，反复推辞了六次，没有受命。

此后，史弥远逼死济王赵竑，并追夺了他的王爵，降封为县公。史官魏了翁、真德秀纷纷上书为济王鸣冤。史弥远极为恼火，便唆使梁成大、李知孝、莫泽三人弹劾真、魏二人等。三人号称“三凶”，个个凶狠无比，尤以梁成大为最。他们说真、魏二人与济王有私，朋比为奸，危害国家。理宗明白此事为史弥远主使，只好将两个人罢官。史弥远任用“三凶”，凡是意见与他相悖的大臣，纷纷被攻击去职，从而牢牢地控制着朝廷大权。

绍定六年（1233 年）十月，史弥远病死，宋理宗赵昀才开始亲政。对史弥远不满的官吏，纷纷站出来抨击那些依附史弥远、肆无忌惮地为非作恶的家伙。“三凶”等史弥远的死党，都被逐出朝廷。

史弥远死后不到半月，赵昀便下诏宣布改明年为端平元年，以示改元更化。赵昀亲自料理各种政务，他的老师右丞相兼枢密使郑清之，也慨然以天下为己任，君臣似乎要有一番作为了。

2. 端平更化：有名无实的中兴之梦

赵昀即位后，在朝中毫无根基，没有任何的政治势力与威望。由于各个政权之间的矛盾斗争，他不能实现自己的梦想，端平更化，也就成了理宗有名无实的中兴之梦。

赵昀即位后，自然想要有所作为，以显示自己比赵竑更有能力中兴宋室。他勤奋好学，寒暑不辍，为政十分勤勉；又招揽人才，整顿吏治，在各方面都提出了一些整顿措施。但面对当时复杂的政治环境，赵昀很快就收起了自己的政治理想，不太情愿地充当史弥远的傀儡。

赵昀即位时，南宋政治舞台上出现了三足鼎立的局面，即赵昀代表的皇权、杨太后代表的后权和史弥远代表的相权。杨太后对赵昀继位现实的承认，换来了赵昀登基后杨太后垂帘听政的地位。宋代自真宗刘皇后以来，虽有垂帘的先例，但多是由于皇帝年幼、不能视事的情况下由太皇太后或皇太后代行天子之职。理宗赵昀即位时已经20岁，并非幼主，在这样的情况下，杨太后垂帘显然违背了“后妃不得干政”的祖宗家法，自然会引起朝野上下的种种议论。另一方面，已经成年且志在中兴的赵昀对杨太后的垂帘当然不会没有意见，一次宴会上发生的事情大体可以反映出双方在垂帘问题上的心结。

宝庆元年上元节，赵昀设宴恭请杨太后，席间一枚烟花径直钻入杨太后椅子底下，杨太后大惊，“意颇疑怒”，然后，拂衣而去。赵昀随即聚集百官谢罪，并要处罚安排宴会的内侍，杨太后笑着说：“难道他专门来惊我，想来也是不小心，赦免了他吧。”于是，母子和好“如初”。该事看起来虽小，但杨太后却把它与自己的垂帘联系起来，认为这是赵昀要自己撤帘的警示。联想赵昀、史弥远在废立过程中的毒辣手段，杨氏家族对此不能不做出选择，很快，杨石就向杨太后陈说厉害，劝其撤帘。杨太后听从建议，于宝庆元年四月七日宣布撤帘，此时距她开始垂帘仅过了七个月。

随着杨太后的撤帘，理宗朝政治舞台上的“后权”逐渐消失，其格局演变为君权与相权的对峙。赵昀虽然在太后撤帘的过程中表现出了不错的政治手腕，但面对老辣的史弥远，他的算计顶多只是小儿科。

赵昀 18 岁才被史弥远带到京城，在朝中毫无根基，没有任何政治势力与威望。其得以登上帝位，全靠史弥远扶植。赵昀很清楚，要想巩固来得名不正言不顺的帝位，少不了史弥远的支持。皇子赵竑的遭遇，更使赵昀亲眼目睹了史弥远翻云覆雨的手段。基于这种考虑，赵昀很快就将政事完全交给史弥远处理，自己则韬光养晦，过起了碌碌无为的日子。从这一点来看，赵昀确实比皇子赵竑要富于心机，也更懂得权力斗争中的生存策略。

宝庆、绍定年间，史弥远把持朝政，独断专行，他的党羽几乎控制了从中央到地方的重要职位。尽管史弥远一手遮天，仍然不断有忠义之士不畏权势，上书指斥其专权擅政。赵昀意识到，自己与史弥远是拴在一条绳上的两只蚂蚱，已形成一荣俱荣、一损俱损的关系，否定史弥远就等于否定自己继位的合法性。因此，他一直对史弥远宽容袒护，褒宠有加。绍定六年（1233 年）十月，史弥远病重不治，赵昀封其为卫王，谥忠献。赵昀公开宣布“姑置卫王事”，即将史弥远的事情搁置起来，禁止臣僚攻击史弥远的过失。就这样，在史弥远的挟持下，赵昀度过了默默无为的 10 年。

史弥远死后，理宗终于得以“赫然独断”，一展胸中抱负。绍定六年（1233 年）十一月，理宗宣布明年改元为端平。从端平元年（1234

年）到淳佑十二年（1252 年）的近 20 年间，理宗在政治、经济、军事、文化等各方面采取了一系列改革措施，史称“端平更化”。

理宗虽然仍对史弥远曲加维护，但却毫不留情地剪除其党羽。史弥远的得力助手“三凶”首先被贬斥出朝。史弥远的其他亲信党羽，也纷纷被贬。

罢斥史党的同时，理宗赵昀任用了一批贤良之士，深孚众望的真德秀、魏了翁被请回朝廷任职。吸取史弥远专权的教训，理宗在选择宰相时非常谨慎。理宗在更化期间，任用过 37 名宰执，大多都是一时之选。在这些人的主持之下，该时期的朝政也较为稳定。台谏官本是朝廷耳目，史弥远专权期间，却沦为他攻击政敌的工具，至此，理宗重新将选拔台谏官的权力收归皇帝。这一时期，理宗任用的台谏官，也大多立论忠直，颇能胜任其职。

综观赵昀更化期间的用人，大多都是以贤良称职，一时朝堂之上人才济济，政风为之一变。因此，时人将“端平更化”称为“小元佑”。不过，“端平更化”虽然声势很大，却并没有改变南宋走向衰落的趋势。虽然赵昀网罗了不少贤良之士，但他们“所请之事无一施行”，朝令夕改，最终无所建树。赵昀澄清吏治、整顿财政的各项措施也大多就事论事，治标不治本。因此，相对它的具体实效，“端平更化”更多体现出的是赵昀欲求有所作为的一种态度。

3. 端平入洛：收复故都梦想的破灭

金朝与蒙古之战败局已定，为了成为宋室的“中兴之主”，赵昀忘记了力量的对比和时局的形势，答应联合蒙古灭金，以雪靖康之耻，一意孤行。“端平入洛”不但没有成功，还促使蒙古找到了进攻南宋的借口，使延续40年之久的蒙宋战争揭开了序幕。

赵昀在对内推行新举措进行“更化”的同时，对外政策也发生了诸多变化。南宋中后期，蒙古在北方地区迅速崛起，成为继辽、西夏、金之后又一对宋朝构成巨大威胁的少数民族政权。急剧变化的局势，使宋朝内部对对外政策产生了争议。一些人出于仇视金朝的情绪，主张联蒙灭金，恢复中原；另一部分人则相对理性，援引当年联金灭辽的教训，强调唇亡齿寒的道理，希望以金为藩屏，不能重蹈覆辙。无休止的争论，使赵昀在这两种意见之间摇摆不定，既不联金抗蒙，也未联蒙灭金。然而，随着蒙古与金朝之间战事的推进，在金朝败局已定的情况下，赵昀最终还是作出了决策。

绍定五年（1232年）十二月，蒙古遣王䱷来到京湖，商议宋蒙合作，夹击金朝。京湖制置使史嵩之上报中央，当朝大臣大多表示赞同，认为此举可以报靖康之仇，唯独赵范不同意，主张应借鉴徽宗海上之盟的教训。一直胸怀中兴大志的理宗，把这看作是建不朽功业的天赐良机，让史嵩之遣使答应了蒙古的要求。蒙古回应灭金以后，将河南归还给宋朝，但双方并没有就河南的归属达成书面协议，只是口头约定，这为以后留下了巨大的后患。

金哀宗得知宋蒙达成了联合协议，也派使者前来争取南宋的支持，竭力陈述唇齿相依的道理，说："大元灭国四十，以及西夏，夏亡及于我，我亡必及于宋。唇亡齿寒，自然之理。若与我连和，所以为我者，亦为彼也。"意思是支援金朝，实际上也是帮助宋朝自己保家卫国，但赵昀拒绝了金哀宗的请求。

赵昀任命史嵩之为京湖制置使兼知襄阳府，主持灭金事宜。绍定六年，宋军出兵攻占邓州等地，于马蹬山大破金军武仙所部，又攻克唐州，切断了金哀宗逃跑的退路。十月，史嵩之命京湖兵马钤辖孟珙统兵二万，与蒙军联合围攻蔡州。端平元年（1234 年）正月，蔡州城被攻破，金哀宗自缢而死，金国灭亡。

同年四月，孟珙在废墟中找到金哀宗遗骨，带回临安。南宋沉浸在报仇雪恨的狂怒之中。赵昀将金哀宗的遗骨奉于太庙，告慰徽、钦二帝在天之灵。自北宋被金朝灭亡一个世纪以来，回到故都汴京就成为了南宋臣民梦寐以求的理想。宗泽、岳飞的抗金活动和开禧北伐等，都是对这种理想的实践。但面对强大的金朝，回到故都看起来是一个遥不可及的目标，而金朝的灭亡，使理宗君臣似乎看到了把理想变为现实的绝好机会。

宋蒙联手灭金时，并未就灭金后河南的归属作出明确规定。金亡以后，蒙军北撤，河南空虚。以赵范、赵葵兄弟为代表的一些人欲借机抚定中原，提出据关（潼关）、守河（黄河）、收复三京（西京洛阳、东京开封、南京归德）的建议。而绝大部分朝臣对此都持反对态度，认为此时并非出兵的时机，南宋目前的力量，还不足以与蒙古为敌。

但是，赵昀刚刚亲政，好不容易摆脱史弥远控制而得以"赫然独断"，很想有一番作为，面对此次"大好时机"，屡屡发出"中原好机会"的感叹。收复故土、建立盖世功业的念头，最终促使他作出了出兵中原的决定。恢复"三京"的美好前景吸引着赵昀，一旦成功，自己就会成为宋室的“中兴之主”。利令智昏，这个皇帝根本就忘记了力量的对比和时局的形势，对臣下们的忠告都听不进去，认为是书生口舌之辨，他一意要收复“三京”，以建立不世功勋。

赵昀罢免了反对出师的吴渊、吴潜和京湖制置使史嵩之。端平元年五月，赵昀任命赵葵为主帅，全子才为先锋，赵范节制江淮军马以为策应，正式下诏出兵河南。

六月十二日，宋军进军河南，全子才收复南京归德府。随后，宋军向开封进发，开封蒙军都尉李伯渊、李琦、李贱奴长期遭受主将崔立的侮辱，三人遂杀掉崔立，献城投降。七月五日，宋军进驻洛阳。经历了战火的洛阳这时已是一片废墟，宋军收复的只是一座空城，但毕竟他们还是实现了梦寐以求的理想，圆了“靖康之难”以来无数志士仁人的梦。这就是历史上的“端平入洛”。

蒙古得悉南宋开战，立即出兵南下。“端平入洛”本来就是理宗君臣的军事投机，事先并无认真准备。全子才占领开封后，后方没有及时运来粮草，以至全子才所部无法继续进军，贻误了战机。半个月后，赵葵又兵分两路，在粮饷短缺的情况下，继续向洛阳进军。宋军到达洛阳，遭到蒙军伏击，损失惨重，狼狈撤回。

八月，蒙古军进驻洛阳城下，留守东京的赵葵、全子才看到战机已失，加上粮饷迟迟不到位，率军南归。其他地区的宋军也全线败退，这样一来理宗君臣恢复故土的希望又一次落空了。“端平入洛”以宋军的溃败而告终。

“端平入洛”的失败，使南宋损失惨重，数万精兵死于战火，投入的大量物资付诸流水，南宋国力受到严重的削弱，赵昀收复三京的幻想成了泡影。更严重的是，“端平入洛”使蒙古找到了进攻南宋的借口。

十二月，蒙古大汗窝阔台怒气冲冲地派来使者，指责赵昀不守信义，率先败盟。赵昀非常狼狈，派出大臣邹伸之前往道歉。为了表示诚意，他还下诏罢免了赵葵、全子才。端平二年（1235 年）六月，蒙古大汗窝阔台分道进兵，大举侵宋，延续40年之久的蒙宋战争，就这样揭开了序幕。

窝阔台可汗发动的大规模攻势，主要还是以掳掠财富为目标，没有消灭南宋的计划。赵昀也想以对金议和的办法对蒙求和，遂派出“蒙古通好使”去蒙军谈判。淳佑元年（1241年），窝阔台病死，蒙宋双方的议和停顿，战争也随之暂时告一段落。

4. 蒙军南进，宋朝岌岌可危

赵昀的不作为，使赵氏家族的统治到了岌岌可危的地步。他宠任的外戚贾似道当权，为祸更烈，赵氏家族的统治越发腐朽不堪。

淳佑十一年（1251 年），蒙哥继承大蒙古国汗位，境内大治。蒙哥之弟忽必烈早就奉命在金莲川开建府署，统一经略大漠以南地区。忽必烈招贤纳士，积极实施灭亡南宋的战略。忽必烈先派遣手下将领察罕等人屯兵襄、邓一带及蜀口地区，窥伺淮、蜀，一面又在汴京分兵屯田，伺机南下。宝佑元年（1253 年），忽必烈又派兀良哈台率军远征云南，对南宋实施侧翼包围。

蒙军虎视眈眈，赵昀却陷入了醉生梦死之中。即位已近 30 年，年将花甲，朝臣大都不称赵昀心意，身边缺乏栋梁之才，无人替他分忧代劳，一些奸佞小人察言观色，投其所好，逐渐开始窃据政权。

后宫里面，阎贵妃受到极大的宠幸。淳佑九年（1240 年）九月，赵昀封阎氏为贵妃。赵昀对阎妃赏赐无度，他动用国库为其修功德寺，比自家祖宗的功德寺还要富丽堂皇，时人称之为“赛灵隐寺”。阎妃在赵昀的宠爱下，骄横专恣，干政乱权。

鉴于唐代严重的宦祸，宋代对此防范很严，“宦官不得干政”已成为宋代的一项祖宗家法。但理宗后期追求享乐，昏庸嗜欲，宦官弄权也随之而起。

内侍董宋臣因引见阎贵妃有功，被阎贵妃推荐给赵昀。宝佑三年(1255 年)，赵昀任命他督建佑圣观，董宋臣乘机大力逢迎赵昀，修建了梅堂、芙蓉阁、香兰亭，招权纳贿，假公济私，无恶不作，他还将一班艺人领进宫中，弄得赵昀只知玩乐。起居郎牟子才上书劝诫赵昀："此举坏了陛下三十年自修之操！"赵昀却让人转告牟子才不得告知他人，以免有损皇帝的形象。姚勉以唐玄宗、杨贵妃、高力士为例劝诫赵昀，不料赵昀竟然恬不知耻地回答："朕虽不德，未如明皇之甚也。"

董宋臣、卢允升在阎贵妃的支持下，权势日盛，他们内外勾结，外朝的小人逢迎巴结他们，就受到重用。丁大全就因勾结董、卢二人，贿赂阎贵妃，逐渐成为理宗眼中的红人。丁大全是镇江人，为人猥琐不堪，善于钻营取巧。丁大全得到赵昀的喜欢，从萧山县尉一跃成为台谏要员右司谏。赵昀宠信奸臣，一时朝政大乱。

宝佑六年(1258 年)二月，蒙哥派王子阿里不哥留守和林，自己亲率大军攻蜀，派皇弟忽必烈进攻鄂州。

开庆元年(1259 年)二月，蒙古军队抵达合州，合州的守将王坚，原是余蚧的部属，蒙哥派遣降人晋国宝到钓鱼城劝降，王坚把晋国宝押到练兵场，斩首示众。劝降不成，蒙哥亲自率领大军进攻钓鱼城，两军展开大战。

二三月间，蒙军连续进攻钓鱼城周围的城堡，都被宋军击退。四月，蒙军曾一度攻至外城，但王坚率军死守，又派兵出击蒙军营寨，再次粉碎了蒙军的进攻。蒙军在七月向钓鱼城发动猛攻，但钓鱼城依旧岿然不动，蒙哥汗反而被炮石击中，回营后死在军中。蒙军丧失了主帅，无法再战，军中诸王大臣用毛驴驮着蒙哥的尸体离开了四川。历时半年的合州保卫战取得了大捷。蒙哥汗死后，蒙古内部忙于争夺汗位，对宋战争无法再打下去了。

进攻鄂州的忽必烈军，本来负有直趋杭州的使命，蒙哥大汗的死讯传来时，忽必烈还没有攻下鄂州。部下劝他早日北归，他说："我奉命南来，怎能无功而返！”下令继续进军。开庆元年九月，他渡过长江，包围了鄂州。当时临安人人皆知蒙军逼近，赵昀却被蒙在鼓中。丁大全意识到无法遮掩，只得向赵昀申明军情，并请求退休。言官们也相继上书弹劾丁大全堵塞言路、迫害人才、穷竭民力、贻误边防等四条罪状。赵昀只好将他罢官，并将他流放到新州。押送途中，当权的大奸臣贾似道，为了笼络人心，派人把丁大全杀死。

景定元年（1260 年），迫于朝野舆论，赵昀又将董宋臣迁出宫中。此时，阎贵妃已经去世，宦官无人撑腰，无法再干预朝政，群小干政的局面结束了。但是，赵昀并没有觉醒，景定年间，他宠任的贾似道当权，为祸更为凶猛，朝政越发腐朽不堪。

5. 荒贻晚年，委政佞臣

在赵昀统治前期，因其出身宗室远族的特殊身份，造成了史弥远专政；亲政以后，虽欲更化而成效不大；其后因嗜欲既多，荒怠政事，相继出现了丁大全、董宋臣的乱政与贾似道的擅权。

理宗赵昀继位以后，先朝宰相谢深甫的孙女与贾涉的女儿都入选后宫。谢氏端重有福而容貌平常，贾氏则姿色殊绝。赵昀有意立贾氏为皇后，但宁宗杨皇后却主张立谢氏，赵昀只好遵命，委屈贾氏做了贵妃，但对她专宠有加。贾贵妃的异母弟贾似道也因裙带关系而一路青云，在淳佑七年（1247 年）贾贵妃去世时，做上了京湖制置使兼知江陵府，二十几岁就成了统帅。

贾贵妃去世后，理宗不可一日无美色，阎贵妃又以姿色得宠。此时，赵昀已步入晚年，更化的力度从端平递减到淳佑，已成强弩之末，而嗜欲好色的劲头却明显见涨。理宗后期，厌倦朝政，追逐声色，先是听任丁大全与董宋臣乱政，随后又把朝政交给贾似道。他完全没有了端平更化时那种励精图治的精神，每日沉湎在诗酒之中，同时，又开始追求奢侈豪华，在临安大兴土木，造佛寺道观祈祝长寿，建楼榭亭阁专供游幸。

开庆元年（1259 年），赵昀将丁大全罢相，分别拜吴潜与贾似道为左、右相兼枢密使。吴潜已是第二次任相，坐镇中央，协调各路军队抗蒙，军情紧急，他常常先行决断后，再奏明赵昀。他还力主清除丁大全余党，由此招来了忌恨。

赵昀没有后代，打算立弟弟赵与芮之子忠王赵禥为太子，吴潜忠谏说："臣无弥远之才，忠王无陛下之福。"这刺痛了赵昀的癞疤。时值鄂州之役，忽必烈扬言要直下临安，赵昀问计，吴潜建议迁都，赵昀问他怎么办，他答死守于此，赵昀当即抢白："你想做张邦昌吗？"

贾似道一方面上书请立忠王为太子，以讨好赵昀，一方面指使侍御史沈炎弹劾吴潜在立储问题上"奸谋叵测"。景定元年（1260年）四月，吴潜罢相，贾似道应召从鄂州前线以再造宋室的功臣入朝。

贾似道历任沿江、京湖、两淮制帅，贾贵妃的裙带关系虽起作用，但他毕竟在这些军政长官任上为抗蒙作出过一些成绩。即使在鄂州之役中，除了私下求和诚为失策，他有效阻止蒙古军的进攻，也不可谓无功，连忽必烈也赞赏道："我怎么才能有似道这样的人驱遣呢？"问题是，他过分夸大了这份战绩，以此作为专断朝政的政治资本。

入主朝政以后，贾似道首先毫不手软地打击丁大全党人与吴潜党人，一些小人趁机对异己乱扣"党人"的帽子。贾似道抓住吴潜建议迁都避乱的软档，将其一贬再贬，流放到循州（今广东龙川西），以防其东山再起，威胁自己的权位。贾似道还把仍在赵昀庇护下扰乱朝政的董宋臣与卢允生调为外任，其把柄也是主张"迁避"，使其余党不敢妄为。

谢皇后娘家外戚谢堂骄横不驯，外戚子弟都出任监司、郡守。贾似道先与谢堂套近乎，接着，猝不及防地将其罢任宫观，再让理宗下诏"外戚不得任监司郡守"，解决了长期以来外戚干政的问题。贾似道通过利禄引诱与政治高压相结合的手法，派遣密探监视太学生们的言行，把反对丁大全的"宝佑六君子"收买到自己门下，瓦解了太学生中的反对派势力。

贾似道还取得赵昀同意，在武将中实行打算法。所谓打算，就是核实军费开销，整饬不驯武将。在当时武将边帅中，虚报开支，大吃空额，已是公开的秘密，这也造成军费支出不断看涨。此举对厘清财费、整顿军政固然有积极作用，但在其背后贾似道还夹杂有立威诸将、排斥异己的用意，因而，执行起来，打算者与被打算者之间，就明显夹杂着个人恩怨。

贾似道妒贤嫉能，他把自己所不满的武将，例如赵葵、高达、李曾伯、杜庶、向士璧、曹世雄、史岩之等，都指为有贪污的嫌疑，列为打算的对象。赵葵、高达因为赵昀保驾才免予追究，李曾伯、杜庶、向士璧、曹世雄、史岩之都遭到拘禁，备受折磨，向、曹二人最后被迫害致死。这样一来，不仅打算法变了味，还产生了将士离心的负面作用。

就这样，贾似道利用赵昀对他的信任，采取整顿政治、经济和军事的一系列措施，打击宦官，抑制外戚，控制台谏，笼络太学生，攫取权力与财富，排斥一切异己力量，完全把持了舆论与朝政。

赵昀撒手朝政，大奸臣贾似道却在一步步把国家推向灭亡。对蒙战争，使得赵昀的日子越来越不好过了。景定四年（1263 年）二月，临安知府刘良贵、浙西转运使吴势卿趁机献媚，劝贾似道实行买公田之法。

“公田法”已使官民百姓困扰不堪。景定五年（1264 年）九月，贾似道奏请实行“经界推排法”，大力敛财。赵昀早已成为“诺诺皇上”，贾似道所请，无不允准。各地重新清丈土地，结果，江南地区尺寸土地都有税，民力更加衰竭。理宗君臣埋头丈量江山的时候，蒙古新汗忽必烈已经平定内乱。他把都城迁到燕京（今北京），秣马厉兵，准备挺进江南，此时，宋朝的灭亡已经指日可待了。

景定五年（1264 年）十月，理宗赵昀病死，终年 60 岁，葬于永穆陵。总体说来，赵昀的政绩失大于得，更何况失在晚年，他留下的是一副难以收拾的烂摊子。

第十三章　无能丧国　度宗赵禥

赵禥(1240—1274年)，公元1264—1274年在位，史称宋度宗。赵禥太祖十一世孙，理宗侄儿；荣王赵与芮之子，母亲全氏。无论是作为一个人，还是作为一个皇帝，度宗赵禥都是幸运和不幸的复合体。作为有着先天缺陷的人，这是他的不幸；而这样一个有着先天缺陷的人，却仅凭着与理宗的血缘关系登上了无数人梦寐以求的皇帝宝座，这是他的幸运。作为一个皇帝，他却始终受制于权臣贾似道，被贾似道玩弄于股掌之间，这不能不说是他的悲哀。

1. 十年天子：先天不足的皇帝

封建家族的继承制，是以血缘关系的亲近选拔的，赵禥虽然先天不足，但其父赵与芮是理宗的弟弟，血缘关系最近，立他为皇子也在情理之中。但他既没有高智商，也不具有突出的能力，他的主政，无异于加速了南宋的衰亡。

理宗赵昀一生有过两个儿子，即永王赵缉和昭王赵绎，但很早都夭折了。此后，后宫再没有为理宗生下皇子。吏部侍郎兼给事中洪咨夔曾建议理宗选宗室子弟养育宫中，择其优者为皇子，但理宗当时刚过中年，仍然希望后宫能产下一子，所以没有采纳。淳佑六年（1246年），理宗已经年过40岁，仍然没有儿子，而立储之事已经不能再无限期拖延下去，遂开始物色皇子人选。从感情和血缘关系来讲，理宗理所当然地倾向于亲弟弟赵与芮的儿子，即后来成为皇帝的度宗赵禥。

度宗于嘉熙四年（1240年）四月九日出生，小名德孙，母黄氏。黄氏名叫定喜，是赵与芮夫人李氏陪嫁而来的侍女，地位十分低下，后被赵与芮看中。黄氏怀孕的时候，担心由于自己的地位影响孩子的未来，曾服药物堕胎，但没有成功。赵禥生下来以后，大脑发育迟缓，手足无力，身体虚弱，7岁才会说话，智力也低于正常孩子。但是，由于赵禥的父亲赵与芮是理宗的弟弟，血缘关系最近，立他为皇子也就是情理之中的事了。

理宗既然有了立德孙为皇子的愿望，便于淳柘六年十月，将他接入宫内接受教育，赐名孟启。宝佑元年（1253 年）正月，又立他为皇子，赐名禥，封永嘉郡王，正式确立了皇储身份。同年十月，进封赵禥为忠王。由于赵禥的先天缺陷，当朝大臣多反对将他立为皇储。理宗为了说服大臣，就说曾梦到神人相告“此（指度宗）十年太平天子也”。理宗此举表明立储之事遇到了很大的阻力，他只好采取这种无奈而带有欺骗性的手段。然而，理宗自己万万没有想到的是，自己说出的话竟然在若干年后成为现实，赵禥果然做了 10 年天子，只是天下并不太平，而是兵荒马乱，民不聊生。

景定元年（1260 年）六月，理宗下诏立忠王，即赵禥为太子。

理宗对赵禥的教育非常严格。赵禥 7 岁时，理宗就让他入宫内小学读书，立其为皇子后，又为他专门建造“资善堂”作为学习的场所，并亲自为他作了一篇《资善堂记》。理宗还遍选名家作赵禥的老师，如汤汉、杨栋、叶梦鼎等人，都是名闻一时的大儒。理宗对赵禥每天的日程作了严格的规定，鸡初鸣入宫向理宗问安，再鸣回宫，三鸣就要到会议所参加处理政事，以锻炼其理政能力。但由于赵禥先天存在缺陷，学业并没有太大长进，经常惹得理宗大怒。然而，赵禥毕竟是与理宗血缘关系最近的侄子，即便不成器，理宗也只能尽力而已。

理宗知道赵禥资质太差，很难有所作为，就为他娶了一位聪明机智、颇识大体的妻子。赵禥的妻子名叫全玖，出身名门世家，是理宗母亲全太后的侄孙女，与赵禥是表兄妹关系。全玖言语伶俐，眉目清秀，仪态端庄。其父是一位地方官，全玖自幼随父亲游历各地，因此见多识广，对时局有较为清醒的认识。理宗感于全玖才智出众，景定二年十二月，将她册封为皇太子妃，让她辅助赵禥，倒也不失为一种补救措施。

景定五年（1264 年）十月二十六日，理宗去世，赵禥即位，时为度宗，尊理宗皇后谢氏为太后。群臣对赵禥的能力心中有数，故此时赵禥虽已 24 岁，但仍有人上表请求谢太后垂帘听政，最终因不合祖宗法度而作罢。

赵禥即位之初，出台了一些措施，以示将力求有所作为。他任命马廷鸾、留梦炎为侍读，李伯玉、陈宗礼、范东叟兼侍讲，何基、徐几兼崇政殿说书，力求能随时听这些大臣讲求治国之道；又下诏要求各级臣僚直言奏事，特别要求先朝旧臣赵葵、谢方叔、程元凤、马光祖、李曾伯等指出朝政中的弊端，以便加以改进。然而，赵禥这些举措无非是装模作样罢了，很快，他就沉迷于声色犬马之中，很少有时间和精力打理朝政。

理宗在世时，就以崇尚理学著称，他为赵禥选的老师，也多是一些理学名家，受此影响，赵禥对理学也十分偏爱。早在做太子时，他就曾前往太学拜谒孔子，提出增加张拭、吕祖谦为从祀，深得理宗赞赏。即位以后，他提拔了一些理学之名士，如江万里、何基等人，录用前代理学大家张九成、朱熹、陆九渊等人的后代为官，理学门徒也占据了从中央到地方的很多职位。令人费解的是，虽然度宗推崇理学，但理学家提出的“存天理，灭人欲”的信条却几乎对他完全不起作用，他仍然每日沉迷于美色之中，醉生梦死。

2. 蟋蟀宰相：欺君误国的权臣

贵族阶级是由于利益结合在一起的，外戚专权，是出于对自己家族的利益考虑，既然统治者没有治理天下的能力，就只能任由其他政权分配利益。贾似道独揽朝政，成了欺君误国的权臣，造成了赵氏家族不可挽救的局面。

赵禥本来资质愚钝，又生性懒惰，他既没有治理国家的才能，也对治理国家不感兴趣。

赵禥即位时已经24岁，在他即位之初，贾似道主动要求担任理宗陵寝的总护山陵使。宋朝有个不成文的规定：先皇任命的宰相担任先皇的总护山陵使后，多不再回到朝廷，就此致仕，以示对先皇的忠心。贾似道此举意在试探度宗对他的态度，赵禥开始拒绝了贾似道担任山陵使的要求，意思是要他继续留任，很快又下诏同意他担任山陵使，暗示希望贾似道退休。一些在朝老臣，如留梦炎、朱貔孙等，马上提出赵禥此举处理失当，要求赵禥另派总护山陵使，但赵禥希望借机摆脱贾似道的控制，因此没有同意。

理宗下葬后，贾似道立即上表辞职，并且没有回到京城，而是直接回到台州老家。同时，他暗中指使亲信吕文德谎报军情，说蒙古军队大举围攻边境要塞下沱。消息传到京城，满朝文武大为惊骇，赵禥和谢太后急忙召贾似道回京，拜他为太师，让他主持大局。贾似道回到了京城，“下沱之围”自然也就解了。通过这种手段，贾似道夺回了相位，并且将度宗牢牢地控制在自己的手中。

此后，贾似道又多次采用这种以退为进、欲擒故纵的手段要挟赵禥，以求得更大的权力。咸淳二年（1266 年），贾似道再次上表要求辞职，赵禥百般挽留均无济于事，情急之下，赵禥竟然不顾君臣之礼，哭着给贾似道下拜，恳请他留下主政。参知政事江万里急忙扶起赵禥，说："自古没有这样的君臣之礼，皇帝不可拜，似道不可再言去。"赵禥的举动，也出乎贾似道的意料，贾似道一时不知如何是好，便答应留下。出来时，贾似道举笏向江万里致谢："今天要不是有你在，我就成了千古罪人。"在这番道貌岸然的言辞背后，却是玩弄皇帝于股掌之间的得意。

与贾似道的阴险奸诈相比，作为一国之君的赵禥懦弱无能，根本不是贾似道的对手，更谈不上有能力控制他。此后，贾似道行事更加肆无忌惮，甚至连赵禥的一举一动都要受他操纵。

咸淳八年（1272 年），赵禥举行明堂大礼，贾似道为大礼使。典礼结束后，赵禥到景灵宫祭奠，恰好天降大雨，贾似道让赵禥等雨停后乘辂（大车）回宫。度宗胡贵妃的父亲胡显祖以为道路泥泞，车辂难行，请赵禥效仿宁宗开禧年间的故事，乘逍遥辇（小车）回宫。赵禥说乘辂回宫是贾似道的意见，胡显祖谎称已经得到贾似道的批准，赵禥遂答应乘逍遥辇回宫。不一会儿，雨过天晴，而赵禥已经回到宫中。贾似道知道后大怒，"臣为大礼使，陛下的举动事先却不知道，乞罢政"，当天就出嘉会门，以示去意已决。接着，又上书胡搅蛮缠，说嘉定年间宁宗举行明堂大礼时赶上三日大雨，仍然乘辂回宫，开禧中则乘辇回宫，如今不用嘉定例而用开禧例，是把他同开禧年间的权臣韩侂胄相提并论。于是，连上七书，坚决求去，并回到西湖边的宅第居住。

赵禥无奈，只得将胡显祖免职，发配到饶州，将贵妃胡氏送到妙净寺削发为尼。其他相关人等也都受到严厉处罚：阁门吏曹垓被处以黥断大刑，其子大中也在阁门任职，被降谪至江阴；礼部侍郎陈伯大、张志立停职待罪。贾似道这才回到朝廷任职。

贾似道大权在握，遂开始结党营私，排斥异己。凡是与他意见不合之人，轻则受到斥责，重则遭到摒弃，终身不用。执政江万里、台谏陈文龙等，都因为忤逆贾似道而遭到贬斥，状元出身的文天祥则在37岁的时候，就被迫辞职回家闲居。贾似道曾召集百官议事，席间厉声说："各位如果不是由我拔擢，怎么能达此地位！"百官默然，只有权礼部侍郎、兼同修国史、实录院同修撰李伯玉抗声道："伯玉殿试第二名，你不拔擢，伯玉也可以至此。"贾似道没有想到居然有人敢挑战他的权威，自知失言，非常难堪，其内心的愤怒可想而知。此后不久，李伯玉就出知隆兴府，他只因为说了一句实话而得罪了贾似道，就断送了本来前景光明的仕途。一些无耻之人，则靠逢迎贾似道得到升官，赵潜等人争相向贾似道贡献珠宝，而陈奕竟然以兄礼对待贾似道的玉工陈振民，力求迁官。

贾似道虽然深居简出，很少在政事堂办公，但朝廷的大事小事，都必须报知贾似道，没有他的批准则不敢施行。文吏每日抱着文书至贾府，等待贾似道裁处，其他宰执只是充数签名而已，没有任何权力。贾似道将这类事统统交给门客廖莹中、堂吏翁应龙办理，自己则每日于葛岭私第游乐。贾似道原本就是一个浪荡公子，当政以后，更是变本加厉。度宗赵禥允许他十日一朝，而贾似道有时甚至累月不朝，却五日一入西湖宴游，时人戏称"朝中无宰相，湖上有平章"。贾似道酷爱斗蟋蟀，经常与妻妾们趴在地上斗蟋蟀。一次，一位平日玩伴恰好赶来，开玩笑说："这就是军国重事吗？"贾似道也因此得了个"蟋蟀宰相"的骂名。他在葛岭私第盖起楼阁亭榭，把不少有美色的宫女、娼妓、尼姑聚集到这里，日夜淫乐。

贾似道本人可谓"不学有术"，他没有读过什么书，平日侍讲的时候，赵禥问他一些经史中的疑问之处或古代人名，他都回答不出来，幸亏江万里在旁为其解围，连资质驽钝的赵禥都向后妃们嘲笑贾似道是草包。但在玩弄权术、排斥异己方面，贾似道却是无师自通。他为政三朝，其专擅程度远远超过秦桧、韩侂胄、史弥远等人，带来的危害也远远超过三人。国家危急时刻，他纵情声色，将国家命运置之不顾，直接导致了南宋王朝的土崩瓦解。

贾似道大权独揽，对赵禥则专事欺瞒，他禁止有人在赵禥面前提及边事，否则辄加詈斥。襄阳、樊城被围困三年后，度宗才从一个宫女那得到消息，他忧愁地对贾似道说："襄樊已经被围三年了，怎么办呢？"贾似道哄骗赵禥说："襄樊之围早就解了，陛下从何得知？"赵禥回答是听一位宫女说的。贾似道查到这名宫女，便找个借口将她处死了。此后，没有人敢再向赵禥提及边事。

赵禥对贾似道的专权也并非没有意见，即位之初，他就任命贾似道为理宗陵寝总护山陵使，暗示贾似道致仕。他曾对李伯玉感叹贾似道专横跋扈，君臣相对大哭。赵禥想提拔李伯玉为执政，但李伯玉不久就去世了。荆湖地区一直为贾似道的亲信吕氏集团控制，京湖制置使吕文德死后，朝廷并未从这一集团内部选择继任者，却派与吕氏集团毫无关系，对贾似道也并不依附的李庭芝接替吕文德管理这一地区，当时有削弱贾似道势力的含义在内，但李庭芝到任后，很快就被吕氏集团架空了。此时，贾似道权倾朝野，羽翼已丰，懦弱无能的赵禥又怎么是他的对手？无奈之下，只好每日沉溺于酒色之中了。

自赵禥登基以来，蒙古兵的进攻日甚一日。襄阳被长期围困后岌岌可危。咸淳九年（1273），蒙古攻打襄阳日紧，同时，有窥视下游的动向，南宋处于存亡之关头。贾似道为平民愤，故作姿态，要求上前线指挥救襄阳，暗地里却指使人上书，让赵禥留住他保卫京城。赵禥怕贾似道走了，自己失去主心骨，便下诏留他，另派高达前去。可是，贾似道素来嫉妒高达，怕他功高而危及自己的地位，便千方百计阻止派高达上前线。为此，贾似道的走狗吕文焕三天两头向临安报捷。就在度宗高高兴兴、以为天下太平时，吕文焕却将襄阳拱手授敌，蒙古兵势如破竹，顺江而下，此时，南宋已不可挽救了。

咸淳十年（1274 年）七月，度宗逝世，终年 35 岁，第二年正月，安葬于绍兴府会稽县永绍陵，他是南宋最后一个有葬身之地的皇帝。公元 1276 年，即在赵禥死后两年，宋廷便投降了元朝。

第十四章　破国亡家 恭帝赵显、端宗赵昰、末帝赵昺

赵显(1271—1323年),公元1274—1276年在位,史称宋恭帝。

赵昰(1269—1278年),公元1276—1278年在位,史称宋端宗。

赵昺(1272—1279年),公元1278—1279年在位,史称宋末帝。

经过理宗、度宗两朝的腐败统治,南宋已经是日落西山,气息奄奄。公元1274年,宋恭帝登基的时候,元军已经攻克襄樊,一路势如破竹,沿长江而下。此时,南宋军国大权依然掌握在奸臣贾似道之手,鲁港之战,宋军大败,不久,临安被围,恭帝降。张世杰和陆秀夫等人辅佐端宗和末帝在东南沿海一带展开的斗争只是苟延残喘,无力回天。1279年12月崖门海战,宋军全军覆没,陆秀夫怀抱末帝赵昺从容投海,南宋亡。南宋末代三帝均年幼即位,加在一起,在位时间也只有5年,这一时期的南宋,已是名存实亡了。

1. 孤儿寡母：赵氏王朝的穷途末路

统治者的腐败无能，使赵氏家族走上了穷途末路，赵氏江山本是赵匡胤从后周孤儿寡母手中夺得，最后，又失于孤儿寡母之手，这似乎是历史对赵氏家族不作为的惩罚。

在理宗和度宗统治时期，宋朝灭亡的局面已经不可逆转，恭帝即位不满两年，宋廷就投降了元朝。宋室江山，是太祖赵匡胤从后周孤儿寡母手中夺得，最后，又失于孤儿寡母之手。

咸淳十年（1274 年）七月，宋度宗赵禥去世。他对后事没有安排，只留下三个未成年的儿子：杨淑妃所生的赵昰 6 岁、全皇后所生的赵显 4 岁、俞修容所生的赵昺 3 岁。谢太后召集群臣商议立帝，众人以为杨淑妃所生赵昰年长当立，但贾似道和谢太后都主张立嫡子，于是，赵显被立为帝，时为恭帝。此时，恭帝年纪尚幼，因此由太皇太后谢氏垂帘听政，但朝廷实权实际上仍掌握在宰相贾似道手中。

赵显即位时仅四岁，宋室江山处于风雨飘摇之中，摇摇欲坠。元军攻下襄樊后，又沿长江东下，攻占杭州。大宋局势失去控制，宋王朝的统治已基本上陷入了瘫痪状态。

咸淳十年（1274 年）九月，元军向南宋发起了总攻。十二月，伯颜率兵进逼鄂州，在青山矶击败宋将夏贵率领的鄂、汉守军，汉阳、鄂州相继陷落。伯颜留下部分士兵守卫鄂州，自己则率领主力部队，以宋朝降将吕文焕为前部，继续东下。沿江城池的守将多是吕氏旧部，元军所到之处，这些人纷纷归降，元军得以顺利地突破长江线，于德佑元年（1275年）春攻克军事重镇安庆和池州，兵临建康城下。

鄂州陷落后，长江防线洞开，南宋朝野内外大震，京师各界都把希望寄托于贾似道身上，呼吁“师臣”亲征，指望他能像理宗朝那样取得“再造”之功。贾似道无奈，只好在临安设都督府，准备出征。蒙军的一路统帅刘整原系宋朝骁将，理宗末年，贾似道在武将中推行“打算法”来排斥异己，刘整被其上司利用“打算法”迫害，被迫归降蒙古。贾似道对刘整的能力知道得一清二楚，由于惧怕刘整，他迟迟不敢出兵，直到德佑元年正月，听说刘整死后，他高兴地说：“吾得天助也。”这才上表恭帝，请求出征。

贾似道抽调各路精兵10余万，装载着无数金帛、器甲和给养，甚至带着妻妾，离开京城，阵势绵延百余里。二月，行至芜湖，与夏贵会合。夏贵一见贾似道，从袖中抽出一张字条，上写“宋历三百二十年”。言下之意，宋朝历时已近320年，国势已尽，不要为它丢了性命，贾似道心照不宣，点头默许。

贾似道到达前线之后，率后军驻扎于鲁港，命大将孙虎臣统领前军屯驻在池州下游的丁家洲，夏贵率战舰3500艘横列江上。贾似道深知蒙古军队的勇猛，不敢与之正面交战，仍然幻想走开庆元年（1259年）同忽必烈讲和的老路，因此，下令释放元朝俘虏，还送荔枝、黄柑等物给伯颜，希望通过称臣纳币求得和平。但此时元军的目标在于灭亡南宋，称臣纳币已不能满足元人的贪欲，求和的请求被断然拒绝。两军交战，伯颜连续突破孙虎臣、夏贵两道防线，直抵鲁港，宋军大败，死者无数，江水为之变赤，贾似道仓惶逃到扬州。贾似道位居平章军国重事、都督诸路军马，度宗尊之为“师臣”，众臣视之为“周公”，却如此不堪一击。

贾似道战败后，朝野上下出现处死贾似道的强烈呼声。谢太后却认为贾似道勤劳三朝，不能因为一朝之罪失了对待大臣的礼数，仅将贾似道贬为高州团练使，循州安置，并抄没其家产。行至漳州，贾似道于木绵庵为监押官郑虎臣所杀，结束了其擅权误国的一生。

经过鲁港之役，南宋部队损失惨重，士气严重受挫。伯颜继续沿江东下，德佑元年（1275年）十月，元军自建康分三路向临安挺进。伯颜亲率中军进攻常州。常州地处交通要道，扼守临安门户，战略地位十分重要，在此，伯颜投入了20万军队，常州知州姚訔、通判陈炤等奋勇抵抗。伯颜驱使城外居民运土填充护城河，甚至将运土百姓也用作堆砌材料，最终筑成环城堤防。

十一月十八日，元军发起总攻，两天后常州城被攻破，元军进行了野蛮的大屠杀，上万人被害，只有极少数人幸免于难。常州大屠杀，产生了蒙古入侵者所希望的震慑作用，随后，当元军逼近平江时，平江守将未经交战便献城投降。

随着蒙古铁骑的逼近，临安府内人心惶惶，绝大多数人试图逃离都城，尤其是朝廷大小官员，为保身家性命，带头逃跑。同知枢密院事曾渊子等几十名大臣乘夜逃走。签书枢密院事文及翁和同签书枢密院事倪普等人，竟暗中指使御史台和谏院弹劾自己，以便卸任逃走，御史章还未上，二人已先逃跑。谢太后严厉谴责了这些不忠之臣，下诏说："我大宋朝建国三百余年来，对士大夫一向以礼相待。现在我与继位的新君遭蒙多难，你们这些大小臣子不见有一人一语号召救国。内有官僚叛离，外有郡守、县令弃印丢城，耳目之司不能为我纠击，二三执政又不能倡率群工，竟然内外合谋，接踵宵遁。平日读圣贤书，所许谓何！却于此时作此举措，生何面目对人，死何以见先帝！"然而，谢太后的谴责，在蒙古铁骑的威胁之下显得如此苍白无力，根本不能激发起内外官员为宋室而战的信心。

德佑二年（1276年）正月，短暂的休战后，仅有少数官员出现在朝堂上。官员的逃跑瓦解了军心、民心，使宋王朝根本无法组织起有效的抵抗，此后，赵氏皇室陷入了孤立无援的境地。

擅权误国的贾似道已被罢免，此时，南宋朝廷如果能够振作起来，任用贤臣，局势或许还可以扭转。但恰恰此时，南宋朝廷却犯下另一个严重的错误，即任命陈宜中为相。在陈宜中的主持下，宋朝最终陷入了万劫不复的深渊。陈宜中是一个狂妄自大、欺世盗名的两面派，惯于提出冠冕堂皇的高调言辞，谴责任何妥协退让的主张和行为。陈宜中本为贾似道所援引，贾似道兵败以后，他却率先提出处死贾似道以提高自己的声望，毫无廉耻。统帅禁军的殿前指挥使韩震提出迁都建议，他竟然将其骗到自己家中杀害。

陈宜中长期通过哗众取宠的表演和豪言壮语来获得权势，提高自己的威望，但实际上他却是一个优柔寡断、冒充抵抗英雄的胆小鬼。德佑元年春夏之交，战事最为激烈的时候，朝野内外纷纷要求他亲往前线督战，他却犹豫畏缩，不肯出城。显而易见，陈宜中不可能为宋朝冒生命危险。

德佑元年年底，局势在陈宜中主持之下，朝着越来越不利于宋朝的方向发展，除了彻底投降以外，已没有任何的回旋余地。文天祥、张世杰提出迁都到东南部地区，以图背水一战，胆小的陈宜中否决了这项提议，一意求和。

德佑二年正月十八日，谢太后派大臣杨应奎向元军献上降表和传国玉玺，哀乞伯颜念上天好生之德，对宋朝皇室从宽处理。元朝要求与宰相面对面会谈，陈宜中被这种要求吓破了胆，便抛弃了太后和年幼的皇帝，于当天夜里逃离了临安。

陈宜中逃走后，蒙古铁骑已兵临城下，局面已无可挽回。谢太后任命文天祥为右丞相兼枢密使，出使蒙古军营谈判。文天祥正气凛然，被伯颜扣留，谢太后又派贾余庆出使。

二月初五，临安皇城里举行了受降仪式，赵显宣布正式退位。三月二日，伯颜以胜利者的姿态进入临安。元世祖下达诏书，要伯颜送宋朝君臣速往大都朝见，赵显同母亲全氏和少数侍从离开临安，踏上前往大都的路程。谢太后因有病在身，并未同行，但不久，也在元军的逼迫下启程北上。

自宋高宗泥马渡江到宋恭帝投降元朝，存在了 150 多年的南宋就此灭亡了。

2. 吐蕃高僧：恭帝的最后岁月

从天真孩童到一国之君，又从一国之君降为阶下之囚，再从阶下之囚到西藏高僧，最后，仍被以莫须有的罪名处死。赵显的经历，在中国历代帝王中是绝无仅有的。

德佑二年（1276 年）春，赵显一行被掳北上。闰三月二十四日，赵显抵达大都（北京）。此时，由于忽必烈在上都，赵显一行随后又启程前往上都，于四月底抵达。五月二日，忽必烈接见了赵显等人，赵显被降封为开府仪同三司、检校司徒、瀛国公。元朝统治者此举具有强烈的政治意味，表面上优礼有加，事实上，全太后母子只能在高墙深院中度过时日，无法自由行动。随后，赵显等人又被迁回大都。

忽必烈清楚地知道，赵显虽已退位，并且年纪尚幼，但仍然具有潜在的号召作用，只有对他妥善地安置，才能招徕那些尚未归顺的南宋遗民，因此，对其十分优待，给予了优厚的物质条件。这些宋室成员，虽然生活条件十分优越，但毕竟身负亡国之恨，精神上受到的折磨，是难以用语言加以描述的。谢太后内心极度痛苦，与人“冷眼交流”，在度过 7 年不自由的时光后，于 74 岁时病逝。全皇后则带着年幼的赵显出家为尼，之后，死于正智寺。与以谢太后为首的皇室高级成员相比，一些低级的妃子由于地位低下，得不到元朝的优待，境遇十分凄惨，有些人无奈之下只得以死相抗。赵显等人抵达上都不久，陈氏、朱氏两名妃子和两名宫女就上吊自杀了，朱氏在衣服中留下了一首诗：“既不辱国，幸免辱身。世食宋禄，羞为北臣。妾辈之死，守于一贞。忠臣孝子，期以自新。”既表达了誓死不辱的意愿，也希望以自己的死来唤起宋室“忠臣孝子”图强自新的斗志。忽必烈得知后大怒，将四人头颅割下，悬挂在全皇后寓所，以示警告。

赵显毕竟是赵显宋遗民心目中“正统”的代表，对那些宋室“忠臣孝子”仍然具有巨大的感召力，这是忽必烈的心头大患。至元十九年（1282年），福建有位僧人告诉忽必烈，他夜观星象，土星侵犯帝座，必将有人危害皇帝，应该加以提防。接着，中山有人自称“宋主”，聚众千余，声称要进大都劫取文天祥。京城里也有人上匿名信说有人要为“文丞相”起兵。事后查明，以上诸说纯系谣传，但忽必烈已然感到，此时刚满12岁的赵显和囹圄之中的文天祥依然是对元朝统治的威胁，因此下诏，以赵显不宜居大都为名，将他迁往远离内地的上都。

之后，南方的抗元运动仍然此起彼伏，有地方官上奏说：“江南归附十年，盗贼迄今未靖者，宜降旨立限招捕。”虽然南宋灭亡已12年之久，元朝在中原的统治也大体稳定，但赵显的存在，仍使忽必烈感到担忧，终于在至元二十五年（1288年）冬天，忽必烈颁布诏令，将赵显迁往更加荒远的吐蕃去学习佛法，即日启程。这时，赵显仅19岁。

赵显到达吐蕃后，居住在萨迦大寺，被尊为“合尊”法师，意思是“天神家族的出家人”，这是对王室子弟出家僧人的尊称。为了忘掉以往的伤心事，赵显终日以青灯黄卷为伴，研究佛法，学习藏文，过着孤寂清苦的僧侣生活。多年的苦读，使他精通佛学，成为了一代高僧，还一度担任过萨迦大寺的总主持。赵显从事佛经翻译工作，一些比较深奥的佛学专著都出自他的手笔，如《因明入正理论》《百法明门论》，等等。由于在佛学上取得的突出成就，为汉藏文化交流作出了积极的贡献，赵显被藏史学家列入翻译大师之列。

至治三年（1323年），赵显已经是53岁的老人了，假如不出意外，他将在异乡安享晚年，但他在云游之际兴之所至，作了一首小诗：“寄语林和靖，梅花几度开。黄金台下客，应是不归来。”此诗表露了他怀念故国而又无法归去的悲苦思绪。元英宗听说以后，认为赵显是在“讽动江南人心”，便将他赐死于河西。这样，寄人篱下数十载的宋恭帝赵显，最终撒手西去。

3. 抗元英雄：永照汗青的文天祥

“人生自古谁无死，留取丹心照汗青。”抗元英雄文天祥令昏庸无能的赵昱氏家族无地自容。

赵虽然死得凄惨，终不免被淹没在历史长河之中，至多只能换来后世的一声叹息罢了。与他委曲求生而不得善终的经历相比，宋末忠臣的典型文天祥却是另外一种结局，同样成为阶下之囚，文天祥大义凛然，引颈就刑，其高风亮节代代相传，令人景仰。

文天祥，吉州庐陵人，原名云孙，字天祥。中举之后，以天祥为名，改字履善。宝佑四年（1256 年）中状元后，又改字宋瑞，后号文山。文天祥少年得志，20 岁状元及第，一举成名。然而，他生逢末世，朝政黑暗，被权臣贾似道排挤，37 岁便被迫还乡闲居。

咸淳十年（1274 年）十二月，蒙古大军攻占鄂州，举朝震惊，当时，皇帝年幼，主持朝政的谢太皇太后发布《哀痛诏》，号召各地发义兵勤王，时任赣州知州的文天祥慨然奉诏，随即征募义兵万余人，筹集大量粮饷，准备入京勤王。

此时，陈宜中把持着朝政大权，和战不定，文天祥空有一腔报国之志和满腹才华，却无用武之地。直到元军兵临城下，文武官员都纷纷出逃，谢太后才任命文天祥为右丞相兼枢密使。而文天祥这时的使命却是充使乞降。文天祥到了元军大营，并没有按谢太后的意思无条件投降，反而要求元军先从京城后撤300里，再进行和谈，同时，他对元军的贪婪和残暴进行声讨。伯颜为文天祥的气势所逼，只得遣回其他使臣，却把文天祥扣留起来。

元军占领临安以后，两淮、江南、闽广等地尚未被元军完全控制，伯颜企图诱降文天祥，以利用他的声望来招降这些地区。文天祥宁死不屈，伯颜只好将他押解到北方，行至镇江，文天祥冒险出逃。

景炎元年（1276年）五月二十六日，文天祥辗转到达福州，被端宗赵昰任命为右丞相。但小朝廷立足未稳，一些大臣已忙于争权夺利。文天祥很快被排挤出朝廷，北上招兵抗敌。文天祥回到江西之后，各地豪杰和溃兵纷纷前来投靠，先后从元军手中夺回了许多城池。但由于孤军作战，遂接连为元军所败，文天祥的妻妾和孩子被元军俘虏，老母亲和大儿子也在随军转战中去世。最后，文天祥遭到元军突然袭击，再次被俘。

文天祥试图服毒自杀，未能成功。张弘范将他押往崖山，让他写信招降张世杰。文天祥断然拒绝："我不能保护父母，难道还能教别人背叛父母吗？"张弘范一再强迫文天祥写信，于是，文天祥将自己前些日子所写的《过零丁洋》一诗抄录给张弘范。张弘范读到"人生自古谁无死，留取丹心照汗青"两句时，情不自禁地赞道"好人好诗"，此后不再强逼文天祥。

崖山之战后，张弘范向元世祖请示处理文天祥之事，元世祖说："谁家无忠臣？"命令张弘范对文天祥以礼相待，并将他送到大都，企图加以劝降。

文天祥到达大都后，拒绝元朝的利诱，被关进大牢。元世祖派投降元朝的南宋丞相留梦炎等人和恭帝赵显出面劝降，都被文天祥一一回绝。元朝平章事阿合马和丞相孛罗也碰壁而归。孛罗想要杀掉文天祥，但是元世祖一来抱着爱才之心，二来又恐杀了文天祥民心不服，始终没有同意。因此，文天祥在监狱中度过了三年。

元世祖要以儒家思想治国，至元十九年（1282年）八月，问议事大臣："南方、北方宰相，谁是贤能？"群臣回答："北人无如耶律楚材，南人无如文天祥。"此时，京城出现匿名招贴，外地起兵反元，有人声称要来救"文丞相"。元世祖决定作最后的努力，亲自劝降文天祥。文天祥见了元世祖，不肯下跪，只作了个揖。元世祖问他还有什么话说，文天祥回答忠臣不事二主，愿求一死。元世祖知道劝降已没有希望，便下令处死文天祥。

次日，文天祥被押解到菜市口刑场，引颈就刑，时年仅 47 岁。数日后，其妻欧阳氏收其尸，在他的衣带里发现了一段赞文："孔曰成仁，孟曰取义。惟其义尽，所以仁至。读圣贤书，所学何事？而今而后，庶几无愧！"元世祖闻之亦感叹不已："好男子，不为吾用，杀之诚可惜也。"

4. 亡命天涯的宋端宗赵昰

群龙不能无首，赵昰死后，眼看赵氏家族就要分崩离析，众臣便又拥立年方7岁的赵昰为帝，由杨太后垂帘听政，改元祥兴，延续奄奄一息的赵氏家族政权。

德佑二年（1276年）正月，蒙古大军逼近临安，在文天祥等人的强烈要求下，赵昰被封为益王，赵昺被封为广王，朝廷命他二人前往福州、泉州经略闽、粤，徐图恢复。当时，赵昰8岁，赵昺5岁，还是不懂事的孩子，根本不能处理政事，跟随他们一同起行的是驸马都尉杨镇、益王母亲杨淑妃的弟弟杨亮节、广王母亲的弟弟俞如硅等人。这三人被任命为提举二王府事，代替二王处理闽、粤之事。

德佑（1276年）二年正月，宋朝败亡已定。在元军进入临安以前，谢太后封赵昰为益王、判福州、福建安抚大使，赵昺为广王、判泉州兼判南外宗正，命人保护二王逃出了临安。二月初五，谢太后率领宋恭宗赵显和百官于临安降元，宋恭帝被元朝押送到北京。赵昰一行则躲过元军的层层围堵，到达温州。

南宋名臣陆秀夫派人招来了躲藏于此的陈宜中，张世杰也率兵从定海前来会合。温州有座江心寺，南宋初年高宗南逃的时候曾到过这里，此时，其御座还保存完好，众人于座下大哭，拥戴益王赵昰为天下兵马都元帅，广王赵昺为副元帅。此后，二王就成为了宋室遗民心目中仅存的希望。

五月，二王抵达福州，陈宜中、张世杰、陆秀夫等人拥立赵昰为帝，时为端宗，改元“景炎”，封杨淑妃为太妃，广王赵昺为卫王，陈宜中为左丞相兼枢密使，都督诸路军马，张世杰为签书枢密院事，陆秀夫为端明殿学士。不久，文天祥被诏至福州，任右丞相兼枢密院事，后又命为同都督，命他前往江西召集义士，恢复失地。南宋流亡小朝廷在福州建立起来，且颇具规模。

流亡政权刚建立，外临强敌，内部却开始争权夺利，官员之间相互倾轧，分化了本已非常孱弱的力量。当时，杨淑妃的弟弟杨亮节居中掌权，秀王赵与榫以赵氏宗亲的身份对杨亮节的所作所为多有谏止，遭到杨亮节的忌恨。杨亮节便把赵与榫派往浙东。朝臣有人言秀王忠孝两全，应该留下来辅佐朝廷，杨亮节听后更为忧虑，担心自己地位难保，驱逐赵与榫的心意更加坚决。赵与榫后来在处州与元军交战，被俘不屈而死。宰相陈宜中此时也使出自己擅长的党同伐异手段，排斥异己，指使言官将陆秀夫弹劾出朝廷。在小朝廷立足未稳的时刻，陈宜中的这种行为，引起众人的普遍不满，陈宜中无奈之下，将陆秀夫召回。

赵昰即位以后，朝廷初步草创，南宋又有了抗元的大旗，人们重又归心宋室。广东经略使徐直谅本来已经投降元朝，现在又重新表示归附端宗；广西守将基本上仍旧忠于宋室，他们派使者向宋端宗表示服从；文天祥率军进攻江西后，各地义军纷起响应，收复除赣州之外所辖九县，吉州八县复其半。但是在元军的猛烈进攻下，江西、广东很快相继失守，文天祥被俘、徐直谅被杀，广西各地不久之后也被元军攻破。

九月，蒙古大军杀向福州，试图一举荡平南宋的残余势力。他们派出骑兵和水兵由江西和浙江明州出发，进攻闽、粤。不久，浙江全境为元军占领，元军继续南下，连破建宁、邵武、南剑三城，兵锋已经达到福州前沿。由于小朝廷在福建刚刚立足四个月，根基不稳，陈宜中、张世杰、陆秀夫等不敢和元军展开决战，慌忙护送端宗等人登舟入海。

十一月十五日，陈宜中、张世杰护送着端宗赵昰、卫王赵昺及杨太妃乘一艘海船逃跑，刚一入海，就与元朝水军相遇，幸而天气不好，大雾弥漫，才得以脱身。离开福州之后，小朝廷失去了最后一个根据地，此后，只能建立海上行朝，四处流亡。

赵昰一行辗转泉州、潮州、惠州等地。景炎三年（1278 年）春，来到雷州附近的硇洲。逃亡途中，宰相陈宜中借口联络占城，一去不返，又一次充当了可耻的逃兵。

蒙古将刘深攻打浅湾，张世杰与之大战，兵败，护卫赵昰逃亡秀山，不久，秀山失守，又逃亡井澳（珠江口外）。刘深追兵赶到井澳，宋元两军在海上大战，赵昰因为在逃亡途中受到飓风惊吓，惊恐成疾。

十二月，赵昰只能带病出海，在七里洋，宋军和元军又发生一场恶战，只因宋军一路败退，又长期在海上流亡，食物严重缺乏，故而战斗力大减，被元军击败，广王赵昺母亲的弟弟俞如硅被元军俘虏。此时，南宋小朝廷已经被追得穷途末路，很多人都灰心丧气了。张世杰、陆秀夫等少数几个人，仍然怀抱着坚强的复国信念，他们鼓舞下属，激励士兵，又护卫着病体沉重的宋端宗转移到硇州岛。

景炎四年四月，赵昰在硇州岛病逝，年仅 11 岁。由于军情紧急，就地草草埋葬。赵昰自即位以来，就一直在亡命的旅途之中，虽然贵为皇帝，实际上没有享受过一天的荣华富贵。他死了之后，当地的百姓还是非常怀念他，经常到他的墓地上祭扫。

赵昰死后，群龙无首，眼看小朝廷就要分崩离析，陆秀夫慷慨激昂，振作士气："诸君为何散去？度宗一子还在，他怎么办呢？古人有靠一城一旅复兴的，何况如今还有上万将士，只要老天不绝赵氏，难道不能靠此再造一个国家么？"众臣便又拥立年方 7 岁的赵昺为帝，由杨太后垂帘听政，改元祥兴。

5. 崖海大战：赵氏家族的悲壮末路

封建政权不能得以长久统治天下的原因，关键在于统治者没有调节好内部矛盾，使得各自的利益相冲突。崖海之战，标志着赵氏家族的灭亡。赵氏家族的“祖宗法度”束缚了许多想有所作为的领导者，“安内终于攘外”的统治策略终结了家族的统治。

元军下定决心斩草除根，步步为营，对南宋小朝廷紧追不舍，宋军已陷入三面包围之中。硐洲地处雷州半岛，而雷州具有重要的战略地位，对战局的发展有着至关重要的作用。在元军的猛攻之下，雷州失守，小朝廷形势非常危急。张世杰数次派军想夺回雷州，但都未能成功，于是将流亡政权迁至崖山。

小朝廷到达崖山时，尚有正规军和民兵20万人，而进攻的元军只有数万。仅就兵力而言，双方相差悬殊，且元军不善水战，宋军无疑在这方面占有优势。但张世杰已经对前途不抱希望，放弃了对崖门入海口的控制，把千余艘战船背山面海，用大绳索连接，四面围起楼棚，结成水寨方阵，把木制战船两侧用衬垫覆盖，以防御元军的火箭和炮弩，赵昺的御船居于方阵之中，打算在此死守。张世杰此举有两大失误，一是放弃了对入海口的控制权，也就等于把战争的主动权拱手交给了对方；二是把千余战船贯以大索，结成水寨，虽然集中了力量，但却丧失了机动性，相当于把宋军主力暴露在敌人面前，任人攻打。

祥兴二年（1279年）正月，元军都元帅张弘范从广东由海路到达崖山，包围了张世杰的部队。宋军陷入孤立无援的境地，在10多天的防御战中，将士们只能以干粮充饥，饮海水解渴，饮过海水的士兵呕吐不止，战斗力严重削弱。

同年六月二日，元军向崖山发起总攻。元将李恒指挥水军，利用早晨退潮、海水南流的时机，渡过平时战舰难以渡过的浅水，从北面对宋军发动了一场突袭，到中午，北面的宋军已被元军击溃。南面的元军又在张弘范的指挥下，利用中午涨潮、海水北流的时机，向宋军发动了另一次进攻。宋军南北受敌，士兵又身心疲惫，无力战斗，全线溃败。战斗从黎明进行到黄昏，宋军多艘战舰被毁。张世杰见水师阵脚大乱，战船为大绳索连贯，进退不得，这才下令砍断绳索，率10余战舰护卫杨太后突围。

张世杰率船杀到外围，见赵昺的御船过于庞大，被外围的船只阻隔在中间，无法突围，便派小舟前去接应。当时，天色已晚，海面上风雨大作，对面不辨人影，陆秀夫唯恐小船为元军假冒，断然拒绝来人将赵昺接走。张世杰无奈，只得率战舰护卫着杨太后杀出崖门。宋军败局已定，陆秀夫知道已没有逃脱的可能，便把自己的妻儿赶下大海，接着对赵昺说："事已至此，陛下当为国捐躯。德佑皇帝受辱已甚，陛下不可再辱！"赵昺身穿龙袍，胸挂玉玺，随陆秀夫跳海自尽。至此，延续了近320年的赵宋王朝正式结束。

这是一场少见的残酷战役，战斗结束时，海面上到处漂浮着尸体。文天祥此时正在崖山元营，亲眼目睹了这一惨状，他在诗中写道："羁来南海上，人死乱如麻。腥浪拍心碎，飙风吹鬓华。"数天之后，陆秀夫尸体浮出海面，被乡人收葬。元军在清理战场的时候，发现一具身穿黄衣的幼童尸体，身上带有玉玺，上书"诏书之宝"四字，送交张弘范，经确认是赵昺所带玉玺。等张弘范再派人寻找赵昺尸体时，已下落不明。

张世杰带着杨太后冲出重围。听到赵昺的死讯后，杨太后失声痛哭，投水自尽。张世杰收拾残部，逃亡海上，突遭暴风雨，张世杰仰天大呼："我为赵氏已经尽心尽力了，一君亡，又立一君，如今又已亡矣。如今遭逢大风，不知天意如何？若老天不要我存复赵氏，就让大风吹翻我的船吧！"话语刚落，狂风大作，船便沉于海中。

崖山之战，是元军消灭南宋最后一战，流亡近三年的南宋小朝廷灭亡。张世杰、陆秀夫等人的部署失误，是崖山之战失败的重要原因。但即使如此，他们所表现出来的民族气节，仍不能不让人叹服。

6. 宋陵大浩劫

赵氏家族的懦弱无能，最终自毁长城，就连身后也没能逃脱厄运。一场宋陵大浩劫，引起了宋朝遗民的极端仇恨，懦弱的赵氏家族留给了历史太多的反思。

宋朝皇帝陵墓本在河南奉先（河南巩义市），北宋九帝除徽、钦二帝被金人掳走，客死异乡外，其余七帝均葬于此。北宋灭亡以后，河南地区为金朝控制，宋帝当然不能继续葬在奉先。绍兴元年（1131 年），哲宗皇后孟氏去世，遗命先择地"攒殡"，待恢复中原以后，再归葬河南。之后，葬于绍兴府会稽县宝山泰宁寺。后来，此地就成为南宋的皇家陵园，高宗、孝宗、光宗、宁宗、理宗、度宗及徽宗梓宫均葬在此。

宋朝灭亡不久，在元朝政府的默许之下，发生了一场历史上空前规模的盗墓行动。这次盗墓的首要人物，是西藏僧人杨琏真加。杨琏真加是吐蕃高僧八思巴的弟子。元世祖忽必烈崇尚佛教，尊八思巴为帝师，杨琏真加遂凭借老师的关系被任命为江南诸路释教总摄，总管江南地区佛教事务。

最先被盗的宋陵是魏王赵恺的坟墓，赵恺是孝宗的次子，葬在会稽县山阴法华山天长寺。至元二十二年（1285 年），会稽县泰宁寺僧人宗允、宗恺为讨好杨琏真加，勾结天长寺僧人福闻发掘了魏王赵恺的陵墓，获得不少珠宝，献给了杨琏真加。魏王陵的发掘极大地刺激了杨琏真加等人的贪欲，他们招来河西僧人及其凶党，开始大规模地挖掘宋陵。宁宗及皇后杨氏、理宗、度宗的陵寝成为首批被盗的宋帝陵。宋陵护陵使罗铣拼死保护，遭到痛打，被人用刀架着赶出了陵园，罗铣趴在地上号啕大哭。

四陵之中，理宗陵寝所藏宝物尤多。理宗的尸体仍完好如生，有人说这是因为理宗口中含了夜明珠，这伙盗贼于是将理宗的尸体搬出墓穴，倒悬在树上。允泽用脚猛踢理宗的头颅，以示自己无所畏惧。防腐的水银慢慢地从理宗口中滴了三天三夜。当时西藏僧人之间有个习俗，即得到帝王的髑髅可以厌胜、致巨富，因此，杨琏真加指挥手下将理宗的头颅割了下来，据为己有。后来，理宗的头颅一直在西藏僧人手中流传。明朝立国以后，太祖朱元璋得知此事，“叹息良久”，最终派人找到了理宗的头颅，于洪武二年（1369 年），以帝王礼葬于应天府（江苏南京），第二年，又命人将理宗的头骨归葬到绍兴永穆陵旧址。

杨琏真加一伙走后，罗铣买棺置衣将诸帝骸骨重新收敛，悲痛欲绝，附近乡里百姓皆为之感泣。到了夜晚，听到四面山中皆传来哭声，旬日不绝。

不久，杨琏真加一伙又对宋陵进行了第二次挖掘，徽宗、钦宗、高宗、孝宗、光宗五帝及孟氏、韦氏、吴氏、谢氏四位皇后的陵寝在这次挖掘中无一幸免。徽、钦二帝皆死于金朝，金朝虽曾归还遗骨，但高宗并未开棺检验。杨琏真加等人打开徽、钦二帝的陵墓，一无所获，徽宗棺中只有朽木一段，钦宗棺中只有木灯檠一枚。高宗、孝宗二帝的遗骨，由于年岁已久，已经“骨发尽化，略无寸骸”。高宗墓内只有锡器数件、端砚一只；孝宗陵只有玉瓶炉一幅、古铜鬲一只。光宗吴后、宁宗杨后的尸体尚“俨然如生”，之后，罗铣把二后的尸体重新装进棺材，然后火化了。陵墓内有数以万计的金钱，为尸气所蚀，如铜钱一般，诸僧弃而不取，多为附近村民拾得。

中国古代改朝换代之际，多对前代帝王陵寝采取保护政策。虽然中国历史上帝王陵寝被盗的记录史不绝书，但多属个人所为，与政府没有多大关系。宋陵被盗则与此性质截然不同。杨琏真加等人的盗墓行动，得到了元朝政府的鼎力支持，曾有元朝官员和赵宋宗室请求元世祖保护宋陵，但忽必烈均置之不理。盗墓所得的宝物，很多都献给了元政府，忽必烈曾用这些宝物装修天衣寺。

元世祖对盗墓的支持态度与当时的政治斗争有关。宋朝虽亡，但仍不断有人打着复兴宋室的旗号起义反元，杨琏真加借机上“厌胜”之说，提出建造佛塔、佛寺，将宋帝遗骸置于其下，以压服宋人。这种说法正好迎合了忽必烈稳定统治的想法，而忽必烈也想借发掘宋陵的机会，断绝百姓对赵宋的留恋与怀念，因此，对杨琏真加的盗墓举动采取了支持态度。

杨琏真加的盗墓行动，以及元朝政府的支持，带来了极坏的影响。史称自此之后，“江南掘坟大起，天下无不发之墓矣”，此前遗留下来的坟墓普遍被盗，这种行为对中国古代文物的破坏性影响不言而喻。忽必烈本想通过杨琏真加等人的行动来压服百姓，稳定统治，没想到却适得其反，这种掘人陵墓的行为，引起了宋朝遗民的极端仇恨，百姓反抗情绪愈加高涨。直到元朝末年，朱元璋起事的时候还在借“宋陵事件”鼓动百姓反元，这是当初蒙古统治者万万没有料想到的。